PLANTANDO AXÉ
UMA PROPOSTA PEDAGÓGICA

EDITORA AFILIADA

PROJETO AXÉ
Presidente: Cesare de Florio La Rocca
*Coordenação Geral:*Ená Pinto Benevides, Maria Helena Garrido
Coordenação Pedagógica: Valda Cecília Abud Vilanova
Coordenação de Cultura e Arte: Marle de Oliveira Macedo
Coordenação da Área de Educação para a Saúde: Casilda Ribeiro
Coordenação da Área de Apoio às Ações de Família, Juventude e Comunidade: Eliane Gomes Rodrigues
Coordenação do Centro de Formação: Fernanda Tourinho
Coordenação Administrativa e Financeira: Iracilda Silva Santos

Revisão: Regina Martins da Matta
Normalização: Maria das Graças Ribeiro

Esta edição contou com o apoio de:

 UNICEF – Fundo das Nações Unidas para a Infância

 Fundação Bank Boston

 Instituto C&A

PROJETO AXÉ DE DEFESA E PROTEÇÃO À CRIANÇA E AO ADOLESCENTE

(*Edição comemorativa dos dez anos*)

PLANTANDO AXÉ
UMA PROPOSTA PEDAGÓGICA

Ana Maria Bianchi dos Reis (organização)
Casilda Ribeiro
Cesare de Florio La Rocca
Eliane Gomes Rodrigues
Elisabethe Monteiro
Juca Ferreira
Marcos Antonio Cândido Carvalho
Maria Esther Pacheco Soub
Marle de Oliveira Macedo
Riccardo Cappi
Valda Cecília Abud Vilanova
Vera Leonelli

PLANTANDO AXÉ – Uma proposta pedagógica
Ana Maria Bianchi dos Reis (org.)

Capa: Projeto de Ana Bianchi sobre foto de Mila Petrillo
Arte-final: Ana Bianchi
Preparação dos originais: Elisabeth Santo
Composição: Dany Editora Ltda.
Impressão e acabamento: Lis Gráfica
Coordenação editorial: Danilo A. Q. Morales

Dados Internacionais de Catalogação na Publicação (CIP)
(Câmara Brasileira do Livro, SP, Brasil)

Plantando Axé : uma proposta pedagógica / Ana Maria Bianchi dos Reis (organização). – São Paulo : Cortez, 2000

Vários autores.
Acima do título: Projeto Axé de Defesa e Proteção à Criança e ao Adolescente
"Edição comemorativa dos dez anos"
ISBN 85-249-0747-9

1. Educação – Bahia 2. Pedagogia – Bahia 3. Projeto Axé de Defesa e Proteção à Criança e ao Adolescente I. Reis, Ana Maria Bianchi dos.

00-2294   CDD-370.98142

Índices para catálogo sistemático:

1. Bahia : Projetos pedagógicos : Educação   370.98142

Nenhuma parte desta obra pode ser reproduzida ou duplicada sem autorização expressa dos autores e do editor.

© 2000 by Autores

Direitos para esta edição
CORTEZ EDITORA
Rua Bartira, 317 – Perdizes
05009-000 – São Paulo – SP
Tel.: (11) 3864-0111   Fax: (11) 3864-4290
E-mail: cortez@cortezeditora.com.br
www.cortezeditora.com.br

Impresso no Brasil – agosto de 2000

Dedicatória

Aos Mestres
Paulo Freire e Anísio Teixeira

Agradecimentos

Aos meninos e meninas e educadores e educadoras do Axé, interlocutores e formuladores cotidianos desta proposta pedagógica.

Aos participantes do Workshop sobre a Proposta Teórica e a Prática Pedagógica do Axé (outubro de 1997), de onde surgiu o projeto de elaboração deste livro.

Aos colaboradores Carlos Vasconcelos Domingues da Silva, Geraldo D'Andrea Espinheira, Liane Trece e Cerqueira Santos, Marília Muricy M. Pinto, Marlize Prisco Paraíso Rêgo, Telma Weisz e Walter de Oliveira Macedo, pela leitura e crítica dos originais.

SUMÁRIO

É Tempo de Recordar 11
Cesare de Florio La Rocca

Prefácio 15
Gilberto Dimenstein

Introdução 19
Ana Maria Bianchi dos Reis

PARTE I — O AXÉ E SUA INSCRIÇÃO SOCIAL

O Projeto Axé — História e Desafios 25
Juca Ferreira

O Cenário da Exclusão Social — Uma Tentativa de
   Desconstrução 47
Marle de Oliveira Macedo

O Referencial do Direito 79
Vera Leonelli

PARTE II — A PROPOSTA PEDAGÓGICA

O Desejo na Pedagogia do Desejo 99
Marcos Antonio Cândido Carvalho

O Axé e o Sujeito do Conhecimento 127
Valda Cecília Abud Vilanova

Sujeito de Direito e Prática Educativa 163
Riccardo Cappi

PARTE III — LASTROS DA INCLUSÃO

O Projeto Ilê Ori (Casa do Conhecimento) — Uma Parceria
entre o Sistema Municipal de Educação e o Projeto Axé 181
Maria Esther Pacheco Soub, Elisabethe Monteiro

Família, Saúde e Formação 187
Casilda Ribeiro, Eliane Gomes Rodrigues, Vera Leonelli

PARTE IV — ORIGENS E TRAVESSIAS

Os Meninos do Axé ... Caminhos 197
Ana Maria Bianchi dos Reis, Marle de Oliveira Macedo

Axé em Fotos 247

É TEMPO DE RECORDAR

*Cesare de Florio La Rocca**

Dos meus trinta e dois anos no Brasil, o período mais efervescente, mais repleto de expectativa, de esperança, de vontade de mudança e transformação, foi o incluído entre 1985 e 1990. A redemocratização do País, a mudança do panorama legal brasileiro, o altíssimo nível de participação popular haviam criado um clima de euforia cívica que favorecia as manifestações da criatividade e da imaginação. Eu também havia pronunciado o meu "eu tenho um sonho" e preparava minha saída das Nações Unidas. Sonhava com um projeto de educação para os filhos e as filhas das camadas populares que pudesse ser realizado sob o signo da "melhor educação para os mais pobres"; que tivesse uma boa fundamentação teórica capaz de dar aos educadores segurança e confiança. Comecei a falar do meu projeto com o mestre Paulo Freire, que me honrava com sua amizade e sua impaciente paciência.

Em meados de 1989, a primeira redação do projeto estava pronta. As referências teóricas eram, de um lado, Paulo Freire, para os aspectos da filosofia e da política da educação, e, do outro, Jean Piaget, para a compreensão da construção do conhecimento no ser em formação. Quem me ajudaria a realizar o sonho? Ao sair do UNICEF recebi vários convites, mas somente um apontava na direção do sonho. *Terra Nuova*, organização não-governamental italiana, de cooperação internacional, estava me convidando para coordenar algo

---

* Advogado, criador e presidente do Projeto Axé.

na área de "meninos de rua" na Cidade do Salvador, na Bahia, onde estava abrindo seu escritório de representação no Brasil.

Os princípios inegociáveis do meu projeto eram o profissionalismo dos educadores e o sistema de formação permanente e contínua. Minha postura não era de desprezo pelo voluntariado, que sempre considerei um dos grandes valores de uma nação. Era, ao contrário, de profunda convicção de que para se realizar a suma ousadia de educar, solidariedade, generosidade, disponibilidade não são suficientes. É preciso que haja competência profissional, sempre construída através do acesso a instâncias formativas permanentes e contínuas. Ou seja, eu me recusava a executar um projeto educativo pobre para pobres, sob o signo muito comum de que "para quem nada tem, qualquer coisa serve". E *Terra Nuova* aceitou o desafio, juntamente com o Movimento Nacional de Meninos e Meninas de Rua, que deu ao projeto, "ainda sem nome", o apoio político e institucional.

Com a minha mudança de Brasília para Salvador, a fase da estéril solidão do sonhador solitário se encerrou, dando lugar a um fervilhante e fértil processo de identificação e de contaminação de pessoas que há tempo carregavam no coração e na cabeça um sonho político-pedagógico. O sonho que havia nascido "com um" já começava a tornar-se "comum".

Um encontro marcou, particularmente, esta fase do processo de implantação do projeto. O jornalista Gilberto Dimenstein ficou hospedado em minha casa por alguns dias e numa noite lhe apresentei meu sonho. Gilberto me ouviu com atenção, fez uma série de perguntas e concluiu: "Acho que esse projeto vai fazer uma revolução...".

A partir desse momento da caminhada do projeto "ainda sem nome", o pronome singular muda necessariamente para o plural: o nós substitui definitivamente o eu e a construção da proposta e da práxis pedagógica desse projeto é uma ação coletiva de enriquecimento e de diversificação da proposta inicial. O último ato individual meu foi o de nominar o projeto.

Os dirigentes de *Terra Nuova* e eu estávamos encerrando uma pesada jornada de trabalho na sede provisória do projeto, que era em minha casa, na praia de São Tomé. Um deles perguntou: "Afinal, qual é o nome desse projeto?". Entre nós baixou o silêncio. Olhei para fora da janela da sala: o sol estava desaparecendo atrás da Ilha de Maré, nas águas da Baía de Todos os Santos. Na praia, nuvens de "capitães da areia" brilhavam sua negritude aos últimos raios do sol — "Axé" sussurrei, "Projeto Axé". Os dirigentes, recém-chegados da Itália, não entendiam nada e me olhavam interrogando-me silenciosamente. "No candomblé da Bahia", expliquei, "o axé é o princípio vital, a energia que permite que todas as coisas existam. Nominando o projeto de Axé, não estamos apenas prestando homenagem à religiosidade e à cultura afro-brasileira. Estamos também afirmando que a criança é o axé mais precioso de uma nação".

Quase uma década nos separa daquele fim de tarde e educadores e educandos do Axé escreveram muitas páginas da história da educação no Brasil. A proposta pedagógica inicial foi enriquecida e diversificada: depois de dez meses, verificamos que algo lhe faltava. Quando uma criança de dez anos grita, na cara do educador, "eu não tenho nada a perder", então algo de terrível aconteceu: a infância foi destruída e suas características fundamentais, que são aquelas de sonhar e desejar, foram barbaramente assassinadas. Fomos buscar na psicanálise, nos estudos de Freud e Lacan, a compreensão do universo do desejo e do sonho. Desejo não se ensina... Mas pode ser estimulado. "Pedagogia do Desejo" foi o nome dado à nova proposta e à nova práxis pedagógica do Axé: restituir à criança não apenas o direito, mas a capacidade de sonhar e desejar.

Sujeito de direito: assim o Estatuto em 1990 havia definido a criança. **No Axé, a criança repousa sobre um tríplice fundamento: ela é sujeito de direito; sujeito de conhecimento; sujeito de desejo.**

O resultado mais evidente da Pedagogia do Desejo é aquela indagação revolucionária e perturbadora que as crianças, estimuladas em sua capacidade de desejar, fazem ao educador: "E por que não nós também?". Assim aconteceu com o universo da moda e do papel reciclado e nascem Modaxé, Stampaxé, Casaxé. Assim aconteceu com o balé clássico e a dança: por que não?... E nasce a Escola de Dança e a Companhia Jovem Gicá.

Por que não nós também sermos bonitos e sadios? E surge o Centro de Educação para a Saúde, fundamentado no princípio "a saúde é um bem: precisamos aprender a conquistá-lo e conservá-lo".

O direito do trabalhador à formação permanente e contínua faz surgir o Centro de Formação, que se torna também centro de estudo e de irradiação da Ética dos Direitos Humanos.

O salto da cultura afro-brasileira para o acesso à Arte Universal é a conclusão lógica de uma reflexão e de uma caminhada político-pedagógica que, para estas crianças, abre as portas daquela cultura de elite que exclui e marginaliza as camadas populares.

A dimensão do "prazer no aprender" é fortíssima em todas as atividades pedagógicas do Axé. Porém, as crianças continuavam achando chata e insuportável a escola formal. A idéia de uma escola privada do Axé é imediatamente rejeitada como politicamente incorreta. Levamos quatro anos em buscas, elaborações, consultas e negociações antes de poder levar a efeito uma ousada parceria com a Secretaria Municipal de Educação de Salvador para a criação de uma escola em co-gestão, com projeto pedagógico inovador, na qual as crianças encontram o caminho perdido do "prazer em aprender".

A Ética como vida e exemplo a ser oferecido aos educandos; a Estética como direito fundamental de toda criança; a Arte não mais como instrumento de educação, e sim como a própria educação; o tríplice Ser Sujeito da criança; o Desejo como garantia do "estar vivo"; o Direito que adquire maior valor se permanentemente acoplado ao conceito e à prática do Dever. Tudo isso e muito mais: pensado, construído, elaborado, desconstruído e novamente construído no Axé, com a participação de parceiros, aliados e companheiros de caminhada. Assim a energia, o Axé, cumpre sua missão de dar força e consistência a todas as coisas.

Elencar todas as pessoas, dentro e fora do Axé, que participam dessa caminhada é praticamente impossível: o texto seria uma longa sucessão de nomes de pessoas e de organizações.

Mas é essa exatamente a riqueza do Axé e, em se tratando de energia, não poderia ser diferente. Ela não pertence a ninguém e ao mesmo tempo a todos pertence; não pode ser localizada em canto nenhum e está presente em todos os lugares.

Plana em continuação sobre as atividades do Axé a Asa Branca do Desejo que leva o educador a se organizar como um ser permanentemente desejante e a criança a interrogar os outros e a interrogar-se: "E por que não?"...

Até quando?... Nós nos perguntamos.

Até quando o descaso de um País, certamente não-pobre, mas ainda injusto, permitir que crianças, hipocritamente definidas "crianças de rua", fiquem fora da família, fora de sua própria comunidade, fora da escola.

Até quando uma menina, um menino sejam levados a gritar: "Eu não tenho nada a perder!"...

Até quando, levados pelas asas leves do Desejo, mulheres e homens deste Brasil se dispuserem, entre derrotas e vitórias, a lutar pela construção de um País mais igual, canteiro dos desejos de todas as crianças brasileiras.

Sob o signo da Ética.

Sob o esplendor da Beleza.

À sombra da fértil anarquia da Imaginação.

PREFÁCIO

Gilberto Dimenstein

Quando conheci o rascunho do Projeto Axé, na primeira semana de 1990, já morava há sete anos em Brasília, onde era diretor da sucursal da *Folha de S. Paulo* e colunista. Os bíblicos sete anos deveriam ter me sugerido que um ciclo novo estaria se iniciando em minha vida. Apenas muitos anos depois fui ver que, naquele mês, inaugurava-se em mim não uma nova década, a última do milênio, mas um novo olhar — aquele que iria me orientar no novo milênio.

Viver em Brasília por tanto tempo, mergulhado nos bastidores, enredado na engenharia do poder, produziu-me a frieza do cirurgião, um misto de cinismo e ceticismo. O poder quando é, de fato, poder, não permite espontaneidade; tudo é calculado, rigorosamente medido e avaliado. Cada movimento, um interesse. Por trás das mentiras, verdades. Por trás de verdades, mentiras.

Depois de tanto tempo nesses jogos de cenas, já não sabemos se mentira e verdade não são nem mentiras nem verdades diante do poder. Apenas são a lógica — se o cinismo não é um jeito de acreditar.

Naquele janeiro de 1990, tinha dado um salto que, fui ver depois, não teria mais volta. Depois de colher indícios, no ano anterior, de que haveria no Brasil um processo sistemático de assassinatos de crianças, saí percorrendo as cidades, perseguindo testemunhos e documentos — a investigação seria a base do livro *A Guerra dos Meninos*.

Sentia-me apenas em mais uma esfera do poder, simbolizado em Brasília. A violência contra as crianças era o retrato de uma nação violenta, omissa, perversa, com homens privados que se apresentavam como públicos.

Denunciar o assassinato de crianças era denunciar a política brasileira, sua irresponsabilidade e crônica leviandade diante dos mais frágeis.

O cinismo e ceticismo eram movidos pela conjuntura pantanosa que dragava meus sonhos. Jovem paulistano de classe média, cresci na oposição ao regime militar; dissolvia-me de ódio com a repressão, recompunha-me de esperanças com o fortalecimento do poder civil. Sou da geração marcada pela campanha das diretas, que ajudou a tirar do poder os militares — tudo seria, enfim, diferente, veria democracia com distribuição de renda.

O que vimos foi a morte de Tancredo Neves e a ascensão de José Sarney — logo me envolveria nas descobertas de falcatruas. Despede-se Sarney e, para pior, vem Fernando Collor, vitória da empulhação.

Ao chegar em Salvador, estou marcado pela transição traída — e a alma carregada pela convivência com as pequenas mesquinharias da corte.

Se já não era fácil a um jovem latino-americano estar confiante com a política, imagine-se, então, para um judeu, nascido logo após o holocausto, no qual o poder fez os homens ultrapassarem linhas de selvageria jamais cruzadas.

A investigação sobre as crianças faria com que meu olhar ficasse ainda mais amargo — até porque via naquele desamparo a repetição da perversidade do poder, que carregava minha sensibilidade de judeu e latino-americano.

O novo ciclo não estava, porém, na denúncia — mas na saída. A saída que me foi apresentada por Cesare de Florio La Rocca, em sua casa de Salvador, quando mostrou um sonho de instalar um projeto que reeducasse as crianças de rua.

Iria reeducar os "ineducáveis", os irremediavelmente marginalizados, contaminados pela violência. Reeducar aqueles meninos era como reeducar o Brasil — ambos aparentemente sem solução.

A Pedagogia do Desejo era, para mim, a educação para a possibilidade. Vivíamos numa nação de impasses e descrença. Acreditar em melhorias, avanços, era sinônimo de ingenuidade, falta de contato com a realidade.

Ser realista era não acreditar em perspectivas — exatamente como um menino de rua, preso à cola.

Educar para a possibilidade era educar para a perspectiva, bancar a idéia de que podemos mudar e mudar para melhor.

Naquela virada de década, virei um aprendiz permanente da pedagogia da possibilidade. Tanto que, ali, surgiria o desenho do projeto de uma agência de notícias que colocaria na imprensa não só as denúncias sobre a infância, mas soluções — batizado de Andi, o projeto foi desenvolvido por Âmbar de Barros e, depois, Geraldinho Vieira.

Ao ver meninos e meninas tendo o desejo de ter desejo, brilhando, rindo, brincando, presenciei renascimentos. Não só o renascimento deles, mas o meu próprio; o ceticismo foi abrindo espaço para a crença na reeducação do que me parecia ineducável.

Rapidamente, o Projeto Axé transformou desejo em realidade, realidade em permanente desejo. Ganharam as ruas de Salvador, depois as ruas do Brasil e, enfim, as ruas do mundo. É um projeto mundialmente baiano, que atraiu educadores de várias partes do planeta e, mais importante, influenciou a política pública.

A cada ano, surpreendíamo-nos com a força, criatividade e eficiência do Axé, a mescla da ética com a estética, do global com o local, da Bahia com o Brasil, do *naïf* com o sofisticado, da experimentação das raízes da África com a Europa, da intuição às mais complexas teorias psicanalíticas e pedagógicas. Vimos os focos de Anísio Teixeira, Paulo Freire, Lacan, Freud, Emilia Ferreiro, John Dewey, Piaget.

O sucesso deixou o Axé com uma dívida — contar, em detalhes, sua engenharia. Este livro salda essa dívida. É um livro com rigor acadêmico, um relato obrigatório para qualquer pessoa que veja na educação as asas de um indivíduo.

Cada aspecto do Axé está, aqui, esmiuçado, traduzido, encaixado nas teorias, encadeado em fatos, em observação. É ciência da educação da melhor qualidade.

O Axé quita sua dívida; eu permaneço com a minha. Não tenho como pagar meu aprendizado da possibilidade, que me devolveu a convicção de que sempre podemos reeducar aqueles que imaginamos sem mais chances de aprender.

Aquela virada da década iria me jogar nos braços da educação, mesclada com a comunicação — sem o Axé fazendo a cola entre o passado, presente e futuro, eu estaria no passado.

Essa dívida é, portanto, impagável.

INTRODUÇÃO

*Ana Maria Bianchi dos Reis**

Plantando Axé é a tradução intelectual de uma experiência viva e, portanto, em desenvolvimento.

Sua realização responde a demandas permanentes por parte de educadores e profissionais de diferentes áreas, prefeituras municipais e secretarias de Estado, fundações e organizações de ação social nacionais e internacionais, que têm visitado o Projeto em diferentes oportunidades ou participado de cursos oferecidos por seu Centro de Formação.

Sua produção resultou de um amplo processo de reflexão, avaliação e documentação, que contou com a participação de técnicos, educadores e educandos de diferentes unidades e foi sistematizado pelos componentes do Grupo de Referência, uma instância interna criada para o acompanhamento permanente da realidade pedagógica, institucional e política do Axé.

Concluídos os originais, foi inevitável, para o conjunto dos autores, o sentimento de que o horizonte do Projeto já se deslocara e de que novas questões e novas experiências mereceriam ser partilhadas nesta edição. Esta é, no entanto, a eterna condição de quem ousa materializar na palavra a vida que se desdobra e se revela em cada instante. Por isso, um dos pressupostos para a leitura deste livro é percebê-lo como movimento, caminho que pode encontrar adiante outras possibilidades, ferramenta cujo manejo se aperfeiçoa a cada dia.

---

* Mestra em sociologia, antropóloga, consultora do Projeto Axé.

Plantando Axé é, acima de tudo, um convite que fazemos a cada leitor para que se disponha a percorrer a memória das lutas sociais mais recentes deste país e a reencontrar o cenário mais amplo em que os direitos das crianças e adolescentes precisam ser compreendidos; a perceber os novos desafios feitos pela sociedade globalizada e tecnológica à organização da sociedade civil e à redefinição dos paradigmas relativos à educação das novas gerações; a mergulhar na complexidade e na beleza de um processo educativo que busca resgatar o protagonismo e a autoria dos educandos.

Este livro está estruturado em quatro partes.

Na primeira parte — **O Axé e sua Inscrição Social** — encontram-se os textos de natureza macro, que contextualizam histórica, política e socialmente a existência do Projeto Axé, e os fundamentos de sua proposta pedagógica e do trabalho desenvolvido na área de defesa de Direitos.

O Projeto Axé — história e desafios — recupera a origem do Axé no interior das lutas pela democratização do Brasil e analisa a mudança de paradigmas resultante da implantação do *Estatuto da Criança e do Adolescente*. Ampliando a abordagem temática para além de sua especificidade, o texto situa a missão institucional do Axé num mundo cujas relações são redefinidas pela globalização, desenvolvimento tecnológico e informatização e, ainda, por novas formas de solidariedade e de organização social.

Neste percurso, considerando a crise do Estado e das formas de representação política, o autor avalia o papel social das ONGs e o surgimento do Terceiro Setor, identificando os desafios teóricos, operacionais e políticos a serem enfrentados.

O cenário da exclusão social — uma tentativa de desconstrução — apresenta uma abordagem histórica, política e sociológica da questão da educação, analisando o seu caráter não-neutro e definindo, a partir daí, a perspectiva de educação assumida pelo Axé — uma proposta político-pedagógica baseada na cultura, tendo como eixos fundamentais a ética e a estética, e concebida "como instrumento de desconstrução e confronto do preconceito e da discriminação, na perspectiva da universalidade".

O referencial do Direito — expande a referência da missão institucional do Axé com relação aos Direitos Humanos. Ao reconhecermos a especificidade e "dedicarmo-nos mais diretamente às crianças e adolescentes destituídos de muitos desses direitos", optamos por uma concepção de universalidade e indivisibilidade do Direito, afirmando seu compromisso com a democracia e com a justiça social em seu sentido mais amplo.

Na segunda parte — **A Proposta Pedagógica** — apresentam-se os três eixos da proposta pedagógica do Axé, denominada, genericamente, Pedagogia do Desejo.

O desejo na Pedagogia do Desejo — tem como objetivo partilhar o significado teórico e prático da Pedagogia do Desejo, buscando sua origem na história da construção conceitual e metodológica do Axé, cujos fundamentos estão assentados na educação libertadora de Paulo Freire e na psicanálise, referenciais teóricos fundamentais para a interpretação da realidade dos meninos e meninas com os quais o Axé trabalha. O foco central do texto é "como o pensar e agir psicanalítico podem influenciar e colaborar na ação educativa do Projeto Axé".

O Axé e o sujeito do conhecimento — explicita as concepções que, no Projeto Axé, orientam o processo de aprendizagem, o papel do educador e a participação do educando como sujeito/autor de seu processo educativo. Nesta direção, são desenvolvidos os conceitos de cognição e conhecimento, tomando-se como suporte as contribuições de Paulo Freire, Piaget, Vigotski e Wallon e apresentando-se os "métodos estruturantes" com os quais o Axé atua, seja na relação cotidiana vivenciada no conjunto de suas unidades de atendimento, seja na formação dos educadores, em que se privilegiam a escuta, o diálogo, o vínculo e o respeito pela diferença. A autora conclui detalhando a operacionalização desta proposta, enriquecida pelos depoimentos de educadores do Projeto Axé.

Sujeito de direito e prática educativa — reafirma o compromisso do Axé com a questão dos Direitos Humanos, o que, segundo o autor, "significa trabalhar na perspectiva da educação para a cidadania, entendida como princípio e meio para a construção e a conquista de direitos". O texto apresenta os pressupostos teóricos desta orientação pedagógico-política do Axé, identifica os nexos entre direito e educação, analisa a educação como espaço para a promoção do "sujeito de direito" e detalha o desenvolvimento da proposta no interior do cotidiano pedagógico.

Na terceira parte — **Lastros da Inclusão** — são identificadas áreas da estrutura do Axé que viabilizam, ampliam e qualificam seu trabalho de atendimento.

O Projeto Ilê Ori (Casa do Conhecimento) — relata as origens, os objetivos e a construção pedagógica de uma parceria do Projeto Axé com o Sistema Municipal de Educação.

Família, saúde e formação — informa sobre outras dimensões da ação educativa que, com base na experiência acumulada nos primeiros anos, passaram a integrar as funções e a estrutura de atendimento do Axé, tal como a Unidade de Atendimento e Educação para a Saúde. O texto ainda apresenta outras áreas de atuação que surgiram direcionadas para outros sujeitos, vinculados pessoal ou profissionalmente às crianças e adolescentes que são referência do Projeto, tais como a Área de Atendimento Familiar e o Centro de Formação de Recursos Humanos.

Na quarta parte — **Origens e Travessias** — o objetivo é facilitar a análise da proposta pedagógica de que trata este livro, articulando seus pressupostos e a realidade à qual se referem.

Os meninos do Axé... caminhos — partilha com o leitor, com base nos depoimentos de educandos de diferentes unidades de atendimento, o drama, os desafios e as estratégias, os conceitos, os valores e a sabedoria que compõem a história de vida dos meninos com suas famílias, nas ruas da cidade e no Axé. Este texto integra a imagem como uma outra linguagem. Fotos dos meninos e de algumas das atividades desenvolvidas, seja no cotidiano pedagógico das diferentes unidades de atendimento, seja em apresentações e eventos de culminância, buscam revelar mais do que um sonho, uma possibilidade.

Com esta publicação, o Projeto Axé espera ter socializado além dos conceitos, métodos e experiências, uma atitude diante da história deste país e um compromisso com a construção da democracia e da justiça social.

Parte I

O Axé e sua inscrição social

O PROJETO AXÉ
história e desafios

Juca Ferreira*

CONTEXTO

O Projeto Axé surge em 1990, em um momento de redemocratização da sociedade brasileira, como um dos herdeiros das lutas que culminaram no *Estatuto da Criança e do Adolescente*. Seus princípios básicos e conceitos fundamentais são uma espécie de herança genética de todo esse movimento pela afirmação dos direitos e da cidadania das crianças e adolescentes brasileiros.

O Brasil vivia, desde o fim da década de 70, um período marcado pelo desgaste do governo militar, pela revitalização dos movimentos sociais e pelas lutas pela redemocratização. As manifestações por eleições diretas, pela anistia, contra a tortura, contra as políticas de extermínio foram transformando os Direitos Humanos em uma referência importante da sociedade. A Assembléia Nacional Constituinte, concluída em 1988, foi o momento-síntese de todo esse período.

Como parte do processo e vinculada às outras demandas da sociedade, foi emergindo a crítica à abordagem repressiva e assistencialista da questão das crianças e dos adolescentes excluídos no Brasil. A Pastoral do Menor da Igreja Católica foi fundamental no processo de mobilização social pelos direitos das crianças e adolescentes e no combate ao extermínio dos que estavam morando nas ruas. Através

---

* Sociólogo, assessor do Projeto Axé.

da consigna "menor não é problema, menor é solução", D. Luciano Mendes propôs uma verdadeira revolução na relação da sociedade com seus meninos e meninas. Surgem, ainda na década de 70, em Belém, a República do Pequeno Vendedor, e, em São Paulo, a Pastoral do Menor. Naquele momento, no interior dessas experiências, aparece a figura do educador de rua.

O Projeto de Alternativas de Atendimento a Meninos e Meninas de Rua — UNICEF, FUNABEM e Ministério da Previdência Social — deu o passo seguinte, ao fazer a revisão crítica das diversas experiências realizadas no país. Em 1985, surge o Movimento Nacional de Meninos e Meninas de Rua, uma organização não-governamental, independente e de voluntariado, com a finalidade de atuar na defesa e na promoção dos direitos das crianças e dos adolescentes do Brasil.

Com o decorrer do tempo, foram-se engajando várias organizações sociais, personalidades democráticas e alguns órgãos de comunicação de massa. Os "meninos e meninas de rua" ganharam visibilidade nacional e internacional e, em pouco tempo, passaram a ser um tema importante da agenda brasileira. A imagem social negativa a que estavam submetidos foi sendo, paulatinamente, questionada por uma visão que recuperava sua condição humana aos olhos de uma grande parcela da população. Isso foi decisivo para a mudança da postura das instituições e para as mudanças legais que vieram a acontecer pouco tempo depois.

Diante do fortalecimento do movimento, as instituições e personalidades engajadas passaram a defender, perante a sociedade, a importância de considerar as crianças e adolescentes como sujeitos de direitos, seres em desenvolvimento com direitos sociais específicos e legítimos, capazes de participar das decisões a respeito de suas vidas. A percepção estigmatizada dos "menores" foi se isolando e perdendo força e, ao mesmo tempo, a crítica ao descaso e à falta de política foi se generalizando, possibilitando o surgimento de uma base de sustentação na opinião pública, que passou a considerar um equívoco vê-los como "objetos" da ação do Estado.

Em várias partes do mundo, organizações religiosas, ONGs, como a Anistia Internacional, governos e personalidades se manifestaram contra o extermínio e em defesa dos direitos das crianças e dos adolescentes do Brasil. Nossos meninos e meninas encontraram, fora da sociedade brasileira, aliados importantes. A solidariedade internacional foi um fator decisivo para a consolidação desse processo pela afirmação dos direitos das crianças e dos adolescentes do Brasil.

Como expressão política desses princípios, surgiu em 1987 a Mobilização Criança e Constituinte, um grupo de pressão da sociedade civil, com o objetivo de influir decisivamente no conteúdo da nova

Constituição Federal, que estava sendo elaborada pela Assembléia Constituinte. Com isso, a prioridade passava da crítica para as proposições e o movimento demonstrava estar sintonizado com a conjuntura do País. O conceito de cidadania, aplicado aos menores de 18 anos, se transformou, naquele momento de construção de uma nova institucionalidade no Brasil, no centro referencial desse processo de luta.

Estava claro que o conceito de cidadania, uma vez incorporado pela Constituição, teria a capacidade de dar origem a uma nova situação política e social para a realização dos direitos das crianças e adolescentes, principalmente para os que estavam vivendo uma situação de exclusão e rejeição social e sendo vítimas de ações arbitrárias por parte do próprio Estado. Ademais, possibilitou a integração das diversas dimensões do processo de luta em curso. O atendimento, o processo pedagógico, a defesa de direitos, o combate ao extermínio e muitas outras facetas desse processo passaram a se articular de uma forma mais intensa.

A aprovação na Constituinte, em 1988, das propostas do Mobilização Criança e Constituinte, respaldou jurídica e socialmente a substituição do Código do Menor pelo *Estatuto da Criança e do Adolescente* (ECA). Com o *Estatuto*, chega ao ápice toda essa etapa da movimentação pelos direitos das crianças e adolescentes. Os principais objetivos políticos almejados foram alcançados: o Brasil passa a reconhecer, através de suas leis, os direitos de suas crianças e adolescentes e, assim, cria melhores condições para que esses direitos possam ser exercidos e garantidos. Tal fato significou, para as crianças e adolescentes das camadas populares, principalmente para os que já estavam nas ruas, a mudança de uma relação legal de discriminação e exclusão para uma outra em que havia a possibilidade de inclusão.

A sociedade passa a reconhecer na existência da criança e do adolescente nas ruas o sintoma de suas contradições. O *Estatuto* muda os paradigmas que fundamentavam a relação entre a sociedade e suas crianças e adolescentes, principalmente com os que estavam na rua. Assume tratar-se de um problema social e que, como tal, deve ser tratado, e que um problema dessa magnitude e relevância não pode ser resolvido isoladamente, por instituições de controle ou por atividades de assistência. A responsabilidade pela existência dos "meninos e meninas de rua" passa a ser considerada coletiva. O Estado e a sociedade civil passam a ser co-responsáveis pelo enfrentamento do problema, entendido como um processo visando à inclusão desse contingente social à vida brasileira como cidadãos, com todas as suas conseqüências positivas.

Muitos juristas afirmam que, com o *Estatuto da Criança e do Adolescente*, o País está dotado de uma das legislações mais avançadas do mundo neste tema. Entretanto, para alguns advogados voltados para a afirmação dos direitos das crianças e adolescentes e que recorrem quase que diariamente ao *Estatuto*, muitos deles atuando em ONGs, o *Estatuto da Criança e do Adolescente* possui muitas falhas técnicas e, em alguns aspectos, é apenas doutrinário, sem definir a necessária responsabilização. Recomendam alguma cautela na exaltação dos méritos do ECA e, mesmo reconhecendo sua importância política, acham necessário seu aprimoramento dentro das normas técnicas do Direito para que ele possa se tornar mais eficiente.

Com o *Estatuto*, mesmo considerando seus limites técnicos, foram criadas as condições legais para as redefinições conceituais, metodológicas e gerenciais que o debate, as experiências e os estudos realizados em todo o Brasil já sinalizavam. Sem dúvida nenhuma, trata-se de uma das mais significativas conquistas desse período de redemocratização da sociedade brasileira. Esta estratégia para a afirmação de Direitos Humanos e redefinição da situação social, política e institucional de um segmento excluído pela sociedade permitiu concluir vitoriosamente uma bela página da história das nossas lutas sociais.

Mas a existência do *Estatuto da Criança e do Adolescente*, em si, não garante a concretização dos direitos sociais básicos nem a inclusão dos meninos e meninas marginalizados, nem mesmo impede a continuidade da exclusão de novos contingentes de crianças e adolescentes. A importância do *Estatuto* — e das leis em geral — é que ele passa a ser a referência de toda a sociedade, um instrumento que possibilita isolar as ações repressivas e o extermínio, viabilizar e criar novas formas de tratamento da questão, do ponto de vista dos conteúdos, dos métodos e do gerenciamento. E garante a participação da sociedade civil na formulação das políticas e no controle e execução das ações.

A adoção do *Estatuto da Criança e do Adolescente* exigiu do movimento e de todos os participantes dessa luta a redefinição dos seus objetivos e formas de organização para fazer frente à situação criada. A aplicação do avanço legal contido nos parágrafos e artigos do *Estatuto* iria chocar-se com os limites estruturais da sociedade brasileira, com seus preconceitos, com algumas de suas instituições, com parte de sua cultura e com comportamentos autoritários arraigados.

A continuidade do extermínio, a constante apresentação do *Estatuto* como uma lei que não iria "pegar", porque era muito "avançada" para nossa sociedade e seria "conivente" com os atos infracionais, a resistência de parte das instituições públicas a modificar-se e dividir a responsabilidade com a sociedade civil revelavam a complexidade da questão. As pessoas e instituições diretamente envolvidas estavam diante do desafio de atualizar as suas análises da situação e de formular novas estratégias para manter a presença ativa na sociedade e continuar avançando na conquista efetiva dos direitos dessa parcela da população.

Outras questões passaram a fazer parte da ordem do dia: novas formas de atendimento às crianças que já estavam na rua, com novos conteúdos e estratégias pedagógicas, novas formas de organização, renovação das políticas públicas para construir alternativas ao cruel processo de exclusão já na infância, o papel da escola pública como instrumento de integração, enfim, a nova realidade institucional exigia novas referências. Tudo isso em meio a uma conjuntura de profundas transformações políticas e sociais no País. A situação favorável criada demandava novos centros táticos capazes de rearticular os agentes sociais e as diversas dimensões dessa luta e dar continuidade ao processo social de ampliação dos direitos. Por exemplo, era hora de tentar pôr um fim ao extermínio sistemático. Estavam criadas as condições políticas e institucionais para tal. Tornou-se necessário e possível ampliar o programa mínimo que unificava os que se moviam neste espaço da luta por Direitos Humanos.

Essa mudança criou também as condições para que se pudesse abandonar o conceito de "meninos de rua". Antes de tudo, pelo seu conteúdo inevitavelmente estigmatizador, mesmo quando usado criticamente. Outro aspecto importante para se deixar de usar a expressão "meninos e meninas de rua", apesar de eles continuarem em grande número nas ruas das grandes cidades brasileiras e estarem na linha de frente da exclusão, é que as condições de vida dos segmentos que habitam as periferias miseráveis das grandes cidades e parte do campo brasileiro são igualmente degradantes e essas crianças e suas famílias vivem sem nenhuma qualidade e em situações de risco igualmente ameaçadoras.

Segundo o IBGE, 40% das crianças do País fazem parte de famílias cuja renda mensal por cabeça é menor que R$ 60,00. As diversas dimensões desse vasto problema possibilitam também qualificar as estratégias sociais de construção da cidadania dessa faixa etária da população pobre — nesse universo, a família e a escola passam a ocupar um lugar central. Qualquer ação que tenha como objetivo contribuir para criar oportunidades para amplos segmentos de crianças e jovens ameaçados de ficarem à margem da sociedade, necessariamente terá que se debruçar sobre a escola pública e envolver a família.

As questões da infância e da adolescência das camadas populares e excluídas demandam a ampliação da percepção do movimento e a articulação de territórios conceituais mais amplos. Trazem para o centro do debate e da ação a necessidade de aprofundamento de questões gerais da sociedade, como o fenômeno da exclusão e sua contraface, a "inclusão" precária de grandes parcelas do povo pobre, com acesso a migalhas de dignidade humana. A existência de crianças nas ruas nada mais é que um sintoma da estrutura social injusta e excludente e da grave crise econômica e social que afeta de maneira avassaladora grandes contingentes das camadas populares, destruindo a vida familiar e atingindo a dignidade humana nos seus aspectos mais fundamentais. Os idosos, as mulheres, os deficientes e as crianças são os mais vulneráveis e os mais atingidos.

A alta taxa de desemprego entre os jovens, assim como problemas específicos dessa faixa etária, como a produção e a segmentação da subjetividade infanto-juvenil para satisfazer demandas do mercado, o trabalho infantil, a prostituição, a incorporação de crianças e adolescentes ao consumo e tráfico de drogas passam a ter importância no discurso e na ação dentro de uma visão ampliada.

A dinâmica do processo de luta pelos direitos das crianças e adolescentes, no Brasil, até a conquista do *Estatuto da Criança e do Adolescente*, teve como característica principal a construção da articulação de diversas dimensões e de vários atores sociais em uma estratégia comum com centros táticos claramente definidos. A lucidez política que foi emanando dessa movimentação e a agilidade na intervenção permitiram conquistas importantes, apesar da indiferença, do incentivo à repressão e da conivência de grande parte da sociedade.

Essa página da nossa história recente está cheia de ensinamentos. Já é hora de se fazer um grande balanço desses anos após a adoção do *Estatuto*. Considerando não serem fixos e imutáveis nem os aspectos específicos do processo de construção e alargamento dos direitos dessa faixa etária, nem o contexto social como um todo, podemos dizer que, para que continuem sendo ampliados os direitos das crianças e adolescentes no País, faz-se necessário que os atores que sustentam essa luta exercitem a permanente avaliação do contexto social e político e a elaboração de soluções para as questões práticas. A necessidade de lucidez na formulação e de agilidade na articulação dos diversos atores sociais permanece.

NOVO CONTEXTO

O Brasil que emerge dos governos militares, ao mesmo tempo que resiste a resolver seus problemas estruturais que só fazem atrasar seu desenvolvimento, comprometer seus recursos naturais e gerar e reproduzir suas relações sociais injustas e insustentáveis a médio e longo prazo, vê-se em meio a mudanças velozes que varrem todo o planeta e que são chamadas, genericamente, de processo de globalização.

Apesar desse termo estar freqüentemente associado a processos econômicos, como a livre circulação de capitais por todo o planeta, a ampliação dos mercados ou a integração produtiva em escala mundial, a globalização, compreendida na sua complexidade, refere-se à crescente transnacionalização das relações econômicas, sociais, políticas e culturais que vem ocorrendo no mundo nas duas últimas décadas.

A globalização é, ao mesmo tempo, um processo real e uma forte produção ideológica. O processo de globalização é complexo e contraditório, envolvendo praticamente todas as dimensões da existência humana e todos os rincões do planeta. O professor Roland Robertson, da Universidade de Pittsburgh, nos EUA, definiu a globalização como "a concretização do mundo inteiro como um único lugar".

Muitos autores situam a globalização, historicamente, como uma etapa recente (pós-80) e mais avançada do processo de internacionalização da economia mundial, enquanto outros chamam a atenção para sua dimensão política, ao caracterizarem a globalização como resultante da contra-revolução liberal do último quarto de século e denunciarem as inúmeras mistificações hoje presentes, que tentam conferir eternidade à (des)ordem mundial.

Alain Touraine (1996) é um dos autores que trabalham com a dimensão histórico-política da globalização, procurando sempre separar o que é real do que é ideologia:

> Sobretudo depois da queda do Muro de Berlim e do colapso de todas as formas de pensamento historicista e de política voluntarista, deixamo-nos arrebatar pela idéia de que o mundo era regido pelas leis impessoais da economia. Não há mais motivo para lutas sociais que se decompõem por si mesmas, pois não há mais ordem social a subverter numa situação de perpétua mudança. Não há mais sociedade, apenas mercados e grupos unidos em rede.

Já Josepa Brú, em seu livro *Medio ambiente: poder y espectáculo*, de 1997, chama nossa atenção para um aspecto desse momento da humanidade que não podemos ignorar quando estamos tratando da globalização:

> (...) na medida em que nos encontramos em um mundo interdependente, a pobreza local não é outra coisa senão a concretude espacial — com todos os

componentes específicos que se queira — desta situação global de apropriação e acesso desigual aos recursos e à riqueza, coisa que o próprio Relatório Brundtland identifica. Deste modo, seguir insistindo em lutar contra a pobreza estritamente sobre a base do reforço da disponibilidade local de recursos, sem fazer alusão às relações atuais e históricas de intercâmbio desigual em escala mundial, é cientificamente inconsistente e, o que é pior, ideologicamente tendencioso.

Mesmo considerando que a pobreza na América Latina é um problema antigo, o Informe da Comissão Latino-americana e do Caribe sobre o Desenvolvimento Social, assinado pelas Nações Unidas, através da CEPAL, pelo Banco Mundial e Banco Interamericano, indica que os processos de ajuste e reestruturação dos anos 80 acentuaram a concentração de renda e elevaram os níveis absolutos e relativos de pobreza:

> Entre 1980 e 1990, o total de pobres aumentou em 60 milhões, chegando a 196 milhões o número de latino-americanos com ingressos inferiores a 60 dólares mensais. Isso significa que 46% da população total não chega a cobrir suas necessidades fundamentais. Por outro lado, a extrema pobreza, ou seja, a população com ingressos inferiores à linha de indigência — 30 dólares mensais — cresceu de 19% para 22%, afetando 94 milhões de pessoas. Em outras palavras, um de cada cinco latino-americanos não dispõe de ingressos suficientes para consumir uma dieta que lhe permita satisfazer suas necessidades nutricionais mínimas.

A globalização também tem gerado, inquestionavelmente, uma maior integração em escala planetária, aprofundando a interdependência de toda a humanidade, sem que isso signifique uma espécie de homogeneização. O pluralismo cultural, a heterogeneidade e a variedade são essenciais à teoria da globalização, afirma o professor Robertson. Porém, como pontua Vieira (1997), nas conclusões do seu livro *Cidadania e globalização*, "isto não elimina, evidentemente, a possibilidade de processos ou patamares de homogeneização parcial, provocados sobretudo pela dominação cultural do Ocidente". Não podemos deixar de considerar as relações desiguais entre os países do Hemisfério Norte e os do Sul e a hegemonia econômica e a influência cultural norte-americana como características das mais marcantes das últimas décadas.

Alguns autores, estudiosos dos fenômenos do final do século XX, ressaltam como uma das principais características da globalização o surgimento de novas formas de solidariedade entre os seres humanos de diversas partes do mundo, sobrepondo-se às fronteiras nacionais. Observam que, ao lado das relações geopolíticas ou comerciais nas últimas duas décadas, principalmente após a poeira da queda do

Muro de Berlim ter-se assentado, vem-se configurando uma tendência à constituição de uma sociedade civil global como contraponto à tendência ao relativo enfraquecimento do Estado nacional e ao surgimento de uma cidadania mundial diante das "incertezas" da globalização.

A permeabilidade das fronteiras através do desenvolvimento das comunicações tem possibilitado a intensificação das ações transnacionais, que passaram a ter um papel central na estratégia dos movimentos sociais em qualquer parte do planeta: índios, sem-terra, ambientalistas, feministas, homossexuais, movimentos de libertação, todos procuram, na luta pela afirmação dos seus direitos, articular-se e repercutir na aldeia global. No mesmo capítulo do livro citado anteriormente, Vieira constata:

> (...) a visão tradicional do mundo, como relações entre nações, já não consegue explicar o sistema mundial que vem sendo plasmado no bojo do processo de globalização. Começa a surgir uma sociologia da globalização, que confere grande importância a fenômenos culturais e à emergência de novos atores da sociedade civil com presença no sistema global. Assim, ao lado de uma sociedade global, entendida como sociedade internacional, haveria hoje uma comunidade planetária em processo de formação. Trata-se da emergente sociedade civil global, cujos atores muitas vezes têm mais poder de influência no cenário internacional do que a maioria das nações pobres do mundo. Os representantes da sociedade civil global nas instâncias internacionais não têm se limitado a apontar as injustiças provocadas pela globalização econômica. As relações de dominação do poder político, as injustiças sociais, a violação dos direitos humanos, a degradação ambiental e a destruição cultural fazem parte da agenda de grande número de entidades da sociedade civil atuando nas instâncias e organismos internacionais.

A globalização, porém, como vem-se dando, tem-se caracterizado principalmente pelos seus impactos sociais e ambientais sobre a maioria dos países. Processos como o da planetarização do capital financeiro, que permite auferir mais e maiores lucros na especulação e na movimentação virtual de capitais pelo mundo inteiro do que em investimentos produtivos, vêm contribuindo para a instabilidade da economia mundial e a desestruturação econômica dos países que dependem desse capital especulativo. A generalização da especulação financeira, associada à informatização, deu lugar ao surgimento do fenômeno do "capital volátil", cujos impactos econômicos e sociais vêm, através dos chamados "ataques especulativos", atingindo os países menos estruturados de maneira devastadora.

Pierre Salama (1998), economista francês e pesquisador do Centro de Estudos de Dinâmicas Internacionais, denunciou recentemente, em artigo — "Globalização e trabalho" — publicado pela imprensa de vários países:

> A globalização tende a ser cada vez mais excludente, produzindo zonas de integração em alguns lugares e, em outros, zonas de desintegração do tecido social. Longe de gerar o universalismo que pretende, a abertura acelerada das fronteiras acentua as vulnerabilidades.

A disparidade de oportunidades entre trabalhadores qualificados e não-qualificados vem-se acentuando e o conceito de qualificação é cada dia mais fugaz, tal é a velocidade da absorção por parte da economia dos avanços da ciência e da tecnologia. O aprimoramento profissional permanente e uma política de formação de mão-de-obra capaz de servir de base ao processo de modernização da economia passou a ser condição necessária para que as nações possam se inserir positivamente no mundo globalizado e desfrutar do desenvolvimento econômico. Para um país como o Brasil, com um nível educacional baixo, seja na universalização do acesso à educação ou no que se refere à qualidade e atualidade do que é ensinado, passou a ser estratégico refletir sobre a atualização da educação nas condições criadas pela globalização.

Por outro lado, a informatização também vem possibilitando, mundialmente, o crescimento vertiginoso das indústrias de comunicação e interferindo nos diversos contextos de produção da subjetividade em todo o planeta, já que modifica nossa experiência de tempo e de espaço, a natureza das cidades e a relação entre culturas.

Suely Rolnik, psicanalista e professora da PUC-SP, autora de vários livros, entre os quais *Cartografia sentimental*, *Transformações contemporâneas do desejo* e *Revolução molecular — pulsações políticas do desejo*, no artigo "A multiplicação da subjetividade", publicado pelo *Mais!*, suplemento dominical da *Folha de S. Paulo*, chama a atenção para a complexidade das mudanças na produção da subjetividade em escala mundial. As reflexões sobre o mundo da cultura, da política e da educação nesta passagem do século XX para o século XXI não podem passar ao largo das questões abordadas pela psicanalista:

> Os avanços da tecnologia, principalmente na mídia eletrônica e na informática, bem como a globalização da economia, criam práticas que implicam uma pluralidade de ambientes. O encontro das subjetividades com esta variedade tem por efeito povoá-las de uma miscelânea de forças de toda espécie, vindas de todas as partes do planeta. Multiplicam-se as cartografias das relações de força e, portanto, os estados que se engendram nas subjetividades. Com isso, suas figuras pulverizam-se facilmente, abalando

a crença na estabilidade. A mestiçagem desta profusão de forças nos leva a supor o fim da figura moderna da subjetividade, que se constrói em torno de uma referência identitária. Estaríamos ingressando num mundo em que a criação individual e coletiva se encontra em alta, pois muitos são os estados de corpo que pedem novas figuras, muitos são os recursos para criá-las e os mundos possíveis. Cada participante desta imensa polifonia eletrônica pode virtualmente deixar de ser uma entidade individualizável pré-fabricada, segundo o lugar de sua inserção em alguma órbita do mercado, sem por isso virar um nada. Cria-se a oportunidade de cada um produzir-se como uma singularidade em processo, efeito da combinação sempre cambiante da multiplicidade de forças de um coletivo anônimo.

A própria Suely Rolnik indaga-se quanto a se "estaríamos assistindo à emergência de uma democracia em tempo real, espécie de autogestão em escala planetária". Sua resposta a esta pergunta confirma a complexidade acima referida:

> Não é tão simples assim: é que a mesma globalização que intensifica as misturas e pulveriza as identidades, coloca em cena uma homogeneização das figuras da subjetividade, próprias para cada órbita do mercado, independentemente da origem geográfica, nacional, etc: identidades globalizadas flexíveis e descartáveis substituem as identidades locais fixas que vão sendo pulverizadas.

É nesse contexto mundial que o Brasil pós-regime militar irá se mover e é evidente a fragilidade e o despreparo objetivo e subjetivo da nossa sociedade para enfrentar de maneira positiva a nossa inserção econômica, política e cultural. O Documento Nacional que representou a participação brasileira na Conferência Pan-Americana sobre Saúde e Ambiente no Contexto Sustentável da Organização Pan-Americana da Saúde, em 1995, resumiu de forma precisa nossa herança desses 500 anos, desde a chegada dos portugueses aos nossos dias:

> (...) o modelo sócio-econômico que historicamente prevaleceu no Brasil provocou fortes concentrações de renda e riqueza, com exclusão de expressivos segmentos sociais. Dessa distribuição desigual resulta grande parte dos problemas que o país enfrenta. Ao mesmo tempo em que degradou o homem, sua qualidade de vida e seu estado de saúde, esse padrão de desenvolvimento permitiu a degradação ambiental por meio da exploração predatória de recursos naturais e da poluição, as quais, por sua vez, geraram impactos nas condições de saúde da população.

O Relatório de Desenvolvimento do Banco Mundial, publicado em 1995, concluiu que o Brasil era o país com a maior desigualdade social e de renda do mundo. Segundo dados do relatório, 51,3% de toda a renda do país está concentrada nas mãos de apenas 10% da população e, por outro lado, os 20% mais pobres ficam com 2,1% da renda nacional. Outros relatórios posteriores apontam pequenas melhoras, sem significar que o país tenha se modificado substancialmente.

O posicionamento político e a avaliação da sociedade brasileira se tornaram, nos dias de hoje, mais complexos e mais difíceis que no período de crise do governo militar. Tínhamos uma situação que não estimulava muitas interpretações. A sociedade via no regime militar seu problema central e o governo tentava responder impedindo a sociedade de organizar-se e manifestar-se. Porém, na medida em que o regime militar foi chegando ao fim, por meio de uma transição nitidamente conservadora, o movimento que se constituiu nos anos de redemocratização foi se dispersando e as questões ligadas à existência do regime militar foram desaparecendo ou deixando de ter importância. Os problemas e as dimensões mais estruturais da sociedade brasileira, juntamente com os novos desafios, como esse contexto de globalização, passaram a ter um destaque maior. Novas demandas e novas identidades vão, em meio à perplexidade, caracterizando uma sociedade mais plural.

O inegável avanço institucional dos últimos anos, com o estabelecimento de uma rotina democrática, tem convivido com uma verdadeira crise do Estado, gerando perplexidade nos movimentos sociais, inexperientes no novo cenário, com exceção para o emergente movimento pela terra e pela reforma agrária. O Estado, moldado no período anterior, não é mais capaz de realizar as suas funções: privatizado por segmentos das elites, com pouca capacidade de investimento e burocratizado, mostra-se anacrônico e inabilitado para prestar satisfatoriamente os serviços que a população espera dele, como educação, saúde, segurança etc... A redemocratização da sociedade sob o signo do neoliberalismo não tem significado uma melhoria imediata para a maioria da população. Pelo contrário.

As avaliações desta realidade vão desde o encantamento com a globalização e a aceitação fatalista da inevitabilidade de como vem-se dando este processo, com base na crença de que "a história acabou" e não há nada a fazer, até o sentimento oposto, de que não há nada de novo e tudo é negativo. Em meio a esta confusão, típica de períodos de transição, surgem, ainda embrionariamente, novas perspectivas para a cidadania, fruto de uma compreensão das características da crise brasileira e da complexidade do momento que a humanidade está vivendo neste limiar do século XXI. Porém, a nossa estrutura social arcaica, a perplexidade e o imobilismo dos movimentos sociais oriundos do período anterior e o pragmatismo político das elites ainda pesam mais do que a presença de uma nova cidadania.

Carlos Jara, em sua intervenção no Seminário Ação Local e Desenvolvimento Sustentável, organizado pela Fundação Konrad Adenauer Stiftung, em Fortaleza (anais publicados por essa instituição), descreve com muita clareza as atuais mudanças e os impactos sobre a sociedade:

> (...) o Estado brasileiro perde primazia. O Brasil passa por um acelerado processo de descentralização. O neoliberalismo se apresenta como o pensamento dominador da dinâmica mundial, enfatizando a competitividade e, por conseguinte, o conflito, como motor de transformação. Persistem os processos de ajuste estrutural que apóiam a integração dos espaços econômicos nacionais à nova ordem econômica internacional. A maior parte dos movimentos sociais vivencia sentimento de impotência diante das grandes forças econômicas e políticas, nacionais e internacionais, que condicionam a trajetória dos processos de desenvolvimento.

Sílvio Caccia Bava, no artigo "As ONGs e as políticas públicas na construção do Estado Democrático", publicado pela ABONG, afirma:

> (...) a democratização da sociedade brasileira gerou novas relações entre os atores coletivos presentes na sociedade civil e destes com o Estado, especialmente na relação de governos municipais com a cidadania. Mais do que uma oposição sistemática aos governos, o que se coloca a partir de então é a identidade com um determinado projeto político, que pode ser defendido também a partir do aparelho de Estado. A questão da participação ganha importância e novos contornos.

Desde o governo Collor, a economia do país vem-se "modernizando", abrindo suas fronteiras e intensificando sua internacionalização, o que tem provocado grandes impactos sociais, no curto prazo, como as elevadas taxas de desemprego. O governo federal tem seguido o receituário neoliberal, dando prioridade absoluta às questões econômicas e, praticamente, abstendo-se de desenvolver políticas públicas e planos de ação para minorar e enfrentar os efeitos sociais da internacionalização da economia e da globalização liberal. A ênfase da ação governamental está posta, quase que exclusivamente, no esforço para tornar possível o desenvolvimento da economia nacional e para criar as condições estruturais de competitividade em escala global.

O modelo adotado pelo governo para financiar nosso déficit público, baseado em doses maciças de financiamento externo de curto prazo, na valorização artificial do Real, combinado com a venda generalizada de estatais e taxas de juros altas, conseguiu apenas adiar uma série de medidas necessárias para mudanças profundas e tornou nossa economia extremamente vulnerável às turbulências do ambiente internacional. A parte da base de sustentação política que tem hegemonia e define os rumos do governo é socialmente conservadora, não deseja mudanças nas relações sociais do país e não se propõe ou não tem condições de enfrentar os entraves estruturais da nossa sociedade para produzir um projeto nacional capaz de abrir o caminho para um desenvolvimento sustentável.

Por outro lado, nenhum outro segmento social ou facção política da sociedade brasileira produziu um projeto alternativo ao do governo, em condições de disputar a hegemonia da sociedade e preparar o Brasil para o século XXI. O governo tem se concentrado na busca de competitividade para a nossa economia, na sua internacionalização, em manter a estabilidade monetária e fazer a reforma do Estado, dentro do receituário neoliberal. O governo acredita, ou quer fazer acreditar, que a estabilização da moeda é suficiente como mecanismo de redistribuição de renda.

É inegável que o fim da chamada "ciranda financeira" beneficiou os segmentos sociais de menor renda. Mas daí a acreditar que o país que tem uma das estruturas sociais mais injustas e excludentes do planeta, segundo os relatórios das Nações Unidas, pode conviver com o processo a que está submetido no momento, sem recorrer a intensivas políticas públicas para fazer frente ao grave quadro social, há uma distância enorme. É confundir economia de mercado com sociedade de mercado, praticamente abolindo o papel do Estado. A atividade econômica, em si, poderia se basear nas regulações do mercado e na livre iniciativa, mas a sociedade precisa da ação reguladora do Estado. Caso contrário é o caminho da barbárie, do salve-se quem puder.

A confusão entre economia de mercado e sociedade de mercado produziu a ilusão de que a abertura econômica solucionaria os principais problemas e que o mercado teria o poder de gerar uma regulação das relações sociais. A principal resposta para estes impactos sociais tem sido minimizá-los através da propaganda oficial.

Entretanto, não é possível fechar novamente as fronteiras econômicas para renacionalizar a economia e restituir ao Estado o papel de grande investidor e principal ator econômico que já teve na etapa nacional-desenvolvimentista da história recente do Brasil, como vem sendo propugnado por alguns críticos da oposição ao governo. A perplexidade e a falta de projeto político têm gerado em vários segmentos da chamada sociedade civil organizada e nos partidos de oposição uma atitude de recusa estrutural, conservadora de esquerda, contra a reforma do Estado, e não só uma recusa às propostas do governo. E, o que é mais grave, têm resultado na incapacidade de formular alternativas ao projeto neoliberal para a sociedade brasileira no contexto de globalização. Muitos têm-se contentado com o *não*.

O sociólogo Alain Touraine, em recente artigo, "A longa crise da transição do liberalismo", publicado pela *Folha de S. Paulo*, afirmou:

> Durante 20 anos, o mundo foi dominado por diversas formas de "ajuste econômico", cuja tônica era a destruição dos antigos controles políticos e sociais da economia. Quase ninguém — exceto alguns ideólogos atrasados — cogita em fechar novamente as fronteiras e restituir ao Estado o papel de condução que cabia ao mercado. É preciso agora ingressar urgentemente num período pós-liberal, ou seja, de reconstrução dos controles legais, administrativos e sociais, a fim de impedir a selvageria econômica, o aumento da exclusão e das desigualdades sociais e a difusão da violência em sociedades que perderam o controle da sua própria transformação.

A crise do Estado brasileiro tem revelado sua face mais profunda na incapacidade de produzir a pactuação de um grande projeto nacional que viabilize e garanta, através da participação ampla da sociedade, a sustentabilidade econômica, social e ambiental que incorpore a maioria da sociedade brasileira e possibilite qualidade de vida para todos. E sua face mais dramática se encontra na ausência de políticas públicas capazes de fazer frente à grave crise social pela qual o Brasil está passando para mitigar os efeitos dramáticos sobre os segmentos sociais mais frágeis.

É neste contexto de transição que surge o Projeto Axé, exatamente para atender às maiores vítimas desta crise. O Projeto iniciou suas atividades em junho de 1990, na condição de projeto vinculado ao Movimento Nacional de Meninos e Meninas de Rua, com apoio de uma ONG italiana, *Terra Nuova*. Em 1991 constituiu-se em pessoa jurídica autônoma. Define-se como uma sociedade civil sem fins lucrativos, como uma ONG, com a finalidade de prestar serviços de educação e defesa de direitos à criança e adolescente em circunstâncias especialmente difíceis.

O Projeto Axé formula sua missão como a de "contribuir para a elaboração teórica e prática de propostas de atendimento a populações marcadas por situações existenciais de extrema pobreza. Esta ação privilegia um dos segmentos mais vulneráveis desse universo social: a infância e a juventude destituídas de seus direitos, notadamente as crianças e os jovens fora da família, da comunidade, da escola e já em situação de rua".

ESTADO, SOCIEDADE E TERCEIRO SETOR

A crise dos Estados nacionais, a perda relativa de vitalidade das instituições democráticas e das formas de representação política em praticamente todas as partes do mundo, têm estimulado a institucionalização da participação direta e o surgimento de novas formas de organização que atuam na esfera pública. Essas organizações são fruto da auto-organização de cidadãos e é por meio delas que as demandas não-incorporadas pelos governos e pelas organizações tradicionais da sociedade civil se estruturam e se expressam. Esta nova esfera pública, não-estatal, é o chamado Terceiro Setor.

O Terceiro Setor pode ser definido como o conjunto de atividades, sem fins lucrativos, das organizações da sociedade civil, ou seja, organizações criadas por iniciativas de cidadãos, que têm como objetivo a prestação de serviços ao público: saúde, educação, cultura, habitação, direitos civis, proteção do meio ambiente e muitos outros.

O Terceiro Setor passou a ser uma realidade em praticamente todo o mundo, coexistindo com o Estado (Primeiro Setor) e com o mercado (Segundo Setor) e vem demonstrando capacidade de mobilizar um volume crescente de recursos e energias e de criar empregos. Suas receitas podem ser geradas em suas atividades operacionais (autosustentação), mas em sua grande maioria originam-se de doações, de verbas governamentais ou de recursos do setor privado.

A sua importância para o desenvolvimento social do País, intensificada nos últimos anos, mais particularmente depois da Rio-92, vem despertando a atenção dos estudiosos, políticos, economistas etc... O governo federal, refletindo esta dinâmica social, preparou um novo marco legal para o Terceiro Setor, que se transformou em lei (Lei Federal 9.790 de 23 de março de 1999). A justificativa para esta atualização estava clara desde o início dos trabalhos:

> O fortalecimento do Terceiro Setor, no qual se incluem as entidades da sociedade civil de fins públicos e não-lucrativos, constitui hoje uma orientação estratégica nacional em virtude da sua capacidade de gerar projetos, assumir responsabilidades, empreender iniciativas e mobilizar recursos necessários ao desenvolvimento social do país (*Cadernos Comunidade Solidária*, 1999).

Na realidade, o Terceiro Setor é constituído de um universo bastante diverso de organizações: fundações, ONGs, associações comunitárias, comissões de defesa do consumidor e muitas outras. Longe de ser uma utopia, o Terceiro Setor é uma surpreendente realidade nas sociedades modernas.

> No Ocidente, o Terceiro Setor é um dos que, se não o setor que mais tem adquirido importância. Importância econômica, devido ao seu potencial, em expansão, de criação de novos empregos. Importância política, diante da crise de representatividade dos partidos. E importância social, assumindo crescentes responsabilidades nas áreas de educação, saúde, direitos

humanos, ciência, meio ambiente e cultura, especialmente face ao processo de reorganização do papel do Estado nessas áreas (*Cadernos Comunidade Solidária*, op. cit.).

Em muitos países, esse setor — diferentemente do Estado e do mercado — tem as maiores taxas de crescimento do emprego, que chegam a representar um percentual do PIB de até 6,3%. A maior contribuição, porém, dessas organizações para esses países, é o que fazem por uma sociedade socialmente mais justa e ambientalmente mais equilibrada; são os meios que elas conseguem mobilizar e as formas inovadoras de atuação para diminuir as desigualdades sociais e econômicas e elevar a qualidade de vida. Assumem um papel estratégico quando se transformam em sujeitos políticos autônomos, como precursoras de uma nova institucionalidade em busca de um novo modelo de desenvolvimento.

As organizações não-governamentais vêm ampliando rapidamente sua importância social, desempenhando funções cada vez mais amplas e meritórias socialmente. Na América Latina ainda não passam de um pequeno segmento, mas essas ONGs possuem as mesmas características das dos países onde sua presença é mais significativa. De uma forma resumida, podem ser sintetizadas na idéia do *privado com funções públicas*. A diversidade das ONGs não se restringe ao aspecto temático. Existem ONGs atuando nos planos local, nacional, regional e internacional. Muitas ONGs associam-se em redes, visando a aumentar a eficácia e o campo de atuação.

No Brasil, estimativas oficiais indicam cerca de 2 milhões de empregados — formais e informais — pelo Terceiro Setor e um volume em torno de 1% do PIB. Outra característica brasileira é que as ONGs, entre nós, além de estarem ligadas à redefinição das relações entre o Estado e a sociedade, representam uma forte demanda por participação social nas decisões públicas, compensando a fragilidade das organizações representativas e das instituições democráticas. Existe um grande número de ONGs que se constituíram como atores sociais organizados a partir da luta política da sociedade civil (nas décadas de 60 a 80) contra o regime militar. Eram vinculadas a sindicatos — ou a estes se articulavam — movimentos populares e igrejas. Sua ação estava, direta ou indiretamente, no âmbito da resistência política.

Rubem César Fernandes, em seu livro *Privado porém público*, resgata:

> (...) a primeira geração de ONGs na América Latina surgiu, via de regra, como uma solução *ad hoc* para uma falta de opções, que se imaginava ser conjuntural no sistema institucional existente — centros de pesquisa que

se formavam à margem de universidades submetidas a pressões do Estado autoritário, núcleos de educação popular paralelos ao sistema escolar oficial, grupos de apoio a movimentos sociais emergentes sem conexões com os organismos políticos legais etc. Não se imaginava que estas iniciativas fossem destinadas a uma longa duração.

Naquele contexto, as ONGs se posicionavam claramente contra o autoritarismo do Estado, buscando a democratização política. Essas entidades têm assumido o papel de formuladoras e propositoras de políticas sociais e de projetos que atendam às necessidades da população ou de segmentos populares. Freqüentemente, ocupam o lugar de mediadores entre o Estado e a sociedade civil, buscando universalizar valores éticos, produzindo conhecimento, funcionando como enzimas produtoras de uma nova cultura, ora para influenciar e modificar a inércia e a falta de políticas públicas por parte do Estado, ora para qualificar a luta da população por melhores condições de vida, procurando gerar novos comportamentos, novas sensibilidades. Estas ONGs não atuam sozinhas, fazem alianças e parcerias com outros atores sociais, com outras ONGs etc.

Fernando G. Tenório em *Gestão de ONGs*, de 1991, refere a visão do sociólogo Betinho a respeito dessas associações:

> (...) no dizer de Herbert de Souza, o papel das ONGs no Brasil, na década de 90, é propor à sociedade brasileira, a partir da sociedade civil, uma sociedade democrática, dos pontos de vista político, social, econômico e cultural. Ele afirma que, apesar da luta hoje parecer mais suave, as certezas quanto aos rumos são mais difíceis, porque pressupõem colaborar com o Estado para a democratização da sociedade, propor uma nova forma de produzir e distribuir bens e serviços que supere os limites da lógica do capital, acabar com o estatal e restabelecer o público, e universalizar todos os valores éticos de sua própria experiência.

Existem, porém, ONGs que têm uma relação pragmática e clientelista com o Estado e apenas se beneficiam da tendência à privatização e terceirização da produção de bens e serviços públicos, que podem ocorrer tanto através do setor privado lucrativo como do não-lucrativo. Essas ONGs significam, na maioria das vezes, uma alternativa para profissionais pressionados por um mercado de trabalho cada vez mais competitivo e restrito, sem, no entanto, adquirirem as outras dimensões que caracterizam a importância e a riqueza das não-governamentais. Em geral essas ONGs exercitam um "pragmatismo" e executam ações programadas pelo Estado ou apenas buscam substituí-lo em algumas tarefas.

Elisabete Stradiotto, coordenadora do Programa de Habitação do Núcleo de Estudos e Programas em Educação Popular (NEPEP), salienta, numa comunicação apresentada em Belo Horizonte (seminário preparatório para a HABITAT II):

> (...) cada vez mais, as ONGs correm o risco de perder seu caráter propositor e de assumir, paulatinamente, o papel do Estado, legitimando ações fragmentadas e transformando a política social num aglomerado de ações isoladas, articuladas a programas de emergência que busquem a amenização dos conflitos e a integração da população excluída numa nova ordem econômica mundial. Este é o risco que correm as ONGs, ao assumirem o papel delegado a elas pelo projeto neoliberal. O envolvimento em soluções pontuais pode, ao invés de possibilitar a crítica ao crescente processo de exclusão social, servir como amortecedor de conflitos, escondendo em si as contradições colocadas por este processo.

No *Caderno da Associação Brasileira de Organizações Não-Governamentais* (ABONG), em um balanço dessa relação entre as ONGs e o Estado, pode-se ler:

> As relações com o Estado são contraditórias e ambíguas, ora de parceria, ora de cooptação. As ONGs são valorizadas quando sua existência é funcional diante do desmonte do Estado; mas são hostilizadas ou não contam com nenhuma simpatia do governo quando se assumem como expressão da sociedade civil organizada, pressionando ou fiscalizando suas políticas.

As ONGs, diferentemente das organizações representativas do tipo sindicatos, associações comunitárias e movimentos sociais, não falam nem agem em nome de terceiros. Seu valor e legitimidade social advêm dos serviços que elas oferecem. Por um lado, não dependem do complexo jogo político implicado nos sistemas representativos para legitimar as suas decisões, o que lhes dá agilidade e mobilidade. Por outro lado, mesmo falando somente em nome próprio, são obrigadas a construírem sua própria legitimidade social a partir da combinação do conteúdo, significado e eficácia da sua ação, do discurso capaz de tornar essa ação legível e desejável, e da capacidade de produzir uma articulação eficiente com os demais atores sociais.

Rubem César Fernandes, em outro momento do seu livro, afirma:

> Percebeu-se que serviços bem-feitos podem ter repercussões surpreendentemente maiores do que os meios que lhes são aplicados. Trabalhando para (e com) sindicatos, associações, movimentos, redes sociais, igrejas, órgãos de governo, universidades, mídia, empresas etc.., as ONGs potencializam as suas competências. Descobriu-se, assim, que atividades de interesse público podem ser exercidas fora do governo.

As ONGs, pressionadas pelas condições impostas pelos organismos financiadores e mesmo pela concorrência, fruto do próprio crescimento da importância do Terceiro Setor, experimentam um processo crescente de profissionalização. A passagem de uma fase de proselitismo e denúncia para uma fase de elaboração e execução de projetos se constituiu, inegavelmente, em um passo adiante para as ONGs. A profissionalização deve ser vista como uma condição para que se efetive a missão de cada uma em particular.

Muitas vezes essa profissionalização se choca com a dimensão política dessas ONGs, criando uma tensão entre as duas dimensões, que chega mesmo, em alguns casos, a se constituir em um antagonismo. Outras vezes, a dimensão política se realiza através da base técnica e a ONG cresce com a capacidade de elaboração e execução de projetos. Esta tensão é oriunda das características mais centrais das ONGs: privado com funções públicas. Não se pode considerar a supressão ou o isolamento de um desses dois aspectos, a dimensão política e a profissionalização, como solução. O desenvolvimento institucional e gerencial das ONGs passa pela capacidade de formular respostas para esta questão.

Teresinha Quadros (1998), em seu artigo "Mudanças na economia mundial e impacto nas ONGs", afirma:

> (...) segundo Arellano-Lopez e Petras (1994), no caso específico das ONGs dos países do Sul, verifica-se uma tendência à profissionalização de seus quadros funcionais, através da substituição do trabalho voluntário pelo trabalho remunerado e dos profissionais mais críticos, que, inclusive, em alguns casos, ajudaram a fundá-las, por técnicos multidisciplinares, "eficientes" para execução de projetos.

A história e a cultura institucional que as ONGs estão desenvolvendo são determinadas por esta característica de serem uma espécie de ponto de intersecção entre o público e o privado. As ONGs trouxeram para o campo do trabalho social e para o universo das políticas públicas elementos da chamada "livre iniciativa". As ONGs bem-sucedidas estão inventando e construindo uma cultura organizacional e gerencial que é uma mescla da eficácia e do pragmatismo empresarial e do que há de melhor no espírito coletivo dos empreendimentos que não estão submetidos à produção do lucro e que se movem no universo do engajamento. A magnitude e complexidade da tarefa de sintetizar duas culturas tradicionalmente antagônicas exigem tenacidade e constância. Não se trata de uma operação aritmética. São desafios que ameaçam os resultados esperados se não encontram respostas adequadas.

Segundo Tenório, no livro já citado anteriormente:

> (...) para superar esses desafios que podem ameaçar sua existência e sua eficiência administrativa, as ONGs têm que pensar em acrescentar às suas peculiaridades novos instrumentos de gestão, dotando seus quadros de

habilidades, conhecimentos e atitudes que assegurem, ao fim e ao cabo, o cumprimento dos objetivos institucionais. Trabalhar por meio de redes; identificar claramente produtos, áreas de atuação e cidadãos beneficiários; compartilhar ou dividir mercados; criar mecanismos mais eficientes de controle que possibilitem avaliar o impacto das ações executadas; ganhar maior visibilidade perante a sociedade divulgando o produto do trabalho realizado são alguns dos resultados que se pode esperar desse aprendizado.

A necessidade de aumentar a eficiência e a eficácia das ações executadas tem levado as ONGs a buscarem a assimilação dos conhecimentos de administração. Essa leitura e assimilação terá que ser necessariamente crítica e criativa, considerando que tais conhecimentos foram formulados e têm sua origem no mundo empresarial e estão carregados da lógica inerente a seu meio de origem. A complexidade do universo desse setor "público não-governamental" constituído pelas ONGs, que apesar de serem sociedades civis privadas não têm como objetivo o lucro, mas a satisfação das necessidades da sociedade, obriga-nos a formular e criar um universo conceitual próprio, também nesse campo administrativo, capaz de articular as diversas dimensões inerentes ao processo de gestão.

Considerando as questões acima expostas, podemos afirmar que a missão do Projeto Axé se realiza através da produção articulada de três dimensões distintas. A primeira delas é a do atendimento e acolhimento das crianças e adolescentes que se encontram em situação de risco e vivendo processos de exclusão, isto é, fora dos contextos de sociabilização tais como família, escola, comunidade. A segunda dimensão diz respeito à elaboração e difusão de discurso relativo aos direitos — individuais, sociais e políticos — das crianças e adolescentes e à sua ampliação na sociedade. E a terceira dimensão está afeita à movimentação e articulação, no âmbito da sociedade civil, com outras ONGs, movimentos e personalidades, com os poderes públicos e com parte do empresariado para poder realizar as melhorias concretas e contribuir para o cumprimento das garantias legais dos direitos das crianças e adolescentes. O atendimento é a dimensão central e a razão de existir do Projeto Axé. Mas a sua realização satisfatória exige as duas outras dimensões. A prática desses oito anos de trabalho bem-sucedido está demandando, de forma imperiosa e urgente, um balanço integrado da relação do Projeto Axé com o contexto social e político e uma análise de todas as suas áreas de atuação. A continuidade da sua brilhante trajetória enquanto ator social em defesa da criança e do adolescente necessita de periódicos avanços teóricos e práticos e da permanente redefinição das suas estratégias.

REFERÊNCIAS BIBLIOGRÁFICAS

BRÚ, Josepa. *Medio ambiente: poder y espectáculo*. Barcelona: Icaria Editorial, 1997.

CACCIA BAVA, Sílvio. *As ONGs e as políticas públicas na construção do Estado Democrático*. Rio de Janeiro: ABONG.

COMUNIDADE SOLIDÁRIA. O papel estratégico do Terceiro Setor. *Análise e Dados*. Salvador: SEI, v. 7, n. 4, 1998.

FERNANDES, Rubem César. *Privado porém público*. Rio de Janeiro: Relume-Dumará, 1996.

IANNI, Otavio. *Teorias da globalização*. Rio de Janeiro: Civilização Brasileira, 1995.

JARA, Carlos. Planejamento do desenvolvimento municipal com participação de diferentes atores sociais. Ação local e desenvolvimento sustentável. *Debate*. São Paulo: Fundação Konrad Adenauer Stiftung, n. 11, 1996.

KLIKSBERG, Bernardo. A modernização do Estado para o desenvolvimento social. *Análise e Dados*. Salvador: SEI, v. 7, n. 4, 1998.

QUADROS, Teresinha. Mudança na economia mundial e impacto nas ONGs. *Análise e Dados*. Salvador: SEI, v. 7, n. 4, 1998.

ROBERTSON, Roland. Mapeamento da condição global: globalização como conceito central. In: FEATHERSTONE, Mike (org.). *Cultura global*. Rio de Janeiro: Vozes, 1994.

ROLNIK, Suely. A multiplicação da subjetividade. *Folha de S. Paulo*.

SALAMA, Pierre. Globalização e trabalho. *Folha de S. Paulo*, 16 de agosto de 1998.

TENÓRIO, Fernando G. *Gestão de ONGS*. São Paulo: Fundação Getúlio Vargas, 1991.

TOURAINE, Alain. A desforra do mundo político. *Folha de S. Paulo*, 16 junho de 1996.

_____. O canto da sereia da globalização. *Folha de S. Paulo*, 14 de julho de 1996.

_____. A longa crise da transição do liberalismo. *Folha de S. Paulo*, 1998.

_____ & BREDANOL, Celso. *Cidadania e política ambiental*. Rio de Janeiro: Record, 1998.

_____. Depois das jornadas negras. *Folha de S. Paulo*, 27 de junho de 1999.

VIEIRA, Liszt. *Cidadania e globalização*. Rio de Janeiro: Vozes, 1997.

O CENÁRIO DA EXCLUSÃO SOCIAL
— uma tentativa de desconstrução

*Marle de Oliveira Macedo**

*Pivete, capitão da areia, trombadinha
A imensidão da noite para habitar
A lua mas se Essa Rua Fosse Minha
Meu cansaço, meu sono, meu zanzar...*

Chico Buarque, Djavan, Gil e Caetano

O TEAR QUE TECE A DESIGUALDADE OU A TRAMA DA HISTÓRIA

*A gente não quer só comida
A gente quer comida, diversão e arte
A gente não quer só comida
A gente quer saída para qualquer parte*

Titãs

    A educação não é neutra. A educação tem um papel crucial no processo da desigualdade social. Sabe-se também que esse é um processo de extrema complexidade e que não se resolve simplificadamente apenas através do currículo ou da sala de aula; mas se pode, por aí, aprofundá-lo ou não.

    Essa é uma questão que precisa ficar clara ao se trabalhar com educação. Seu papel no jogo de forças que determina quem vai ficar

---

* Mestra em educação, socióloga, coordenadora de cultura do Projeto Axé.

no poder; quais são os grupos beneficiários e quais não os são na sociedade. Quem tem e quem não tem direito a sonhar e ver seus sonhos realizados. Quem pode crescer e ultrapassar limites. E quem vai ter as asas cortadas, quem sempre voará baixo e não conhecerá as próprias potencialidades e nem sequer alcançará seus limites.

No entanto, isso não é imutável. A história da humanidade é a história de seu próprio movimento que a mantém em permanente transformação. É nesse *continuum* que brotam e se alimentam as inquietações, os sonhos e as utopias individuais e coletivas e que se dão as pequenas, cotidianas ou grandes e históricas mudanças na sociedade.

Sendo a educação uma das produções do homem, ela não é dada, não é impermeável, não é um corpo inflexível. Ela se desenvolve no tempo histórico e tem várias faces e conotações como tudo que é humano. Daí estar imbricada com os interesses hegemônicos e também com os que são subalternos na sociedade. Por isso, fazer educação requer uma tomada de posição. Que educação? Para quem?

A relação entre desigualdade social e ensino/educação tem sido tema de muitas pesquisas no campo sociológico. Em um estudo acurado dessa questão, analisando pesquisas e séries estatísticas de países industrializados e de sistemas políticos liberais, Boudon (1981) busca identificar a origem da desigualdade de oportunidades, relativamente ao ensino, a partir da relevância de duas variáveis: herança cultural e origem social.

Evidenciou-se que, apesar das desigualdades culturais serem observáveis desde idades muito tenras e de ser impossível sua supressão, é a origem social a variável que mais pesa no processo da desigualdade diante do ensino. Mesmo porque essa variável reduz progressivamente as desigualdades culturais.

Segundo Boudon (op. cit.), a origem social, "(...) de modo mais preciso, tem por efeito, pela seleção diferencial que acarreta, homogeneizar as distribuições do êxito escolar em função das classes sociais". Isso porque essa variável é fundamental na definição do campo decisório. Ou seja, nesse caso, o fator econômico é mais relevante na dimensão progressiva que o cultural:

> Para eliminar as desigualdades perante o ensino, seria necessário, portanto, que um ou outro dos dois elementos fundamentais que acabam de ser citados fossem excluídos. Em outras palavras, seria preciso que as sociedades não fossem estratificadas ou que as competências não fossem hierarquizadas (Boudon, op. cit., p. 161).

Para chegar a essa conclusão, com base em um conjunto de pesquisas, o autor analisou algumas variáveis que são recorrentes na reflexão da temática, como: influência da profissão do pai, idade, posição social da família, custo-benefício e sistema de valores, entre outras.

As informações analisadas foram coletadas em alunos do sistema escolar dos Estados Unidos e de países europeus, centros da industrialização e do Ocidente.

Uma outra vertente da análise das desigualdades é a diferenciação na educação.

Já no século XIX, Émile Durkheim (1987) considerava a educação como imagem e reflexo da sociedade. Para ele, a educação seria um fato fundamentalmente social. Assim, a pedagogia seria uma teoria da prática social. Em sua perspectiva positivista, Durkheim considera que não existe sociedade na qual o sistema de educação não apresente um duplo aspecto, o de ser, ao mesmo tempo, uno e múltiplo. Em certo sentido, para esse autor, há tantas espécies de educação, em determinada sociedade, quantos meios nela existam. É ela formada de castas? A educação varia de uma casta a outra. A dos patrícios não era a mesma dos plebeus. Em seu tempo, perguntava-se Durkheim: "ainda hoje não vemos que a educação varia com as classes sociais e com as regiões?" (p. 40) Claro está, acrescentava, que a educação das crianças não deveria depender do acaso que as fez nascer aqui ou acolá, desses pais e não daqueles.

Além de identificar essa desigualdade social, Durkheim ainda se reportou ao fenômeno da especialização, decorrente da divisão social do trabalho, como constituindo-se em outro fator de heterogeneização da educação, considerando as diferenças, nesse campo, absolutamente legítimas, relativamente ao processo social em qualquer nível.

Mas ele se refere, também, a um núcleo comum que é inculcado em todas as crianças, independentemente da classe social a que pertençam, e que se expressa como valores, idéias, sentimentos e interesses comuns constitutivos do arranjo político da sociedade. O papel desse núcleo comum seria o de assegurar a homogeneidade necessária à existência e à reprodução da sociedade.

Essa base homogênea não se choca com a heterogeneidade antes referida, mas, pelo contrário, convergem e complementam-se, de modo que os membros de cada classe ou grupo social se ajustam e reconhecem sua condição de poder ou de subalternidade em relação ao conjunto da sociedade como um todo. Em outras palavras, cada qual deve saber seu lugar na organização social.

Em Durkheim, aparece de modo claro o papel atribuído à diferenciação no processo educacional.

A educação é a ação exercida pelas gerações adultas sobre as gerações que não se encontram ainda preparadas para a vida social; tem por objeto sujeitar e desenvolver, na criança, certo número de estados físicos, intelectuais e morais, reclamados pela sociedade política no seu conjunto e pelo meio especial a que as crianças particularmente se destinem (op. cit., p. 42).

Apenas nas comunidades primitivas a educação era única para todos. A transmissão de conhecimento dava-se na prática cotidiana e toda a comunidade era responsável por realizá-la em favor dos jovens, visando assegurar a continuidade da própria vida.

Com o advento da acumulação de riquezas, surge a divisão do trabalho, a especialização, inclusive do agente, cujo papel será o de transmissor de conhecimentos (agora, específicos) às novas gerações: o professor. As doutrinas pedagógicas estruturaram-se e desenvolveram-se em função da emergência da sociedade de classes. A escola, como instituição formal, surgiu como resposta à divisão social do trabalho e ao nascimento do Estado, da família e da propriedade privada, como assinala Gadotti (1997).

A acumulação do conhecimento segue, *pari passu*, a acumulação de riquezas. Nesse processo, aumenta o fosso entre o conhecimento apropriado pela classe dominante, ao menos aquele transmitido pelos especialistas, no caso, o professor, e o assimilado pelo povo. A educação desenvolve-se como instrumento de poder. As idéias pedagógicas imersas no tempo histórico vão nessa direção e revelam essa espécie de simbiose.

As diferenças, na educação, que permeiam o percurso das idéias pedagógicas, cristalizam-se em países em desenvolvimento ou de industrialização tardia, em que o processo de desigualdade social alimenta e é alimentado pelo sistema de ensino. Isso ocorre do mesmo modo relativamente à divisão do trabalho, observando-se que as diversificações e qualidades de funções se refletem na educação, no sistema escolar e no acesso à escola, que, por sua vez, vão refleti-los.

Neste sentido, não sendo neutra a educação, como não é nenhuma das atividades humanas, a opção educacional expressa a postura do educador/instituição perante a realidade social, reafirmando e/ou negando os interesses que já estão afirmados.

O Brasil, onde a cidadania chegou como concessão e autoridade, e que se mantém, segundo o Banco Mundial (1999), entre os países de maior concentração de renda do mundo, tem, na sua formação social, a origem de sua exacerbada desigualdade. Essa vem sendo garantida, através dos séculos, pelos interesses hegemônicos internos dominantes articulados aos interesses internacionais.

Sendo a oitava economia do mundo, mas estando no 79º lugar no índice de desenvolvimento humano da ONU, o Brasil chega ao final do milênio cumprindo minimamente o objetivo posto pela Revolução Francesa para a educação escolar: uma escola pública, gratuita e universal.

Essa situação é agravada quando se trata da região Nordeste, que tem grande parte do seu território atingido pela seca intermitente e é detentora dos maiores bolsões de pobreza nacional e dos maiores índices de analfabetismo, configurando uma extremamente baixa qualidade de vida.

A Bahia, um dos Estados que compõem o Nordeste, é a terra *mater* do Brasil, aqui iniciando-se, no século XVI, o processo de colonização pelos portugueses. Localizada no Nordeste, sofre de todos os males que afligem a região, ocupando a terceira pior posição no País. O Estado da Bahia, tal como a região em que se localiza, concentra grandes bolsões de miséria (80,45% dos baianos, segundo o IPEA, vivem abaixo da "linha da pobreza"), bem como apresenta uma das maiores taxas de analfabetismo do Brasil — 26,95%. A Região Metropolitana de Salvador, historicamente, detém os maiores índices de desemprego comparativamente às outras regiões metropolitanas do País.

Salvador é a terceira capital do Brasil em número de habitantes (cerca de 2.211.539) e possui a segunda maior população negra do mundo (80%). Nesta cidade, até meados da década de 90, existiam 104.000 crianças em idade escolar fora da escola. Como toda capital de Região Metropolitana, Salvador tem uma composição populacional com significativa participação de população migrante; os fluxos migratórios mais representativos são oriundos do próprio Estado, destacando-se os procedentes do Nordeste da Bahia e de toda a área incluída no Polígono da Seca, o semi-árido baiano.

Análises dos dados censitários nesta segunda metade de década demonstram que 101 municípios baianos apresentam crescimento negativo de população. Os mesmos estudos revelam que a principal área de destino dos que se deslocaram é a capital do Estado e que predomina a procedência das microrregiões da Zona Semi-Árida — dos sertões da Bahia, com sua fome, sua sede, seu desemprego, seu latifúndio e sua miséria. A migração decorrente dessas condições extremas é denominada migração por expulsão e seu movimento no espaço nacional é caracterizado como deslocamento da pobreza.

Evidentemente, essas correntes migratórias acomodam-se nas mais precárias condições nas suas áreas de chegada e, como no caso de Salvador, engrossam as fileiras dos desterritorializados de si mesmos e da sociedade, com fraturas pessoais e familiares, no mais das vezes, irreversíveis. Nas periferias da metrópole reproduzem as estratégias da pobreza das suas áreas de expulsão, buscando estruturar frágeis estratégias de sobrevivência na cidade grande.

É nesse contexto de pobreza que estão inseridos os educandos do Axé. Eles são os deserdados do latifúndio improdutivo, das sesmarias, das capitanias hereditárias, da extrema concentração da propriedade da terra (56,7% da terra pertence a 2,8% dos proprietários), de um país que teimou em não fazer reforma agrária e não permitiu o acesso à terra a quem nela trabalhava, e sim, a quem possuía uma certidão de propriedade, mesmo que nunca essa tivesse sido vista.

E assim, diferentemente dos países desenvolvidos, onde os recorrentes movimentos migratórios ocorrem por opção (análise das vantagens comparativas pelo próprio migrante), o Brasil produziu uma horda de retirantes, migrantes por expulsão, que percorrem o país sem pouso e sem lugar. Empilham-se nas periferias da cidade ou embaixo de pontes e viadutos, sem teto e sem terra, perdendo seus filhos e suas esperanças nas grandes metrópoles — e nascem os "meninos de rua".

Por outro lado, eles são os herdeiros da escravidão, da dor do abandono e da impotência a que os escravos foram relegados pelo país ao final do sistema escravista. Esses herdeiros deserdados, assim constituídos por nada terem de seu, herdaram os espaços da cidade e a ocuparam, com todo o risco social e pessoal que isso acarreta para eles e para a sociedade como um todo.

Jorge Amado já os retratava muito bem em 1937, quando escreveu *Capitães da Areia*:

> E foi desta época que a cidade começou a ouvir falar nos Capitães da Areia, crianças abandonadas que viviam de furto. Nunca ninguém soube o número exato de meninos que assim viviam. Eram bem uns cem e destes mais de quarenta dormiam nas ruínas do velho trapiche. Vestidos de farrapos, sujos, semi-esfomeados, agressivos, soltando palavrões e fumando pontas de cigarro, eram, em verdade, os que a conheciam totalmente, os que totalmente a amavam, os seus poetas.(...) Capitães da Areia, nome pelo qual é conhecido o grupo de meninos assaltantes e ladrões que infestam a nossa urbe. Essas crianças que tão cedo se dedicaram à tenebrosa carreira do crime não têm moradia certa ou pelo menos a sua moradia ainda não foi localizada.(...) São chamados de Capitães da Areia porque o cais é o seu quartel-general.

Hoje, mais de 60 anos depois, apesar de todas as mudanças ocorridas no século XX, o romance permanece atual. Os meninos de rua persistem, multiplicam-se, interagem com uma violência urbana sem precedentes e fazem parte da paisagem de Salvador, bem como das grandes cidades do Brasil e do mundo não-desenvolvido.

Esses meninos são a evidência mais explícita da desigualdade social e da exclusão a que está submetida significativa parcela (em torno de 32 milhões de habitantes) da população brasileira. A história deles começou no início da colonização, com a dominação e exploração da terra e dos índios pelos colonizadores e, em especial, quando aqui aportou o primeiro navio negreiro.

Na carga humana que atravessava os mares, não vinham só trabalho e dor. Com ela vinha, principalmente, a poderosa cultura dos Orixás, sua fabulosa mitologia e as sementes de sua religião — o candomblé. Suas danças, músicas e cantos. Seus tambores e percussão. Sua sensualidade, seus ritmos. Sua rica e especial culinária. Sua força e resistência. Sua luta e sua festa. Na condição de escravos, traziam cristalizados em si a injustiça, a diáspora, a desigualdade, a intolerância e a exclusão, características da formação social brasileira. O Brasil foi o país ocidental que mais tardiamente acabou com a escravidão, além de abandonar os escravos à própria sorte: não se criaram vagas nas escolas nem foi possibilitado o acesso à posse da terra quando da abolição da escravatura.

Passado mais de um século, as marcas e as feridas da escravidão continuam presentes na sociedade, expressas na discriminação racial e social, na violência, na miséria urbana, na pobreza, no desemprego, na injustiça e nos "meninos de rua".

Os versos de Caetano Veloso e Gilberto Gil na canção "Haiti" revelam como se dão as relações sociais e raciais na Bahia, com os pobres de sempre e os pretos, os excluídos, no fim do século XX.

> Quando você for convidado pra subir no adro
> Da Fundação Casa de Jorge Amado
> Pra ver do alto a fila de soldados, quase todos pretos
> Dando porrada na nuca de malandros pretos
> De ladrões mulatos e outros quase brancos
> Tratados como pretos
> Só pra mostrar aos outros quase pretos
> (E são quase todos pretos)
> E aos brancos pobres como pretos
> Como é que pretos, pobres e mulatos
> E quase brancos quase pretos de tão pobres são tratados
> E não importa se olhos do mundo inteiro
> Possam estar por um momento voltados para o largo
> Onde os escravos eram castigados

E hoje um batuque um batuque
Com a pureza de meninos uniformizados de escola secundária em dia de parada
E a grandeza épica de um povo em formação
Nos atrai, nos deslumbra e estimula
Não importa nada: nem o traço do sobrado
Nem a lente do Fantástico, nem o disco de Paul Simon
Ninguém, ninguém é cidadão (...)

Foi por esse segmento da população que o Axé fez a opção de trabalhar: pelos que não são cidadãos.

FAZENDO CÚMPLICE A EDUCAÇÃO

A opção feita pelo Axé de trabalhar com o segmento dos não-cidadãos implica uma postura ético-política e um posicionamento claro em seu favor. Nesse sentido, trata-se também de trabalhar na elaboração de um projeto educacional de construção de cidadania, propiciando-lhes as condições para que se transformem em educandos e cidadãos e para que possam, dessa maneira, superar as barreiras da exclusão.

Por sua vez, isso implica a definição de uma proposta político-pedagógica específica e diferenciada quanto ao objeto de conhecimento, aos conteúdos básicos e às formas de ter-se acesso a esse conhecimento. Trata-se, em suma, da construção/apropriação de uma metodologia ou "caminho de conhecer," como diria Paulo Freire.

A decisão de realizar um projeto específico de educação para uma determinada categoria de educandos remete-nos à constatação do positivista Durkheim, bem como do progressista Gadotti, dentre outros, sobre as diferenças existentes na educação. Diferenças essas, no dizer do primeiro, condicionadas pelo meio de onde vêm e para onde se destinam esses jovens.

Esse projeto visa — na expressão do professor João Saturnino[1] — "desviar o curso do destino histórico-sociológico" trágico e destrutivo que foi previsto para essas crianças e adolescentes excluídos de quaisquer direitos ou benefícios em nossa sociedade. Busca-se a construção de outro(s) caminho(s) e de outra chegada.

---

1. Sociólogo, professor adjunto da UFBA, já foi consultor do Axé.

O que se quer é dar um tratamento diferenciado para o excluído, o "diferente" socialmente, buscando torná-lo um "igual" na sociedade.

Neste sentido é que se julga necessário tratar alguns segmentos de forma diferenciada do ponto de vista da educação, não para manter sua diferenciação social, mas para resgatá-los ao acesso a patamares maiores na ordem social (Macedo, 1995).

Segundo o filósofo francês Louis Dumont (1985), o individualismo "subentende ao mesmo tempo igualdade e liberdade". Subentende, mas não garante.

A experiência universal na esfera pública é ilusória, já que a particularidade na esfera das relações econômicas sociais — que determina os limites do Estado — faz dos direitos individuais formais a expressão do auto-interesse particular na vida real, garantindo os direitos à liberdade e à igualdade apenas àqueles que compõem a burguesia, esse grupo restrito definido pela propriedade privada dos meios de produção.

Assim postas, a igualdade e a liberdade, não-asseguradas, são metas a alcançar. Para tanto, é preciso buscar instrumentos e estratégias que as viabilizem.

Nesta perspectiva, o Projeto Axé inscreve-se entre os movimentos educacionais que se confrontam com o pensamento pedagógico que, predominantemente, buscou aperfeiçoar a educação para fortalecimento do poder numa aliança vitoriosa. Mas por estar imerso no tempo histórico, esse processo sempre conviveu com seu contraditório, ou seja, educadores e filósofos da educação que desenvolveram teorias e propostas voltadas para os que estavam fora dos benefícios da sociedade, buscando fortalecê-los como cidadãos.

A contribuição do pensamento grego, do Renascimento e do Iluminismo foi fundamental para firmar as bases da liberdade e da igualdade de direitos, como bens maiores a serem conquistados pelo homem através da educação.

No Brasil, educadores como Anísio Teixeira, Paulo Freire, Darcy Ribeiro, dentre outros, são exemplos de compromisso com a incorporação dos excluídos à sociedade maior, a partir da escola/educação. Os três, de modos diversos, reconheciam o saber popular, a cultura, como um patrimônio a ser respeitado, tanto pelo conhecimento em si, como pela afirmação da identidade, necessária à valorização do educando para seu desempenho no aprendizado e na vida. Por outro lado, a cultura de origem funciona como um *start* para o acesso à cultura universal.

Caudatário do sistema político-econômico, um dos maiores desafios do Brasil é a educação. Os países industrializados que universalizaram a escola como suporte para a formação de uma mão-de-obra capaz de operar tecnologia incorporaram a massa salarial como fundamental na composição de seu PIB e, conseqüentemente, no seu mercado interno. Do lado oposto, o Brasil, historicamente concentrador de renda, dispensou a participação de grandes parcelas da população no mercado de consumo, não tendo sido, neste sentido, necessário investir em sua educação.

Temos como resultado, ainda no fim do século XX, um sistema de ensino extremamente precário. Os principais indicadores da qualidade da escola desse sistema são a repetência, a evasão, a defasagem entre idade cronológica e grau de escolaridade. Não são o sucesso, a afirmação, a competência. Não é uma escola que acolhe. É uma escola que expulsa. Prova disso é que muitos educandos do Axé, que viviam nas ruas, já haviam passado pela escola, o que atesta a falência do sistema tal como está.

Essa é a escola básica que está à disposição dos educandos do Axé. Ela é parte do universo da pobreza estrutural no qual eles estão inseridos e, teoricamente, tal escola é o principal instrumento com que contariam para a superação dessa realidade. No entanto, ela não vem conseguindo desempenhar esse papel, e sim o de reproduzir a pobreza.

Só muito recentemente a sociedade brasileira vem se mobilizando para exigir uma reestruturação no sistema de educação e começam a surgir ações, implementadas pelo Poder Público, destinadas a enfrentar essa questão crucial.

É nesse espaço que se coloca a proposta da educação fundamental no Axé, baseada no princípio de que é a escola pública o *locus* de aprendizagem formal do segmento social ao qual pertencem os educandos. E é no limite real que essa escola lhes coloca, que se coloca o limite da instituição.

Sabe-se que todo o esforço educativo para a construção da cidadania pelos próprios educandos esvazia-se diante de uma situação concreta não-resolvida, a do analfabetismo ou semi-analfabetismo, considerando-se que o mundo contemporâneo não incorpora os iletrados, reproduzindo-se sua condição de excluídos num círculo vicioso. A boa escola é um instrumento fundamental para a ruptura com esse processo e sua superação.

Na perspectiva dessa superação, a educação para a cidadania realizada no Axé é convergente com a educação básica, objetivando cobrir a outra face da necessidade de conhecimento desses meninos e meninas. Trata-se do conhecimento originário desta educação integral, ambição da *Paidéia* grega (ciência e cultura aliadas). Pretende-se, nesse processo, desenvolver a consciência crítica dos educandos, além de incorporar a subjetividade como fundamental na construção de um sentido de pertencimento que lhes dê um eixo e um equilíbrio capazes de lhes propiciar o reconhecimento de sua condição de humanidade.

Trata-se de resgatar, para esse educando, o processo civilizatório como obra da humanidade. Processo que está impresso nos hábitos mais simples de higiene, no fato de conhecer sua própria história e origem, de expressar criatividade e emoção pela arte, e, também, de reconhecer-se como ser desejante entre outros, com direito a sonhar e a ser feliz.

Enfim, uma educação fundamentada na cultura tendo como eixos a ética, baseada nos Direitos Humanos, e a estética, na arte e cultura, direitos negados pela sociedade e a serem restaurados pelo Axé para seus educandos.

O conhecimento assim produzido vai ao encontro das novas perspectivas postas pelo mundo contemporâneo. A questão do conhecimento remete à questão do trabalho, visto pelo prisma deste final do século XX, nesta era da globalização, do desemprego. Nesta era em que se anuncia o fim da atividade mecânica e da ascensão do trabalho inteligente, quando a mão-de-obra deixa de ser a contraparte fundamental do capital e, em seu lugar, se coloca a tecnologia avançada.

Domenico De Masi (1999), um dos estudiosos da sociedade contemporânea, vê essa mudança como uma revolução.

> O conhecimento desta revolução ainda não está difundido e radicado, mas os novos tempos estão aí sob os olhos de todos: no mercado de trabalho, os ligados ao setor terciário já superam os que se dedicam à agricultura e à indústria reunidas; na formação do produto interno prevalecem os serviços sobre os bens materiais; no sistema social, o conhecimento teórico, a ciência e a informação agora ocupam o papel central que já pertenceu à produção manufatureira; no sistema cultural, o individualismo e o narcisismo adquirem vigor crescente, enquanto gostos se desmassificam e as modas pegam cada vez menos; no sistema ideal, volta a emergir o senso estético como parâmetro para o valor das coisas.

Tudo isso tem como pré-requisitos conhecimentos, que, em princípio, afastam e dificultam os educandos do Axé do perfil ideal para a inserção no mercado de trabalho formal contemporâneo, ainda que persistam as formam anteriores de atividades produtivas.

No entanto, essa "revolução" global do trabalho e do emprego, por reduzir o esforço do homem na produção de bens materiais, principalmente industrializados, abre espaço para novas atividades bem como para outras já existentes, que deverão preencher o maior tempo livre ou de lazer do conjunto da sociedade, o que é uma das conseqüências dessas mudanças profundas na economia e no fazer humano. De uma forma ou de outra isso tende a acontecer, ainda que permaneçam os modos de trabalho anteriores, que se mantenha a mesma lógica da centralidade do trabalho e que aumente o trabalho subterrâneo. As atividades de prestação de serviços apresentam-se como possibilidade de ocupação nesse trânsito entre o trabalho manual/mecânico e o trabalho inteligente e, nesse contexto, as atividades culturais e de turismo, de modo articulado, também devem responder a uma parte significativa da sua demanda

Nessa perspectiva, cidades como Salvador, que ficaram fora do processo de industrialização e já têm sua economia baseada no terciário, além de possuírem um patrimônio cultural (físico, arquitetônico/natural e simbólico, religião, costumes, artes), surgem como espaços privilegiados de possibilidades nesse processo, o que vem sendo demonstrado por diversas análises sociais e econômicas.

A esse respeito, estudos realizados pela Secretaria de Cultura e Turismo do Estado, em 1998, indicaram que as atividades direta e indiretamente relacionadas à produção cultural já participavam com cerca de 4% do Produto Interno Bruto (PIB) do Estado, superando a indústria do turismo.

Por outro lado, sabe-se que a Bahia é o segundo destino turístico do Brasil, o que dá maior relevância ao referido indicador como tendência, especialmente quando articulado ao próprio turismo.

É ainda De Masi (op. cit.) quem afirma:

> Após a onda milenária rural, após a onda mais breve do maquinismo industrial, mil novos sintomas anunciavam o advento de uma terceira onda, o advento de uma era pós-industrial capaz de exaltar a dimensão criativa das atividades humanas, privilegiando mais a cultura do que a estrutura; aquela cultura que pouco a pouco se tornou uma coisa só com a nossa natureza e que nos solicita a conquistá-la, explorando-lhe as zonas de sombra, residuais e crescentes.

Nesse cenário, estando todas as atividades oferecidas pelo Axé imersas na cultura da cidade, os educandos que por elas optarem terão chance de encontrar espaços de ocupação em condições de assegurar sua sobrevivência com dignidade.

Para tanto, o Axé vem construindo uma estrutura capaz de assegurar uma profissionalização qualificada nas atividades culturais, instrumentalizando os educandos para enfrentarem o mercado de trabalho. Esse processo está articulado a um grande investimento de toda a instituição na escolarização do conjunto de todos os educandos, pois sabe-se que nenhuma dessas atividades virtualmente possíveis dispensa um conhecimento básico de qualidade oferecido pelo ensino formal.

A CULTURA COMO DOTE CONTRA A OPRESSÃO

Os educandos do Axé são os "filhos da exclusão", "filhos das classes populares", "meninos abandonados", "pivetes", "capitães da areia", "meninos de rua", enfim, crianças e adolescentes pauperizados e desamparados desta Cidade de Salvador. Os que tiveram e têm negada sua cidadania e formam o segmento em pior situação na pirâmide social. Os que iniciam a vida carregando nos seus ombros 500 anos de desigualdade de direitos e injustiça.

Mas não apenas isso. Esses meninos também nascem com um dote inestimável para a sociedade e para si próprios: a cultura da qual são portadores, gerada como resistência nesse mesmo processo social que Darcy Ribeiro chamou de "máquina de moer gente" — o processo de formação social brasileiro e seus desdobramentos até nossos dias.

Essa cultura rica e dinâmica, patrimônio do povo, na Bahia se expressa por duas vertentes principais, que têm em comum o fato de serem fortes e densas, de manifestarem-se no imaginário popular por símbolos de luta e resistência — pela coragem de lutar pela vida e enfrentar a morte, pela inesgotável criatividade que constitui uma de suas marcas essenciais.

Uma, *a cultura da seca do Nordeste*. Cheia de lendas, lutas, santos, heróis, Conselheiro, Lampião, crueldade, fome, miséria, festas e forrós, migração e recomeço. Outra, *a cultura negra*, tecida na diáspora, com sua religiosidade, seus costumes, vestuários, adereços, lutas, revolta, crueldades, aviltamentos, mas também alegria, magias, festas e ritmos.

A cultura da seca foi forjada nas lutas de conquista dos colonizadores, na invasão do gado sobre os espaços dos povos indígenas, na busca de expansão territorial, ouro e água, moedas preciosas na região. Dela fazem parte as lendas portuguesas de D. Sebastião, a literatura de cordel, a música medieval ibérica de influência moura, o aboio dos vaqueiros. O cangaço que varreu os sertões de todo o Nordeste e a Guerra de Canudos, episódio síntese da coragem de lutar do povo brasileiro.

Euclides da Cunha, em *Os Sertões* (1963), registrou com perfeição a saga conselheirista.

> Canudos não se rendeu. Exemplo único em toda a história, resistiu até o esgotamento completo. Expugnado palmo a palmo, na precisão integral do termo, caiu no dia 5, ao entardecer, quando caíram os seus últimos defensores, que todos morreram. Eram quatro apenas: um velho, dois homens feitos e uma criança, na frente dos quais rugiam raivosamente cinco mil soldados.

A cultura dos negros resultou do contato dos escravos negros com os senhores brancos num processo conflituoso e perverso de dor, dispersão, ódio, interstício sexual e exploração extrema do seu corpo e do seu trabalho. De tão forte, essa cultura impregnou todo o imaginário de Salvador e do mundo urbano baiano, expandiu-se para fora do Estado e tornou-se o símbolo do Brasil. Compositores da Bahia já a expressaram de forma precisa, como Lazzo e Jorge Portugal:

> Apesar de tanto não,
> de tanta dor que nos invade
> Somos nós, alegria da cidade
> Somos nós, alegria da cidade

Assim, é no domínio da cultura que se põe a questão da identidade surgida na Idade Moderna a partir dos descobrimentos e que, por isso, incorpora os binômios centro/periferia, dominantes/dominados. É no domínio da cultura que se coloca a questão da diversidade e da singularidade, ou seja, o direito à diferença. Mas é também no domínio da cultura que se colocam os particularismos, a discriminação e a intolerância, questões fundamentais na história da humanidade e ainda essenciais na sociedade contemporânea.

> Sabemos hoje que as identidades culturais não são rígidas nem, muito menos, imutáveis. São resultados sempre transitórios e fugazes de processos de identificação (...) Identidades são, pois, identificações em curso. Sabemos também que as identificações, além de plurais, são dominadas pela obsessão da diferença e pela hierarquia das distinções.(...) Os artistas europeus raramente tiveram de perguntar pela sua identidade, mas os artistas africanos e latino-americanos, trabalhando na Europa, vindos de países que, para a Europa, não eram mais que fornecedores de matérias-primas, foram forçados a suscitar a questão da identidade. A identidade é assim semifictícia e seminecessária (Santos, 1994).

Porque a cultura expressa o percurso do homem, da sua luta, da sua história, uma educação que queira fortalecer a condição humana do educando tem que considerar o significado da cultura no processo educativo. Especialmente porque é a cultura que dá humanidade ao homem.

O homem — sujeito que produz a cultura — define-se por significá-la como um ato consciente de afirmação de si mesmo, senhor do seu trabalho e do mundo que transforma, mais do que por simplesmente fazê-la de modo material. Antes de ser machado o objeto é o seu símbolo, logo, a relação simbólica entre ele e o homem, entre o homem e seus símbolos. É isso que torna o homem um ser histórico, um ser que não está na história, mas que a constrói como produto de um trabalho e dos significados que atribui, ao fazê-lo: ao mundo, à sua ação e a si mesmo, vistos no espelho de sua prática. Um ser tornado histórico também no sentido de que não existe como uma espécie de essência dada ao mundo, mas como alguém a quem a história cria ao ser, ela própria, construída por ele (Brandão, 1985).

Por isso, é fundamental aproximar o educando da sua cultura de origem, articulando-o com sua história. No caso dos educandos do Axé, por suas características, esse é um fator que necessariamente contribuirá para a afirmação deles mesmos, para o reconhecimento de suas possibilidades e ainda para um desejável deslocamento rumo a uma nova concepção de vida, em outro patamar.

Neste sentido, a questão cultural perpassa todo o projeto pedagógico do Axé, tal como um elemento da argamassa que sustenta sua ação educativa. Isso se expressa nos atos, rotinas, valores, que vão construindo o "ser educando" no dia-a-dia.

CULTURA, ARTE E ESTÉTICA: DES(A)FIANDO A OPRESSÃO

A cultura, como um dos fundamentos da educação do Axé, concretiza-se mediante ações que integram o conceito político-pedagógico da instituição; é nesta perspectiva que vem sendo desenvolvida sua política cultural e estética.

Para tanto, tem sido necessário considerarem-se as questões gerais e que afetam a cultura própria da sociedade brasileira, na Bahia e na cidade de Salvador, bem como aquelas questões postas pelo mundo globalizado. Isso envolve assumir posturas relativamente a temas polêmicos e delicados, exatamente porque estão no âmbito da cultura, ou seja, porque são vistos a partir das representações e do lugar de cada um, numa sociedade de classes, multirracial e excludente.

Dessa forma, a política cultural para o Axé contempla, com base na concepção acima mencionada, pelo menos quatro dimensões, apresentando determinadas características, a seguir explicitadas.

Dimensões:

1) histórico-antropológica (formação social);
2) política (pluriculturalismo e Direitos Humanos);
3) estético-artística (linguagens da arte e experiência estética);
4) produção (pedagógico-profissional).

Características:

a) transversalidade por dentro do Axé;
b) expressão/comunicação desse conceito para fora do Axé, isto é, para a sociedade como um todo;
c) intercâmbio/interlocução/interação com outros produtores, fazedores de educação, cultura e arte;
d) reforço da cultura de origem como *start* para a universalidade;
e) espaço de criatividade, autonomia e prazer para os educandos;
f) estratégia de ressingularização e reterritorialização dos educandos frente à sociedade globalizada;
g) viabilização do fazer arte através de suas diversas linguagens;
h) profissionalização dos educandos, aprendizes dessas artes, que assim o quiserem.

As estratégias para realizar essa política cultural envolvem ações e instrumentos variados no tempo e no espaço, porém convergentes entre si, subsidiando algumas etapas não necessariamente sucessivas, mas, ao contrário, concomitantes. No entanto, são claras, interdependentes e, fundamentalmente, sinérgicas.

Apropriação e atualização do conceito de cultura

A realização dessa política cultural exige a abertura e a manutenção de um diálogo com pessoas e instituições que, atuando em diferentes áreas de conhecimento/ação, possam somar ou ampliar a compreensão e o saber necessário ao Axé, relativamente a este complexo universo cultural no qual a entidade está imersa.

Tal diálogo vem deflagrando um processo permanente de reflexão interna no Axé, tornando a instituição permeável às idéias que circulam à sua volta e promovendo seu enriquecimento pelos subsídios com que assim pode contar para a elaboração dos conceitos de arte, estética e cultura adotados.

Para tanto, busca-se desenvolver temas de interesse por área de conhecimento, considerando os vários *loci* onde se realizam o pensamento, a criação e a produção dessas questões na Bahia e também no Brasil. Esses temas são discutidos ao longo do tempo, à medida que o processo vai sendo desenvolvido e os requer como subsídios.

As formas de trabalhá-los vão desde conversas e discussões *en petit comité*, a seminários, simpósios, mesas redondas, ciclos de palestras, grupos de estudos, leitura orientada e outros, adequados a cada momento dado.

Esses eventos podem ser promovidos pelo próprio Axé e em parcerias com outras instituições públicas ou privadas voltadas para essas mesmas temáticas, no âmbito da ação ou da produção de conhecimento.

Transversalidade no currículo

Refere-se à incorporação dos conceitos de cultura e estética adotados, quando da elaboração do currículo no Axé, como indicativos para as ações educativas realizadas.

A idéia de um currículo no Axé liga-se à necessidade de se disponibilizarem determinados conteúdos temáticos e informações, que devem ser difundidos para o universo dos educandos. Isto é, educandos de quaisquer unidades devem ter acesso ao conjunto de conhecimentos sistemáticos que conformarão o tronco/conteúdo básico do Axé. Os conteúdos técnicos/específicos de cada unidade/atividade formarão a copa dessa árvore, que quer, como frutos, cidadania, inserção social com dignidade, trabalho, produtividade, criatividade, ética, beleza, felicidade...

Isso significa que, independentemente da atividade/unidade que o educando esteja freqüentando, ele terá, no seu processo educacional, conteúdos culturais básicos para sua formação, nas vertentes adotadas pela política estética e cultural do Axé, incorporados ao currículo.

Esse procedimento, além de propiciar a capilaridade da concepção de cultura, arte e estética dentro do próprio Axé, fazendo-o apropriar-se desses conceitos, vai fundamentar o conteúdo de todas as atividades artísticas e culturais desenvolvidas no processo pedagógico dos educandos. São exemplos a capoeira, a banda, o balé; mas também a moda, a estampa/serigrafia, a oficina de papel reciclado, o

Canteiro dos Desejos (unidade que atende crianças de 5 a 12 anos) a educação de rua, assim como as atividades com a família e juventude. Por outro lado, vai fundamentar a inclusão de novas linguagens artísticas no Axé, ampliando seus horizontes e possibilidades.

Articulação e intercâmbio

Ainda como ação estratégica, busca-se a articulação e o intercâmbio do Axé com outras instituições que estão no raio de sua proposta cultural, ampliando suas parcerias com entidades culturais das comunidades de origem desses educandos, especialmente nos nichos da cultura afro-baiana. Isso significa que, permanentemente, se devem buscar novas formas de resgatar o contato sistemático com essas comunidades, as quais produzem manifestações essenciais para a cultura baiana, reconhecendo esses educandos e contribuindo para que se reconheçam como portadores e, ao mesmo tempo, produtores desse patrimônio.

Por outro lado, é necessário tornar visíveis, para os educandos, os contextos geradores da cultura rural. Estes também compõem o universo cultural da cidade e manifestam-se principalmente através das festas juninas, caracteristicamente interioranas, mas que estão no cotidiano de todos nós.

As quadrilhas de São João formam um grande movimento em Salvador, em torno do qual se organizam significativos contingentes de jovens da periferia, para dançar, criar coreografias, criar vínculos e dar sentido às suas vidas. Existem mais de 60 quadrilhas na cidade, que mantêm viva essa tradição na capital.

Os educandos filhos de gerações de migrantes, em sua maioria expulsos das áreas rurais pela seca, convivem em famílias que trazem padrões de sobrevivência e ricas expressões culturais e estéticas desse universo, o qual também compõe sua origem.

Por integrar o fundamento de nossa cultura, especialmente a identidade baiana e nordestina, deve-se incorporar esses padrões do universo rural, enquanto cultura de origem, como tema de apropriação pelos educandos, reconhecendo a sua importância no seu processo de "reterritorialização" e de "ressingularização" (Guattari, 1990).[2]

---

2. *Reterritorialização*: uma retomada da territorialização, a que Guattari se refere como territórios existenciais. "Vetores dissidentes se encontram relativamente destituídos de suas funções de denotação e de significação para operar enquanto materiais existenciais descorporificados. Mas cada uma dessas provas de suspensão do sentido representa um risco,

Para tanto, vem-se estimulando a curiosidade dos educandos sobre o tema, realizando-se pesquisas sobre fatos históricos que lhes digam respeito, elaborando-se repertórios temáticos para as atividades de arte. Prevê-se ainda estabelecer intercâmbio com quadrilhas de São João *dos bairros dos educandos* — particularmente, nas escolas onde estudam — *e com suas áreas de origem*, no caso de crianças vindas do meio rural. No mesmo movimento, pretende-se promover uma articulação com artistas e estudiosos, além de organizações que cultivem essa temática e suas expressões artísticas, em Salvador ou no interior.

Outras formas de articulação vêm sendo desenvolvidas, considerando instituições que atuam com arte e cultura e que podem incluir o Axé no rol de seus interlocutores, participantes e/ou parceiros, diversos daqueles considerados da comunidade de origem. Isso inclui abertura para escolas de arte em quaisquer níveis, inclusive o acadêmico, eventos artísticos, oficinas, cursos, troca de experiência, entre outros. Intercâmbio ou visitas a entidades e/ou programas de arte em Salvador, no Estado, e em outros locais do Brasil e do exterior.

Todo esse processo deve estar introjetado de uma atitude pedagógica, na dimensão da pedagogia do Axé. Com ele, objetiva-se estimular a aproximação do educando com a Cidade de Salvador, no sentido de pertencimento e inclusão social e, ao mesmo tempo, de cidadão do mundo.

O produto como significado

Outra atividade estratégica, na perspectiva de viabilizar a política estética e cultural do Axé, diz respeito ao produto artístico a ser oferecido à sociedade como expressão dos propósitos da entidade nessa área.

Assim, no produto artístico construído no Axé deve transparecer a busca da singularidade, do que se constitui em seu diferencial dos demais, e da universalidade, como requer a sociedade contemporânea e pretende-se com o Projeto.

---

o da desterritorialização por demais brutal que destrói o Agenciamento". *Ressingularização*: individual e/ou coletiva; o autor refere-se ao resgate dos processos de singularização. "Em cada foco existencial parcial as práxis ecológicas se reforçarão por detectar os vetores potenciais de subjetivação e de singularização. Em geral trata-se de algo que se coloca atravessado à ordem 'normal' das coisas — uma repetição contrariante, um dado intensivo que apela outras intensidades a fim de compor outras configurações existenciais".

Tudo isso deve acontecer independentemente da linguagem da arte com a qual se esteja trabalhando. Além do conceito político-filosófico, o produto do Axé deve expressar um conceito estético com qualidade técnica e de produção. O parâmetro de qualidade a ser utilizado deve levar em consideração o estágio dos seus protagonistas, isto é, respeitar sua condição de educandos enquanto criança e/ou adolescente, assim como de pós-educandos, jovens adultos.

Para trabalhar na linha mencionada, tem sido necessária uma postura pedagógica que considere os eventos realizados com os educandos como de caráter educativo e entenda como limite de exigência para a qualidade técnica/interpretativa de seu desempenho a sua condição de seres em formação. Já o produto que é realizado com os jovens em processo de desligamento do Axé, requer uma maior exigência de qualidade em todos os níveis, a qual se deve sempre perseguir.

Neste sentido, o repertório, o visual (figurino, cenografia etc.), a interpretação, o discurso, a postura em relação ao processo cultural e ao mundo, bem como o *marketing* desse produto, entre outros, são fatores que constituem sua singularidade, seu *plus*, seu diferencial e identidade. Enfim, o produto deve trazer, embutida, a atitude do Axé em relação a algumas questões, tais como: *de quem quer ser espelho; a quem quer dar voz; a quem quer representar; com quem quer se comunicar; onde quer chegar; o que quer alcançar.*

Nesta perspectiva, a proposta do Axé é que o seu produto cultural tenha duas linhas: uma de caráter pedagógico e outra, de caráter profissionalizante/profissional.

A pedagógica, obviamente, situa-se no âmbito dos educandos, como parte do processo educativo desenvolvido no Axé. A profissionalizante envolve os educandos em processo de desligamento do Projeto e que tenham demonstrado talento e interesse para as artes. Nesse caso, o Axé vem criando instâncias específicas de atividade artística, que são, ao mesmo tempo, um espaço de intensa formação profissional, na perspectiva de um programa de auto-sustentação. Vem-se buscando um nível de qualidade para o produto aí realizado, devendo este ser capaz de competir no mercado da indústria cultural.

O trabalho na vertente profissionalizante deve estimular a criação de grupos de produção de arte de formatos variados, adequados a cada linguagem artística e aos objetivos de cada um.

Entende-se que a inserção do Axé no campo cultural nessa dimensão, em Salvador, vai criar um impacto correspondente ao que causou sua ação pedagógica no universo dos programas de atendimento à população de crianças e adolescentes excluídos nesta cidade.

Na perspectiva do mercado, o panorama das artes em Salvador apresenta-se favorável, considerando-se o crescimento do teatro baiano, das danças populares e da proporção que vem tomando o carnaval, atingindo desde as manifestações mais espontâneas do povo até os espaços mais eruditos do pensamento acadêmico e envolvendo os variados agentes das artes e da reflexão da Bahia e do Brasil.

O Axé, com a experiência adquirida nos seus dez anos de existência, pode enfrentar o desafio de articular a sua ação pedagógica mais cotidiana, com crianças e adolescentes em situação de extrema pobreza, à inserção desses beneficiários no mercado da indústria cultural na virada do milênio e, ao mesmo tempo, de interferir na discussão, na produção e no panorama cultural da Bahia.

TECENDO A LIBERDADE COM ARTE

A operacionalização da política cultural do Axé dá-se a partir de duas vertentes básicas, que incluem as quatro dimensões anteriormente propostas. A *ação cultural*, como uma imersão na cultura, na perspectiva antropológica, e a *expressão cultural*, como o acesso à arte e à estética.

Ação cultural

A ação cultural toma a cultura pela via antropológica enquanto o saber e o fazer de distintos grupos sociais. Neste sentido, considera o conflito que permeia a relação das identidades em nossa sociedade, marcadamente de classes e discriminatória.

> Mesmo nos dias que correm, a vertente cultural negro-africana, que teve um papel fundamental na constituição do conjunto brasileiro de civilização, permanece exilada do sistema de educação formal. As conseqüências deste "exílio" são desastrosas. Aqui, um povo se ignora. Desconhece a sua história, o processo de sua formação, o sentido (e a razão) de sua fisionomia atual. Mas será necessário suprir esta carência até mesmo para que se torne viável a construção entre nós de uma didática da cidadania, para além de qualquer exclusivismo discriminatório (Ferreira, 1992).

No início do Axé, ficou muito claro o sentimento de exclusão que os educandos vivenciavam. Expressavam-no, atribuindo à condição racial (ao fato de serem negros), à sua condição social, os seus estigmas e a sua falta de perspectiva no futuro.

Diante desse dado de realidade, a instituição decidiu tomar a cultura de origem desses meninos e meninas como seu suporte, sua fonte vital de energia para o enfrentamento e superação dessa realidade.

Assim, essa cultura é tomada como estratégia sociológico-pedagógica de inclusão social, através da apropriação, pelos educandos, de seus signos e símbolos, de forma positiva. Isso se faz na perspectiva da alteridade, ou seja, do reconhecimento das diferenças, da diversidade e da singularidade de grupos e indivíduos que compõem toda a complexidade da teia social na qual vivemos. Por outro lado, atentando-se também para o fato de que a cultura é permeável e de que não se pode querer atrelar educandos a valores dogmáticos particularistas e exclusivistas, tolhendo-lhes a liberdade e o sentimento de universalidade a que têm direito.

Isso concerne especialmente a temas polêmicos e complexos, que trazem em si a recorrente tensão histórica entre o geral e o particular, num universo extremamente sensível à intolerância, seja em termos locais, seja no plano mundial.

Queiroz (1998), em estudo realizado na Universidade Federal da Bahia, remete à percepção dos educandos quanto à sua condição étnica, quando afirma:

> Enquanto os brancos exibem níveis de alfabetização superiores ao conjunto, os pardos igualam-se à média da população e os pretos estão 8,4 pontos abaixo desta. Os negros representam 89,6% daqueles que deixaram de se alfabetizar entre sete e quatorze anos, idade em que se espera que isso ocorra. (...) Enquanto, entre brancos, 20,64% conseguem ultrapassar a barreira do curso superior, entre os negros a proporção gira em torno de 4,0%.

Os educandos, em sua maioria absoluta, negros, convivem, em sua vida real, com a discriminação social nas suas formas mais profundas, perversas e explícitas. O que acontece, de modo disfarçado, em alguns meios, é aqui absolutamente exposto. A sociedade que produz as estatísticas acima, o faz com a mais pura naturalidade, como se discriminar e excluir fosse um seu "direito" às avessas.

Ser negro e miserável é uma dupla identificação que os educandos conhecem em sua vida cotidiana e que os faz diferentes, para menos, em relação ao padrão de "gente" ideal difundido na sociedade. Não é o padrão dos vencedores, dos que fazem sucesso. É o padrão dos vencidos. (...) "nós, os perfeitos; vocês, os ovos de piolho", na expressão de Garcia.

Da imagem oculta no espelho do mundo à visibilidade

É nesse universo que se coloca a questão da mídia e da visibilidade social dos educandos.

Sabe-se da importância da comunicação na sociedade moderna, na sociedade de massa. Conhece-se também a imbricação da cultura com a comunicação, quando a arte, nas suas mais variadas linguagens, está no âmbito da indústria cultural. Decorrente da reprodutibilidade técnica, a indústria cultural ocupa todos os espaços simbólicos que percorrem o imaginário da sociedade contemporânea, alimentando e sendo alimentada pela criatividade, transformando a arte em mercadoria, em objeto de consumo sem o qual é impensável a sociedade de massa.

O processo de massificação também transforma os indivíduos em "mais um", sem rosto e sem voz, em vorazes consumidores de signos, de símbolos e de subjetividade. É o império da imagem, do olhar, da realidade virtual.

Nesta sociedade, as pessoas reconhecem-se e confirmam-se através dos meios de comunicação, em especial a TV, e, neste sentido, a tela da televisão é o espelho de nosso tempo.

Por isso, é preciso estar nele refletido, uma vez que a televisão funciona como referencial de identidade de grupos ou indivíduos nos grandes aglomerados urbanos, nas cidades e vilas ou em qualquer espaço atingido pelos seus sinais.

A mídia interage com a realidade de forma simbiótica. Determina valores e comportamentos. Isso porque atua no que Guattari chamava "agregados subjetivos maciços," isto é, o infra-humano — dados existenciais íntimos e pessoais — definindo um só padrão para a massa, não de igualdade, mas de mercado.

Por ser a mídia, em geral, atividade empresarial de caráter lucrativo, os pobres, os excluídos, os que não são consumidores, em sua maioria não se vêem refletidos nos meios de comunicação, em especial na TV, a não ser de forma desvantajosa e, raramente, como uma potencialidade. Assim, o grupo em questão reifica, nessa forma de anonimato, sua exclusão.

Numa sociedade policultural como a nossa, sendo a população em sua maioria absoluta composta de negros, é necessário ter na mídia esse espelho para se sentir contemplado, considerado, respeitado.

O movimento musical percussivo de Salvador conseguiu, através da indústria cultural, romper a invisibilidade à qual os negros estavam destinados e, assim, permitir que estes "mostrem sua cara", estimulando a nova geração a assumir outra atitude em relação à sua condição racial nesta cidade, e a dizer, como o fez o poeta Capinan, em parceria com Moraes Moreira:

> navio negreiro já era
> agora quem manda é a galera
> nesta cidade nação, cidadão

Mas isso ainda não é realidade para todos, é apenas um sinal.

Um mergulho na cultura buscando a ética e a estética

A complexidade desse conjunto de questões compõe a própria essência do Axé, exigindo sensibilidade e competência política para desenvolver respostas que considerem a subjetividade dos educandos e as pulsações coletivas de enfrentamento desses problemas postos na sociedade.

Nesta perspectiva, vale registrar dois exemplos dessa postura no Axé:

a) A prioridade dada ao caráter simbólico de palavras da cultura afro-baiana, cujos conceitos dão significado à própria instituição, levando os educandos a delas se apropriarem de forma positiva, fazendo-os sentirem-se contemplados e, assim, afirmados, bem como o universo cultural ao qual pertencem.

É nesse contexto que se inscreve a palavra iorubá Axé, que dá nome ao Projeto. No candomblé da Bahia, "axé" é o princípio, força ou energia que permite que todas as coisas do universo tenham um vir a ser.

b) A utilização da cultura de origem dos educandos no combate à exclusão e à discriminação étnico-social, como estratégia de pertencimento, reinserção comunitária e conexão com a cidade.

Veja-se agora o Projeto Erê,[3] formulado com base na visão acima enunciada.

> O Projeto Erê, primeiro projeto cultural do Axé, nasce justamente desta visão. Mais precisamente, centralizada na compreensão da dimensão cultural enquanto dimensão integradora, capaz de demolir muros do "gueto" — da experiência de confinamento social que toma conta das crianças de rua — e de explicitar e aprofundar conexões comunitárias. As linguagens artísticas podem desempenhar um papel fundamental nesse processo de

---

3. Transcrição de texto técnico do Projeto Axé.

reintegração crítica, de recuperação da auto-estima e do sentimento comunitário dessas crianças, propiciando um reordenamento pessoal capaz de fazer frente à experiência desagregadora da rua. No caso específico da Bahia, este papel catalisador e integrador passa, necessariamente, pelo complexo cultural negro-mestiço, já que é, basicamente, desse ambiente negro-mestiço que procedem as nossas crianças de rua. Trata-se, portanto, de fortalecer estes sistemas, práticas e valores culturais, tendo em vista o fortalecimento dos laços das crianças com a comunidade, antídoto para o processo isolacionista em que elas estão mergulhadas.

Feito um exame cuidadoso na conjuntura cultural baiana, concluiu-se que a ação aqui proposta deverá ser executada a partir da mobilização crítica e criativa de terreiros de candomblé, entidades afro-carnavalescas e grupos de capoeira. Aí estão, fora de qualquer dúvida, os três principais pólos irradiadores da cultura negro-mestiça baiana, cuja tradição, no trabalho com crianças (não necessariamente, até o momento, com crianças de rua), vem já de longa data.

Expressão cultural

Na vertente da expressão cultural, de um lado estão as várias linguagens da arte e o desejo institucional de disponibilizá-las para os educandos e, de outro, a intenção de propiciar-lhes a experiência estética, já que o entorno de suas vidas é constituído pela miséria e pelo que sobra da sociedade.

Segundo Fischer (1987):

> A tensão e a contradição dialética são inerentes à arte: a arte não só precisa derivar de uma intensa experiência da realidade como precisa ser construída, precisa tomar forma através da objetividade. O livre resultado do trabalho artístico resulta da mestria. Aristóteles, tão freqüentemente mal compreendido, sustentou que a função do drama era purificar as emoções, superando o terror e a piedade (...) Os laços da vida são temporariamente desfeitos, pois a arte "cativa" de modo diferente da realidade, e este agradável e passageiro cativar artístico constitui precisamente a natureza do "divertimento", a natureza daquele prazer que encontramos até nos trabalhos trágicos.

O Axé não vê a arte apenas como "meio" de educação, e sim como educação em si mesma, uma vez que a arte, através da poética, mobiliza os sentimentos, a razão e o fazer, transformando o ser humano e ressignificando o mundo. São três as formas de acesso à arte dentro do Axé:

1) O aprendizado técnico e teórico, com vistas à profissionalização dos educandos que assim o desejarem.

2) O conhecimento e a sensibilização — busca-se, através da informação e da experimentação sobre as obras de arte,

propiciar a experiência estética e seduzir os educandos para a arte e o belo; é extensivo a todo o Axé.

3) O deleite e a fruição como ações voltadas para promover o contato prazeroso dos educandos com a arte e a estética, integrando-os em programas de formação de platéia e outras programações de atividades artísticas dentro e fora do Axé. Essa vertente é complementar à anterior, mas é fundamental para suprir e consolidar o interesse despertado pela arte, sendo, também, extensiva a todo o Axé.

A posição (sentimento/desejo) dos educandos relativamente às atividades de arte é que determina em que nível se dará sua relação. Pela sua natureza, a vinculação à arte só se realiza através do prazer, o que remete à opção. As atividades no domínio da arte são de livre escolha dos educandos. É o seu desejo que vai determinar seu vínculo e a intensidade desse vínculo.

Neste sentido, o conceito que rege a oferta de arte no Axé é o da universalidade, tendo como âncora a cultura de origem dos educandos. O que se propõe é dar ao Axé acesso às mais diversas linguagens de arte possíveis e aos mais variados estilos e escolas de criação, o que permitirá que essa diversidade venha à tona e se faça ver. Essa exposição alargará o universo artístico dos educandos, credenciando-os a optarem pelo que de fato lhes é prazeroso esteticamente.

Esse processo vem permitindo ao educando a experiência estética, que só pode ocorrer na relação direta com a obra de arte. É esse treino no olhar, no sentir, na percepção, que vai ampliar e aguçar os seus sentidos no contato com a forma, as sensações e emoções que a obra de arte provoca. É por aí que ele pode ver o mundo com outro olhar e, inclusive, descobrir possibilidades de beleza, ainda no seu entorno, e de transformá-lo.

A exposição a um universo de arte não-restrito pode libertar do condicionamento estético imposto pelo mercado através da mídia, determinando um só padrão para todos, independentemente das especificidades individuais ou de grupos, em qualquer das artes.

O exercício de conhecer, tomar contato, experimentar e escolher, vale também para todo o processo de desenvolvimento do educando, na perspectiva de sua liberdade, tanto interior quanto em suas relações na sociedade. Liberdade para gostar, querer, optar, criar, fruir, viver, trocar...

O aprendizado de arte, de forma sistematizada, no Axé, também segue o conceito aberto que caracteriza a abordagem cultural da instituição e está estruturado para atender às formas de acesso previstas e, a partir da cultura local, dialogar com o mundo.

Alguns aspectos conceituais das propostas de dança e de música são ilustrativas dessa abertura.

Quanto à dança[4]

É preciso ter-se a noção de que somos constituídos por sistemas de signos diferenciados. Nesta perspectiva, pretende-se encontrar uma expressão artística técnico-criativa singular, porém de alcance internacional, sem xenofobia, atendendo aos anseios da nossa sociedade híbrida, globalizada, que requer referências próprias, genuínas. A dança, como qualquer manifestação expressiva, só é universal, em termos de comunicação com o público, enquanto mantém um forte vínculo com o contexto sócio-cultural do local onde é produzida, facilmente reconhecível pelo tipo de movimentação e pelas características dinâmicas, intransferíveis, de seus dançarinos.

O que se pretende é expressar a nossa diversidade cultural, sem explorar as formas exóticas regionais ou dos modelos da última moda da vanguarda. É buscar entender o imaginário e os valores dos nossos segmentos culturais, dentro dos seus contextos particulares, aprendendo outras possíveis soluções, estabelecendo uma relação dialética entre a tradição e a inovação, a assimilação do "outro" com transformação e a manutenção de valores mais permanentes, criando novas relações estéticas e enriquecendo nosso patrimônio artístico.

Propõe-se adotar, na Companhia Jovem de Dança e na Usina de Dança do Projeto Axé, uma visão cultural ampla, aberta a todas as manifestações expressivas, considerando a cultura local com suas manifestações étnicas variadas, transpondo, com liberdade criativa, os traços essenciais do nosso sincretismo, incluindo a cultura universal, com ênfase nos movimentos de arte contemporânea. Propõe-se ainda adotar uma estética liberta de dogmas formais, independente de estilos ou modismos, atenta aos perigos de modelos estereotipados, buscando sempre seus valores essenciais. Uma Companhia e uma Escola preocupadas não só com a *performance* técnico-interpretativa dos dançarinos e alunos, mas, também, com a coerência dos seus conceitos éticos e estéticos.

Quanto à música[5]

O sentido dessa permanente atitude aberta, desde a abordagem dos elementos perceptivos da música, visa disponibilizar para o educando as bases sonoras e estéticas diferenciadas dos estilos musicais na atualidade, dando-lhe ainda condições de compreender a música das várias épocas e

---

4. Transcrição de texto técnico do Projeto Axé.
5. Transcrição de texto técnico do Projeto Axé.

de outros povos que utilizam sistemas diversos e relacionando-os com os padrões que formam a nossa cultura.

Por isso, uma atenção especial deverá ser logo dedicada aos elementos e manifestações mais próximos do cotidiano social do indivíduo, permitindo ao educando liberar o seu próprio ritmo e acordar os sons do seu imaginário, o que significa descobrir, na música, nas formas e materiais que o cercam, a sua identidade cultural, visando à conscientização do fazer musical e artístico não apenas enquanto invenção original e realização particular do sujeito criador, mas como impulso renovador que retoma e atualiza o potencial expressivo da cultura do seu povo.

DESCONSTRUINDO O CENÁRIO OU PARTILHANDO A ARTE

É na realização das expressões artístico-culturais (produtos da cultura) que se dá o grande encontro entre o prazer e a consciência da sensibilidade, abrindo-se para o indivíduo um novo mundo. É vivenciando em conjunto a experiência do belo que se vai construindo uma nova identidade, o que propicia a emergência de sentimentos comuns e, especialmente, o sentido de pertencimento.

Esse é um processo que caracteriza o surgimento do grupo. Um grupo de caráter afetual, porque reunido em torno de uma motivação empática, partilhando a emoção de viver a estética daquela arte pelo encontro com outros iguais. Não se trata de uma atividade compulsória, mas escolhida, que dá sentido à liberdade — sem deixar de exigir disciplina — e liga-se à satisfação que tem todo ser humano de criar, expressar a criatividade, afirmar-se, sentir reafirmada sua existência, sentir-se amado, querido, ter importância e valer alguma coisa.

Nesta perspectiva, participar de atividades de arte propicia um espaço de realização da subjetividade, bem como de outra inserção social — diversa daquela determinada pela condição de classe — porque promove, pela conquista da visibilidade, um novo reconhecimento social, fortalecendo a condição de cidadania.

Não importa se todos os que passarem por essa experiência virão ou não a ser artistas, profissionais de renome ou *megastars*. O que importa é se poder entrar em contato com o mundo cheio de possibilidade e beleza que há dentro de si mesmo e por ele se conectar com o mundo exterior. Um mundo que sinaliza um universo diversificado de caminhos para a vida, o que rompe com a aridez e a pobreza das possibilidades preestabelecidas pelas condições objetivas de cada um.

Isso contribui para tornar mais forte e seguro o sujeito, para que este sinta o mundo real e nele busque seu lugar em outro lugar. Considerando os educandos do Axé, não importa se essas mil possibilidades jamais se concretizarem e, mesmo, se não forem exploradas e/ou conhecidas. O que importa é que eles entrem em contato com esse mundo imaginário, percebam e conheçam sua própria sensibilidade, descubram, no plano pessoal, que, mesmo vivendo onde vivem, na mesma casa, com a mesma família, estudando na mesma escola, foi estabelecida por eles mesmos, por sua subjetividade, uma relação com o mundo que os faz maiores que os limites de sua realidade, propiciando-lhes o sentido de universalidade.

> Distinto do animal, que está preso ao aqui e agora, o homem, pela imaginação, situa sua ação num mundo que estende os seus limites para além da imediatidade do presente e da materialidade das coisas. O homem cria um universo significativo, em seu encontro com o mundo e através da imaginação (Duarte Júnior, 1998).

Trabalhar as manifestações de arte articuladas à história e à cultura das quais se é portador, reforça a dimensão de si mesmo e do mundo ao redor de cada um, o que, por sua vez, dá a consciência do poder de se transformar e de transformar o mundo e, nesse processo, universalizar-se.

Na prática educativa do trabalho com arte, impõe-se a relação pedagógica entre o ensinamento e a aprendizagem para além do conhecimento técnico em si. Busca-se uma transmissão de conhecimento que inclua as questões que permeiam a vida, o momento de cada um e as especificidades do ofício.

Estabelecem-se vínculos entre os jovens, a sua arte e a sociedade. A exposição do conhecimento apreendido, a apresentação pública, é parte desse processo, porque, numa ponta, demonstra a técnica aprendida e, pela interpretação, o sentimento em relação à vida; na outra ponta, porque aí se recolhe a reação do público e esta é processada com o conhecimento e as reflexões sobre a vida, suscitadas pelo processo vivenciado. Tudo isso perpassado pela emoção de criar. O resultado que se espera na perspectiva da educação é uma formação saudável do ponto de vista emocional e cognitivo, que deve funcionar como um referencial positivo, não só para esse determinado momento da vida, mas para todas as suas fases, em quaisquer profissões que se venha a exercer, cada qual com sua peculiaridade.

É nessa perspectiva que se inscreve a ação cultural do Axé. Reconhecendo a identidade dos meninos-educandos enquanto portadores de uma dada cultura de origem e, ao mesmo tempo, suas singularidades/diferenças como nuances fundamentais no processo de construção da felicidade pessoal/grupal. Ou entendendo e respeitando a diversidade humana como riqueza e, por isso, desconstruindo e confrontando o preconceito e a discriminação, na perspectiva da universalidade.

REFERÊNCIAS BIBLIOGRÁFICAS

AMADO, Jorge. *Capitães da areia*. Rio de Janeiro: Record, 1996.

BOUDON, Raymond. *A desigualdade das oportunidades*: a mobilidade social nas sociedades industriais. Tradução de Carlos Alberto Lamback. Brasília: Universidade de Brasília, 1981.

BOURDIEU, Pierre, PASSERON, Claude. *A reprodução*. Rio de Janeiro: Francisco Alves, 1982.

BRANDÃO, Carlos Rodrigues. *A educação como cultura*. São Paulo: Brasiliense, 1985.

CERQUEIRA, Fernando. *Atividades e cursos musicais no Projeto Axé*. Salvador: Centro Projeto Axé, 1998 (não-publicado).

CUNHA, Euclides. *Os Sertões: campanha de Canudos*. Brasília: Universidade de Brasília, 1963.

DEBORD, Guy. *A sociedade do espetáculo*. Tradução de Estela dos Santos Abreu. Rio de Janeiro: Contraponto, 1997.

DE MASI, Domenico. *A emoção e a regra*: os grupos criativos na europa de 1850 a 1950. Rio de Janeiro: José Olympio, 1999.

DUARTE JÚNIOR, João Francisco. *Por que arte e educação?* Campinas: Papirus, 1998.

DUMONT, Louis. *O individualismo: uma perspectiva antropológica da ideologia moderna*. Rio de Janeiro: Rocco, 1985.

DURKHEIM, Émile. A educação como processo socializador. Função homogeneizadora e função diferenciadora. In: FORACCHI, Marialice (org.). *Educação e Sociedade*. São Paulo: Nacional, 1987.

FERREIRA, Juca. *Projeto Erê*. Salvador: Centro Projeto Axé, 1992 (não-publicado).

FISCHER, Ernst. *A necessidade da arte*. Rio de Janeiro: Guanabara, 1987.

GADOTTI, Moacir. *História das idéias pedagógicas*. São Paulo: Ática, 1997.

GARCIA, Sylvia Gemignani. Antropologia, modernidade: notas sobre a tensão entre o geral e o particular. *Tempo Social. Revista de Sociologia da USP*. São Paulo: Universidade de São Paulo, v.5, n. 1-2, novembro, 1994.

GUATTARI, Felix. *As três ecologias*. Campinas: Papirus, 1990.

MACEDO, Marle. *Visibilidade social e educação de jovens componentes de bandas musicais na sociedade de massa: um estudo comparativo.* Salvador: Universidade Federal da Bahia, 1995.

QUEIROZ, Delcele Mascarenhas. Desigualdades raciais do ensino superior: a cor da UFBA. In: 21ª Reunião Anual da ANPOCS. *Anais*...Caxambu, 1998.

ROBATTO, Lia. *Proposta de implantação de duas atividades básicas de dança no Projeto Axé.* Salvador: Centro Projeto Axé, 1998 (não-publicado).

SANTOS, Boaventura de Sousa. Modernidade, identidade e a cultura de fronteira. *Tempo Social, Revista de Sociologia da USP.* São Paulo: Universidade de São Paulo, v.5, n. 1-2, novembro, 1994.

SECRETARIA DO TRABALHO E AÇÃO SOCIAL (Ba). *Força de trabalho e emprego.* Salvador, v. 16, n. 1, maio de 1999.

SODRÉ, Moniz. *A máquina de Narciso: televisão, indivíduo e poder no Brasil.* São Paulo: Cortez, 1990.

O REFERENCIAL DO DIREITO

*Vera Leonelli**

*Se as coisas são inatingíveis... ora.
Não é motivo para não querê-las
Que triste os caminhos se não fora
A presença distante das estrelas.*

Mário Quintana

*Se a vida não tivesse dores, se a
indignidade não lhe tocasse a face, o
ventre, se não lhe atingisse a alma,
nem seria preciso o direito.*

Carmen Lúcia Antunes Rocha

    O Projeto Axé tem como propósito maior a afirmação e efetivação dos direitos fundamentais da pessoa humana, dedicando-se mais diretamente à criança e ao adolescente destituídos de muitos desses direitos.

    Assumir, com radicalidade, a ideologia dos Direitos Humanos, nesta proposta, significa renunciar à tendência a comprometer-se exclusivamente com direitos específicos — respeitar a importância histórica do reconhecimento da especificidade, mas orientar-se pelo imperativo da universalidade e da indivisibilidade dos direitos.

---

* Advogada, assessora para Direitos Humanos no Projeto Axé.

A *universalidade* tem aqui o óbvio sentido do alcance de todos, da inclusão, e a *indivisibilidade* corresponde ao reconhecimento das múltiplas e integradas dimensões e necessidades humanas e respectivos direitos.

Cabe, portanto, ter no horizonte político-institucional a efetivação dos direitos individuais, sociais, políticos, econômicos, coletivos e difusos, atentando para as questões da pobreza e da opressão, para os direitos da maioria. Compreendendo que a afirmação de direitos de um segmento, por mais vulneráveis que sejam os que o compõem — caso das crianças e adolescentes em extrema pobreza — não pode excluir os direitos de outros — igualmente excluídos/oprimidos — em diferentes condições e situações de vida.

O desafio imposto nesse caso é o de, em cada ação do cotidiano — nas relações mais elementares ou mais complexas — optar pela alternativa ética, pondo-se em favor da justiça.

É o de defender com igual tenacidade os direitos de liberdade, de participação política, de acesso a bens e serviços de interesse público; o direito ao trabalho e à remuneração justa, ao meio ambiente saudável, à terra, ao respeito pela condição de usuário/consumidor e à utilização protegida dos avanços tecnológicos.

Nessa modesta, mas ousada missão institucional, o Axé trabalha, necessariamente, com a construção da cidadania, entendida como princípio e meio para a conquista de direitos. A cidadania, nesta perspectiva, se constitui no direito a ter direitos, na possibilidade de pertencimento e participação, patamar mínimo para a realização da condição humana nas suas dimensões social e política.

Lafer (1991), ao analisar o pensamento de Hannah Arendt acerca da igualdade e da cidadania, analisa:

> O que ela (Hannah Arendt) afirma é que os direitos humanos pressupõem a cidadania não apenas como um fato e um meio, mas sim como um princípio, pois a privação da cidadania afeta substantivamente a condição humana, uma vez que o ser humano, privado de suas qualidades acidentais — seu estatuto político — vê-se privado de sua substância, vale dizer: tornado pura substância, perde a sua qualidade substancial que é a de ser tratado pelos outros como um semelhante.

A ousadia do propósito do Axé, como de outras organizações que atuam nessa linha, consiste em construir — com crianças, adolescentes e adultos, cujas trajetórias acumulam negações da dignidade humana — uma condição de sujeitos de seus direitos, de sua história e da história da sociedade em que vivem.

A cidadania e os Direitos Humanos, associados à permanente busca da beleza, da estética, formam, portanto, o eixo ideal do Axé. É a partir e em função dele que se devem desenvolver as ações políticas, pedagógicas e gerenciais. Em variados planos e funções, o sentido da cidadania e dos Direitos Humanos, sempre expressados pela via estética, deve orientar a relação entre educadores e educandos e entre gestores e técnicos no âmbito interno do Projeto, bem como deve orientar a relação deste com os parceiros institucionais das esferas pública e privada e com todos os atores sociais com os quais necessite se articular.

Ao assumir-se a ética dos Direitos Humanos como fundamento para a ação política e pedagógica, o que se procura exercitar, com criticidade e cotidianamente, é:

a) No plano ético, a valorização da liberdade, da autonomia, do reconhecimento do outro como igual em humanidade e diferente na individualidade, da solidariedade e da prevalência do público sobre o particular e do coletivo sobre o individual, trabalhando sempre para reverter a tendência à coisificação e à descartabilidade do ser humano, ao individualismo, à apropriação privada de bens e valores públicos, à violência e a todas as formas da opressão e de submissão.

b) No plano do Direito, a compreensão de que o fenômeno jurídico requer uma perspectiva plural, não sendo alcançável por via única. Sem desconhecer o direito posto, legislado, o ordenamento jurídico e suas repercussões na realidade, busca-se o direito como conjunto de práticas sociais que se deve orientar pelo valor da justiça e contar com todos os cidadãos para produzi-lo e modificá-lo, de acordo com os interesses e aspirações legítimos da maioria.

Ao fundamentar posição nessa linha, Azevedo (1996) raciocina:

> Importando sempre o direito na tentativa de regulamentação dos fatos reputados relevantes à vida social, o faz buscando a segurança e a previsibilidade do agir humano. Mas não lhe pode bastar a simples ordenação coativa dos fatos e comportamentos. Todos sentimos a necessidade de que essa regulamentação seja, na medida do possível, justa... Não pode o direito buscar qualquer ordem, mas sim uma ordem justa.

E buscar uma ordem justa no Brasil, hoje, significa comprometer-se com parte do ordenamento jurídico nacional, lutando por políticas públicas que promovam a efetivação de direitos assegurados na Constituição e em outras leis. Mas requer, também, um esforço de fundamentação para reconhecimento, por exemplo, de novos valores de respeito às diferenças étnicas, sexuais e de outra natureza que necessitam de proteção jurídica e, portanto, em alguns casos, de positivação do direito justo em lei.

Com Lyra Filho (1990), aprendemos:

> O direito autêntico e global não pode ser isolado em campos de concentração legislativa, pois indica os princípios e normas libertadores, considerando a lei um simples acidente no processo jurídico e que pode, ou não, transportar as melhores conquistas.

Esta compreensão do Direito nos autoriza, pois, a tê-lo como manifestação concreta, utilizável em favor da justiça, no mundo histórico e social em que atuamos. É ainda Lyra Filho (op. cit.), quem nos ensina:

> O direito justo integra a dialética jurídica, sem voar para nuvens metafísicas, isto é, sem desligar-se das lutas sociais, no seu desenvolvimento histórico, entre espoliados e oprimidos, de um lado, e espoliadores e opressores, de outro.

A necessária conexão entre esses valores e as ações cotidianas deve ser garantida, também, através da formação permanente dos trabalhadores, do planejamento, acompanhamento e avaliação das atividades pedagógicas, culturais, esportivas, administrativas e políticas, da articulação com parceiros, da integração de redes de serviços e da valorização do respeito e solidariedade para com outras iniciativas e organizações.

Entre o tradicional atendimento de caráter assistencialista que se constitui no objetivo de grande parte das organizações filantrópicas — ou mesmo de organismos públicos aos quais compete a prestação de serviços na área social — e organizações ou iniciativas como o Projeto Axé, a diferença está na perspectiva e formas de atuação. Nas primeiras, o atendimento tem o sentido de doação, de caridade, de desprendimento de quem o faz; nas outras, se reconhece no destinatário das ações a condição de sujeito, de titular de direitos correspondentes aos serviços que lhe são oferecidos.

Ambas são formas pertinentes e necessárias à realidade brasileira, mas diferentes. Pertinentes e necessárias porque, na condição de extrema pobreza, de miséria do imenso contingente de nossa população, as pessoas precisam da atenção imediata, do prato de sopa, do cobertor, da palavra, da escuta e do toque humano, físico. Nessa mesma condição essas mesmas pessoas precisam de tempo, de assunção de identidade, de conhecimento e reconhecimento, de projeto de vida, de oportunidade. São dimensões distintas que dizem respeito a cada ser humano excluído e que requerem diferentes perspectivas e níveis de ações.

— Eu acho que mudei muito porque eu... Hoje mesmo, veio até uns filhinhos de papai, levar até um material que eu emprestei, para feira de ciências, eles estudam no Dois de Julho no Garcia. Hoje... Por que essa coisa raiva caiu assim? Caiu de uma hora pra outra, eu não consigo sentir aquele ódio que sentia deles: porque naquela época, eu achava que eles fossem mais importantes do que eu, só que na verdade eu tava por baixo; mas hoje não, hoje quando vão lá vão querer saber... Quando eu passo todos me perguntam e ficam naquela... Eu me coloco em uma outra fase, que eu tô passando pra eles... Então eu me coloco por cima, então essa coisa, essa raiva passou, entendeu?

Depoimento de educando do Axé

O que se pretende, nos limites das possibilidades de uma organização não-governamental como o Projeto Axé, é contribuir para a redução das desigualdades sociais e a elevação dos índices de desenvolvimento humano, para a efetivação dos direitos conquistados no plano formal. É, enfim, comprometer-se com a construção de uma democracia de fato.

Mesmo reconhecendo a importância do Estado diante do cidadão e da coletividade, no papel de fazer ou não fazer, na responsabilidade primeira com as políticas públicas (que sempre refletem valores, cultura, ideologia e compromissos políticos de governantes), cada vez mais a sociedade civil vem tendendo a preencher o vazio institucional no âmbito das políticas sociais.

Na sociedade moderna, as organizações civis têm cumprido os papéis de denúncia de violações e de mediação na conquista de direitos, na produção e cobrança de aplicação de leis que reflitam aspirações e interesses legítimos da maioria, na demanda de serviços públicos e na participação em instâncias encarregadas da concepção e execução de políticas públicas.

Mas a crescente assunção do papel de promotor e executor de serviços por determinado tipo de organização não-governamental tem uma relevância própria no atual momento político brasileiro. Tanto assim que a natureza jurídica das organizações não-governamentais acaba de receber tratamento legal específico com a Lei 9.790/99, que qualifica uma entidade de direito privado sem fins lucrativos como Organização da Sociedade Civil de Interesse Público e institui o Termo de Parceria, espécie de contrato de cooperação, através do qual o Poder Público pode repassar recursos para a execução de atividades consideradas de seu interesse.

O Projeto Axé, nesse sentido, inscreve-se entre as organizações que se obrigam à denúncia de violações e à cobrança ao Estado de uma atuação prioritária na garantia dos direitos, mas propondo-se, também, a contribuir com e para a concepção e execução de políticas especificamente voltadas para a promoção de direitos sociais dos segmentos mais pobres da sociedade.

Como já se disse anteriormente, as concepções de Direito às quais o Axé adere, e que busca relacionar com as suas posturas e ações, são aquelas de tendência pluralista e crítica, que não afastam o valor da justiça nem o dissociam dos interesses da maioria. O entendimento do Direito, implica, desse modo, valorizar a dimensão coletiva e identificar a legitimidade da norma através da representatividade do interesse público na sua produção, interpretação e aplicação.

Valorizam-se e elegem-se, dentre outras ferramentas jurídicas importantes para a promoção de direitos, a denúncia de violação ou a formação para a cidadania, alguns instrumentos normativos, destacando-se:
- a *Declaração Universal dos Direitos Humanos*;
- a *Constituição Brasileira de 1988*;
- o *Estatuto da Criança e do Adolescente*;
- a *Lei de Diretrizes e Bases*.

Evidentemente, a utilização cotidiana de princípios, regras jurídicas e instrumentos normativos dá-se em diferentes dimensões e de diferentes formas.

Bobbio (1998), reconhecendo as possibilidades transformadoras do Direito, admite que o ordenamento jurídico — conjunto coordenado e hierarquizado das normas jurídicas, das leis — pode ter uma "função promocional" dos direitos e que um ordenamento de inspiração democrática suscita técnicas de "encorajamento" de condutas positivas que podem até corresponder às chamadas sanções premiais. Estas, contrariamente às punitivas, tornam vantajosa a conduta facilitadora do(s) direito(s).

Na dimensão do discurso, do norteamento político, do posicionamento institucional, é possível tirar o máximo partido das normas programáticas, dos valores e objetivos postos nesses instrumentos. A propósito, diz Azevedo (1996).

> No direito, como alhures, a importância do discurso é fundamental. Por seu intermédio exprime-se o verdadeiro e o falso, o razoável e o não-razoável, o justo e o injusto, o que corresponde à dignidade humana e o que a nega ou ignora.

Com as crianças e adolescentes atendidos, com educadores e funcionários de modo geral, com financiadores e parceiros, atua-se no Axé invocando os princípios da igualdade, da solidariedade, da participação, do respeito à dignidade do outro.

Pedagogicamente, resgata-se, sempre que cabível, a legitimidade desses instrumentos, resultantes das lutas dos povos e dos grupos políticos comprometidos com o progresso social e com os direitos específicos de segmentos mais vulneráveis, como é o caso de crianças e adolescentes, e que foram construídos em processos participativos.

— Você acha que o ensino na escola e no Axé se complementam ou são coisas completamente diferentes?
— Eu acho que são diferentes...
— Por quê?
— Porque na escola é uma bagunça, tem normas, mas ninguém cumpre; e no Axé a gente já sabe a educação, as normas...

Depoimento de educando do Axé

Esse resgate consiste, em algumas situações, no exercício da construção democrática de normas voltadas para a convivência, nas mais diversas situações em que o Projeto atua. Trata-se, dentre outras práticas, da elaboração conjunta de contratos de convivência entre educadores e educandos, nas unidades de atendimento — oficinas de arte, cultura, aprendizagem, profissionalização etc. Acontece ainda nos cursos de formação em Direitos Humanos, entre participantes, coordenadores e instrutores, e em outras circunstâncias que implicam relações solidárias e competitivas, próprias dos grupos humanos.

Na relação direta com o Estado é preciso representar contra violações dos direitos postos, noticiar crimes e solicitar apuração, responsabilização e punição de culpados. No âmbito da participação política faz-se necessário integrar instâncias colegiadas nas quais são discutidos e definidos os rumos das políticas na área social: conselhos de direitos de crianças e adolescentes, da assistência social, fóruns de entidades de defesa de Direitos Humanos etc. Além disso, é preciso ainda submeter projetos e requerer financiamento público para a prestação de serviços que correspondem a direitos, muitos dos quais devidos pelo Estado.

No âmbito gerencial, a juridicidade que se pretende alimentar parte da identificação da natureza pública dos objetivos da organização e passa pelo reconhecimento de que os recursos por ela utilizados, qualquer que seja sua procedência imediata, têm caráter público. Daí compreender-se que a aplicação desses recursos deve obedecer aos mesmos princípios que regem a administração dos recursos públicos.

Busca-se, na relação com trabalhadores, respeitar o direito à igualdade de oportunidades de acesso aos cargos técnicos que se pretende preencher e, ainda, garantir a impessoalidade nos critérios de recrutamento e seleção e a transparência nos processos de avaliação e utilização do Plano de Cargos e Salários para orientar a vida funcional dos recursos humanos.

No que se refere à aquisição de bens e contratação de serviços, a orientação corresponde aos princípios da licitação pública, mesmo em processos que não envolvam recursos estatais. A utilização desses bens e serviços deve nortear-se, também, pela economicidade, racionalidade e moralidade, garantindo, em todos os níveis — do uso do lápis ao dos bens de maior valor material — que se destinem exclusivamente aos fins da Entidade.

O registro desses propósitos, sempre no plano do "dever ser", corresponde ao reconhecimento de que não estão definitivamente resolvidos, na prática, nesses termos. Entretanto, tais valores e princípios são permanentemente invocados e checadas as ações, tentando-se sempre elevar o nível de coerência entre as intenções e os fatos, entre o discurso e a realidade.

AS FERRAMENTAS NORMATIVAS QUE ORIENTAM O COTIDIANO

Dentre outros instrumentos jurídicos importantes para a promoção de direitos, podem ser destacados os que se seguem.

Declaração Universal dos Direitos Humanos

A Declaração Universal dos Direitos Humanos de 1948, "como um ideal comum a ser atingido por todos os povos e nações", é encarada como conquista e desafio. O sentido da conquista histórica, principalmente pelo conhecimento da igualdade essencial, da valorização das diferenças, da liberdade e da solidariedade, anima-nos a enfrentar o desafio de implementar as normas e recomendações aí contidos. Buscam-se ainda, em outros instrumentos do gênero — declarações, pactos, convenções — os parâmetros para o respeito à autonomia dos povos, à identidade cultural de minorias, à tolerância, aos direitos específicos da criança, da mulher, do trabalhador, bem como aos chamados direitos da humanidade, como o direito à paz e ao meio ambiente que são direitos relativos também ao futuro.

Constituição de 1988

O Axé nasceu no rastro do processo constituinte que resultou na chamada Constituição Cidadã de 1988. Nesse período, as questões sociais, especialmente as relativas à infância e à juventude pobres, passaram a ser mais amplamente entendidas como resultado das relações políticas e econômicas que produziam, no plano jurídico, normas favorecedoras da discriminação, da opressão, da centralização, da fragilidade organizativa do trabalhador, da dificuldade de construção da cidadania.

Era o final da ditadura militar e o restabelecimento da participação política, inclusive do voto popular, alimentava a construção de um novo ordenamento jurídico, no qual foram investidas muitas esperanças de transformação da sociedade brasileira.

Naquele momento, a Constituição que se queria construir como norteadora da vida nacional, como positivadora de direitos já reconhecidos universalmente e como nova base para todas as outras normas jurídicas, ganhou importância primeira no plano político e passou a representar, no imaginário da sociedade, uma possibilidade de transformação muito superior à que efetivamente tem um instrumento jurídico, ainda que seja ele a lei maior.

Ainda assim, a Constituição de 1988, expressando anseios — às vezes pouco articulados — dos diversos segmentos da sociedade brasileira, traz parâmetros interessantes para o trabalho social:

- **Os princípios constitucionais** — políticos e jurídicos — que estão contidos nos primeiros artigos, os objetivos fundamentais da República do Brasil, aí postos, de construir uma sociedade livre, justa e solidária, garantir o desenvolvimento nacional, erradicar a pobreza e a marginalização e promover o bem de todos, sem prejuízo de origem, raça, sexo, cor e idade, são aqui enfatizados por se constituírem num argumento legitimador da atuação do Axé e de outras organizações mediadoras ou promotoras de direitos dos pobres, dos excluídos. Por outro lado, tais princípios e normas são também instrumentos pedagógicos que, literalmente ou decodificados, têm sido utilizados em vários níveis da formação para a cidadania.
- **Os direitos e garantias fundamentais**, elencados abrangente e exaustivamente no artigo 5º da Constituição, indicam meios para a realização plena da condição humana de todas as pessoas e norteiam os

investimentos políticos, pedagógicos e jurídicos na conquista e efetivação desses direitos.

O direito à igualdade precisa ser aqui destacado, porquanto, numa sociedade marcada por privilégios e discriminações, o grande desafio para o trabalho social é o de, pelo menos, contribuir para a redução da desigualdade, nos planos social, econômico e jurídico. Tal igualização pressupõe ações compensatórias, muitas vezes de discriminação positiva, o que, juridicamente, só é possível se autorizado pela Constituição. Entretanto, elas têm sido, em termos políticos e doutrinários, crescentemente discutidas e avaliadas.

Ribeiro (1998), analisando *Uma teoria de justiça*, de John Rawes, comenta:

> O critério que justifica a desigualdade é a vantagem que ela venha trazer à camada que ocupa a posição inferior na sociedade. Se não for assim, a desigualdade será inadmissível.

Para Silva (1995).

> Porque existem desigualdades, é que se aspira à igualdade real ou material que busque realizar a igualização das condições desiguais, do que se extrai que a lei geral, abstrata e impessoal que incide em todos igualmente, levando em conta apenas a igualdade dos indivíduos e não a igualdade dos grupos, acaba por gerar mais desigualdades e propiciar a injustiça, daí, por que o legislador, sob o "impulso das forças criadoras do direito" (como nota Georges Sarotte), tem progressivamente de publicar leis setoriais para poder levar em conta as diferenças...

Ainda no que diz respeito à igualdade, vale sublinhar que esta se refere à essência da condição humana e às oportunidades reais e materiais, mas não pode comprometer o respeito e a valorização de diferenças naturais/biológicas, étnicas e culturais, como explicita Rocha (apud Silva, op. cit.): "as desigualdades naturais são saudáveis, como são doentes aquelas sociais e econômicas que não deixam alternativas de caminhos irregulares a cada ser humano único".

> — No Natal é pra usar roupa nova. No ano passado eu me "armei" de camisa, calça, tênis, tudo novo. Aí Jackson não tinha "se armado". A gente foi pro jogo eletrônico e entrou um filhinho de papai com uma sacola. Eu "ganhei" dele e na sacola tinha uma camisa e um tênis. Aí, eu dei pra Jackson. Na noite de Natal? A gente ficou na praça, eu e a galera que não tinha casa, fumando maconha, cheirando cola e conversando da vida da gente. Falando também das pessoas que estavam em casa, com seus familiares, curtindo o Natal.

Depoimento de educando do Axé

No artigo 5º da Constituição encontramos, nas possibilidades de concessão de mandado de segurança coletivo e do mandado de injunção, dentre outros, o favorecimento, do ponto de vista institucional, do conjunto de organizações da sociedade civil que atuam na defesa de direitos de segmentos e pessoas excluídas do acesso a bens e serviços produzidos ou prestados pela sociedade e pelo Estado.

- **As normas relativas à educação e cultura.** Sem excluir a importância de muitos princípios, direitos e garantias postos na Constituição Federal e não referidos aqui expressamente, cabe atribuir significado especial às normas relativas à educação e cultura, com ênfase para:

> Art. 205 — A educação, direito de todos e dever do Estado e da família, será promovida e incentivada com a colaboração da sociedade visando ao pleno desenvolvimento da pessoa, seu preparo para o exercício da cidadania e sua qualificação para o trabalho.
>
> Art. 206 — O ensino será ministrado com base nos seguintes princípios:
>
> I — igualdade de condições para o acesso e permanência na escola;
>
> II — liberdade de aprender, ensinar, pesquisar e divulgar o pensamento, a arte e o saber;
>
> III — pluralismo de idéias e de concepções pedagógicas
>
> (...)
>
> VII — garantia do padrão de qualidade.

Tanto para sua própria atuação, ao exercer atividades de educação, de natureza pública, voltadas prioritariamente para os mais excluídos, quanto para a cobrança e orientação de cobrança do direito à educação, o fundamento jurídico/legal está posto nessas normas constitucionais.

> — O que eu preciso é de escolaridade, aprender mais...
> — Estudar mais na escola, para quê?
> — Ah, pra ter uma vida melhor, ter umas condições financeiras melhor, não depender mais do Axé, essas ondas...
>
> Depoimento de educando do Axé

O artigo 215 da Constituição Federal, no seu parágrafo 1º, prevê a proteção do Estado para as manifestações das culturas populares, indígenas e afro-brasileiras, bem como para outros grupos participantes do processo civilizatório nacional; e o artigo 216 define como patrimônio cultural brasileiro os bens materiais ou imateriais, tomados individualmente ou em conjunto, e referentes à identidade, ação e memória dos grupos que formaram a sociedade brasileira.

No caso específico da Bahia, normas constitucionais de âmbito estadual ampliam e especificam a valorização da cultura, com ênfase para os valores da religião afro-brasileira e o comprometimento da "adequação dos programas de ensino das disciplinas de geografia, história, comunicação e expressão, estudos sociais e educação artística à realidade histórica afro-brasileira, nos estabelecimentos estaduais de 1º, 2º e 3º graus", como está previsto na *Constituição do Estado da Bahia*, 1989, artigo 275, IV.

- **Os direitos específicos da criança e adolescente**, que aparecem desde o artigo 5º da Constituição Federal, quando se assegura à presidiária os meios para que permaneça com seus filhos no período de amamentação. Nos artigos 6º e 7º também são postos direitos referentes à educação, impedimento de trabalho na infância, proteção ao trabalho do adolescente e proteção à maternidade e infância. Mas é a partir do artigo 203 que a Constituição responde à valorização da instituição familiar, como base da sociedade, e à especificidade da condição de desenvolvimento, própria da infância e adolescência, obrigando o Estado à prestação de serviços correspondentes aos direitos elencados.

No artigo 227, que se constitui na matriz do *Estatuto da Criança e do Adolescente*, e no artigo 229, o legislador constitucional compromete a família, a sociedade e o Estado com o direito à vida, à saúde, à alimentação, à educação, ao lazer, à profissionalização, à cultura, à dignidade, ao respeito, à liberdade e à convivência familiar e comunitária que devem ser assegurados, com absoluta prioridade, à criança e ao adolescente.

Afora o exagero contido na expressão "absoluta" e redundâncias, compreensíveis se atribuídas ao legítimo desejo de universalização dos direitos da infância e juventude, o artigo 227 incorpora conquistas internacionais no campo dos direitos e resolve, definitivamente, questões relativas ao direito de filiação, igualando direitos dos filhos, qualquer que seja o tipo de relação de que sejam fruto.

Outra referência constitucional importante para os que atuam com adolescentes é a do limite da imputabilidade penal aos 18 anos, estabelecida no artigo 228 da Constituição. Essa tem sido uma das mais polêmicas normas constitucionais, contra a qual reclama grande parte da sociedade brasileira que, equivocadamente, acredita na estratégia da culpabilização, penalização e punição para reduzir os crescentes índices de violência. Não consideram que a punição pretendida — sempre a de privação de liberdade — é cumprida em prisões desumanas, que promovem tão-somente a degradação do ser humano condenado e estimulam a reincidência. Não admitem também que o fato de o jovem ser penalmente inimputável antes dos 18 anos não exclui sua responsabilização e a possibilidade de privação de liberdade, através da medida sócio-educativa de internação, na forma prevista no *Estatuto da Criança e do Adolescente.*

Estatuto da Criança e do Adolescente

É sempre oportuno repetir que organizações da sociedade civil brasileira e algumas representações do Poder Público foram responsáveis pela inserção, no texto constitucional, das normas de proteção específica da infância e da juventude, numa perspectiva inversa à vigente até então. Até o final da década de 80 prevaleceu, nos fatos e nas leis, a doutrina da "situação irregular", que se ocupava de resultados da pobreza e da exclusão (abandono, carência, erro social etc.) tratando-os de forma punitiva: correspondia, em certo sentido, ao combate aos pobres e não à pobreza.

Essas mesmas organizações investiram na regulamentação do artigo 227 da Constituição e conseguiram a inclusão, em processo legislativo, da proposta do *Estatuto da Criança e do Adolescente*, instituído pela Lei 8.069/90.

O Axé, que foi implantado também em 1990, como projeto vinculado ao Movimento Nacional de Meninos e Meninas de Rua, nasceu, portanto, sob o signo do *Estatuto*.

É possível admitir que nesta lei haja imperfeições e exageros, próprios de um momento histórico marcado pela ansiedade em se resgatarem direitos perdidos, muitos, inclusive, no período ditatorial, e de se positivarem novos direitos, alguns dos quais fundamentados no âmbito da sociedade civil organizada. Mas é preciso reconhecer que ela tem se constituído num instrumento importante para a promoção de direitos específicos da criança e do adolescente. Em certa medida, tem mesmo favorecido a redução da desigualdade, sobretudo considerando-se que não se podem esperar de um instrumento jurídico soluções amplas e definitivas para situações determinadas por fatores estruturais de natureza política, social, econômica e, também, cultural.

O *Estatuto* orienta o dia-a-dia da Organização e das relações entre educadores e educandos, entendidas, ambas as categorias, em sentido amplo. Considera-se ainda a necessidade de sua leitura crítica e de seu "encaixe" no ordenamento jurídico nacional. Desse modo, busca-se evitar que o papel pedagógico que o *ECA* pode desempenhar fique marcado pela tendência corporativista a que nos referimos no início e pelo desconhecimento dos direitos e deveres postos em outros instrumentos normativos. Procura-se considerar a árvore na floresta, de acordo com a metáfora utilizada por Bobbio na sua teoria do Ordenamento Jurídico.

É ao setor de Defesa de Direitos, que nasceu chamado "advocacia de rua", que cabe, prevalentemente, a operacionalização das normas contidas no *ECA*, com o objetivo de assegurar à criança e ao adolescente com os quais o Axé trabalha os direitos ali postos. Isso se faz a partir de duas grandes linhas de trabalho:

- **A primeira é a do atendimento e acompanhamento jurídico-judicial**, que não raramente se inicia com as providências necessárias à documentação civil, de modo a garantir o pertencimento formal à sociedade juridicamente organizada, como primeiro passo para a constituição do *status* de cidadania.

A partir daí, a criança e o adolescente atendidos, muitas vezes vitimados por violação de direitos, e também autores de atos infracionais, passam a contar com o advogado que os orienta, responde às questões trazidas e os acompanha e representa em diversas instâncias do sistema de segurança e justiça montado. No caso da Bahia, esse sistema está voltado, especificamente, para as situações que dizem respeito à infância e juventude. A advocacia, neste caso, é exercida com a intenção de fazer valer os direitos previstos na lei, com o empenho de produzir resultados educativos e reeducativos durante os processos judiciais e no cumprimento de medidas sócio-educativas aplicadas.

Vale dizer que o Axé tem adotado como princípio o não-acumpliciamento com as violações porventura cometidas pelos seus educandos. No entanto, essa é uma posição de extrema complexidade e delicadeza, que requer, em cada caso, um cuidadoso exame à luz da lei e dos valores éticos que devem orientar a atuação jurídica e pedagógica.

- **A segunda linha é a da formação para a cidadania e para os direitos**, que, quando se destina a crianças e adolescentes, tem no *Estatuto* seu ponto de concentração, embora inclua referências prévias à Declaração Universal dos Direitos Humanos e à Constituição Brasileira de 1988. Aqui se investe na produção de recursos didáticos de forma a tornar interessantes para crianças e adolescentes os conteúdos do Direito, cuja linguagem — nas leis e na doutrina — parece buscar distância daqueles que não são iniciados no universo jurídico-formal. A produção de textos, a utilização de expressões artísticas, cênicas e plásticas, com conteúdos de direitos, são recursos que se têm provado positivamente na tentativa de formar cidadãos autônomos e críticos, capazes de construir seus próprios projetos de vida e de contribuir para a melhoria da sociedade em que vivem.

— Eu gosto do que tô fazendo atualmente, mas eu quero aprender a fazer outras coisas. Quero aprender a dirigir, quero aprender computação. E pra chegar onde quero, eu tenho que estudar mais e mais e atualmente eu ter um salário melhor pra poder investir em mim, comprar uma casa, guardar um dinheiro pra na hora de precisão porque... meu... eu sei o dia de hoje e não sei o dia de amanhã.

Depoimento de educando do Axé

O Direito e os Direitos Humanos também se constituem em referencial para a formação de agentes sociais, aqui considerados os educadores do próprio Axé e de outras organizações públicas ou não-governamentais, sobretudo policiais militares e civis, professores da rede pública e lideranças comunitárias. Essa formação em Direitos Humanos, que fica a cargo do Centro de Formação e está referida num capítulo específico, é uma forma de contribuição para se construir no Brasil uma cultura de paz e de respeito à vida e à dignidade humana. Contrapõe-se à violência que, instalada nas relações de poder do nosso "processo civilizatório", se manifesta de variadas formas e é amplamente difundida pelos meios de comunicação de massa que têm se encarregado, também, de alimentar a equivocada expectativa de reduzir a violência através, exclusivamente, de medidas de repressão e penalização.

Transcrevem-se, a seguir, trechos de depoimentos de participantes do Curso de Formação Básica em Direitos Humanos:

(...) o desenrolar do tema despertou em mim a noção de que todos nós somos racistas porque fomos induzidos a isso, e que praticamos inconscientemente o racismo, até mesmo no seio familiar. (01.09.98)

A nossa formação cultural tem muita influência do racismo, do preconceito, da discriminação; muitas vezes ofendemos as pessoas com piadas e brincadeiras e não percebemos que estamos praticando o racismo. (04.08.98)

Praticamos o racismo contra os negros e não percebemos que todos temos a mesma origem. (04.08.98)

Pensamentos, sentimentos e ações almejando a harmonia e um convívio de paz entre os seres humanos. (10.08.98)

Direitos Humanos são regras de convivência básica para a sociedade. (10.08.98)

Direitos Humanos são um exercício de eterno amor ao próximo, acreditando-se na possibilidade de uma paz bem administrada. Direitos Humanos são a crença na igualdade de direito de qualquer ser de raciocínio. Significam a atitude de cada um. (10.08.98)

> Direitos Humanos são o direito de viver, falar, questionar, discutir e, acima de tudo, saber ser cidadão e respeitar o direito dos outros. (10.08.98)
>
> (...) percebi o quanto era preconceituoso. E mais, o quanto necessito aprender a ouvir e a ser tolerante. (07/98)
>
> (...) chegamos à sala de aula muito tensos, mas logo estávamos tranqüilos. Eu, por exemplo, já tinha esquecido como era uma aula com professor civil, pois no quartel (...) a aula vem sempre de cima para baixo, sempre às pressas. (08/98)
>
> O grande mérito do curso foi ter conseguido conciliar perfeitamente a troca de conhecimentos com uma vivência de grupo, sensibilizando os participantes no sentido de garantir uma boa relação interpessoal, lançando as bases para uma mudança qualitativa de comportamento. (03/96)

Ao se referir às promessas históricas não-cumpridas em relação à democracia, diz Bobbio (1987):

> A sexta promessa não-cumprida diz respeito à educação para a cidadania. Nos dois últimos séculos, nos discursos apologéticos sobre a democracia, jamais esteve ausente o argumento segundo o qual o único modo de fazer com que um súdito transforme-se em cidadão é o de lhe atribuir aqueles direitos que os escritores de direito público do século passado tinham chamado de *activae civitatis* (cidadania ativa).

Em síntese, o que se faz, no Axé, ao assumir-se o Direito como um dos principais elementos norteadores da ação cotidiana, é:

- Identificar e utilizar princípios de justiça e normas jurídicas, bem como instâncias públicas encarregadas de sua aplicação, com o objetivo de promover os Direitos Humanos, atentando, permanentemente, para o contexto sócio-econômico em que se atua.
- Investir na educação para a cidadania e os Direitos Humanos, acreditando ser esta uma estratégia eficaz na construção de uma democracia real e valer a pena inverter a lógica vigente: ao invés de partir-se da violência, da violação para chegar à punição, adotar-se um caminho mais "positivo" no sentido de valorizar a vida e a dignidade e apontar-se para a igualdade, a liberdade e a felicidade como conseqüências "naturais" dessa valorização.
- Buscar coerência entre discurso e prática, de modo a favorecer pedagogicamente a reprodução de posturas e comportamentos alinhados com o ideário dos Direitos Humanos.

Pretende-se, enfim, exercer uma função modificadora de comportamentos e implementadora de direitos, compreendendo que a grandeza e a legitimidade desta pretensão somente são alcançáveis se o papel institucional for exercido em forma de serviço, sem arrogância, mas com altivez, humildade e desprendimento.

REFERÊNCIAS BIBLIOGRÁFICAS

AZEVEDO, Plauto Faraco. *Aplicação do Direito e contexto social*. São Paulo: Editora Revista dos Tribunais, 1996.

BOBBIO, Norberto. O futuro da democracia. *Folha de S. Paulo*, 17 de maio de 1998.

CONSTITUIÇÃO DA REPÚBLICA FEDERATIVA DO BRASIL. Salvador: Empresa Gráfica da Bahia, 1998.

CONSTITUIÇÃO DO ESTADO DA BAHIA. Salvador: Assembléia Legislativa, 1989.

ESTATUTO DA CRIANÇA E DO ADOLESCENTE. Brasília: Ministério da Criança/Projeto Minha Gente, 1991.

LYRA FILHO, Roberto. *O que é Direito*. São Paulo: Brasiliense, 1990. (Coleção Primeiros Passos)

LAFER, Celso. *A reconstrução dos Direitos Humanos — um diálogo com o pensamento de Hannah Arendt*. São Paulo: Companhia das Letras, 1991.

RIBEIRO, Renato Janine. *Folha de S. Paulo*. 17 de maio de 1998.

SILVA, José Afonso. *Curso de Direito Constitucional Positivo*. São Paulo: Malheiros, 1995.

Parte II

A proposta pedagógica

O DESEJO NA PEDAGOGIA DO DESEJO

*Marcos Antonio Cândido Carvalho**

> *A história não é o passado. A história só é o passado na medida em que este é historiado no presente — historiado no presente porque foi vivido no passado.*
>
> Lacan

DO DESEJO DE UMA HISTÓRIA ESCRITA

Este texto é uma tentativa de aprofundamento do significado prático e teórico da Pedagogia do Desejo. Significado em permanente construção e que, por sua natureza, permanece e permanecerá sempre emaranhado numa cadeia de nós que se organiza a partir da história de cada um (de nós) e da história do Axé. Neste sentido, aquilo que aqui se conta é uma parte desta "es(his)tória", sem a ingênua pretensão de, com isso, dar conta da história do Axé. Era uma vez...

O primeiro documento escrito sobre o Axé data de antes do seu nascimento e se apresenta como um sonho acalentado nas teias do desejo e da história de um homem, Cesare de Florio La Rocca, que, chegando a Salvador em setembro de 1989, se apresentava como "um incorrigível sonhador de pés no chão". Como todo relato, era incompleto — incompletude que é a marca do sujeito faltante, insatisfeito

---

* Licenciado em Letras, doutorando em Environmental Psychology (City University of New York — CUNY), assessor do Projeto Axé.

— e trazia em seu título a seguinte inscrição: "Axé: uma terra nova[1] para os meninos e meninas de rua de Salvador!". Nesta inscrição, mais uma vez é pela via da falta que o sujeito se expressa, pois é ao novo ou, pelo menos, ao que parece não existir ainda, ao que faz falta, que ela se refere. Se se diz que ela se referia ao que parecia não existir ainda, é para testemunhar a sua existência enquanto sonho — pois, o que é o sonho se não algo que existe e insiste em se realizar ou, simplesmente, em atestar um desejo?

Aquele texto de oito páginas, aqui tratado, metaforicamente, como fragmento de um sonho, funcionou como se fosse um "fruto da árvore da sabedoria" ou um livro proibido da Idade Média. Ele tinha a força de se tornar "objeto de desejo" para todos aqueles que liam ou dele ouviam falar — aquele "pequeno" texto propunha um novo jeito de enfrentar as questões relativas aos meninos e meninas de rua. Os princípios refletidos ali eram:

- *O Axé é um projeto de Educação, o que não exclui a assistência, mas elimina o risco do assistencialismo; em outras palavras, "no Axé não se conjuga o verbo dar".*
- *Somente a boa vontade não é suficiente para garantir uma educação de qualidade para os meninos e meninas de rua.*

O Axé questionaria a tradicional prática do "voluntariado" nos projetos sociais e contaria com uma equipe de profissionais remunerada e engajada em um processo permanente de *formação = aprofundamento teórico (transmissão) + análise da prática*. Nas primeiras tentativas de definição da concepção de formação permanente no Axé, foi agregada a preocupação com o desenvolvimento afetivo-sexual-cognitivo-espiritual, o que se convencionou chamar de *integração humana*.

- *As práticas tradicionais de educação, inspiradas na Educação Libertadora de Paulo Freire, seriam substituídas pelo diálogo e pela participação democrática dos meninos e meninas na identificação das demandas e no planejamento do processo pedagógico.*

As salas de aula seriam as praças e ruas da cidade. O ponto de partida, os conteúdos já ensinados-aprendidos pelos educandos-educadores e educadores-educandos. O objetivo, construir novas histórias (dimensões ontológica e psicológica) e uma nova história (dimensão sócio-política).

---

1. A expressão "terra nova" é uma alusão à *Terra Nuova*, organização não-governamental italiana de cooperação internacional, que deu o suporte técnico e financeiro para a criação do Axé.

- *A Convenção Internacional dos Direitos da Criança e o Estatuto da Criança e do Adolescente, à época em vésperas de ser aprovado, passavam a ser nossos guias éticos.*

O confronto com a realidade, os processos de análise da prática, e a conseqüente desmitificação do *ECA*, ampliaram nossa referência ética para a *Declaração Universal dos Direitos Humanos*. Vera Leonelli tem um papel fundamental nesse processo.

- *A cultura e suas manifestações artísticas, o teatro, a dança, a capoeira etc. seriam os principais instrumentos para devolver aos meninos e meninas a capacidade de sonhar, acreditar na vida.*

A formulação do Projeto Erê, da autoria de Juca Ferreira, ofereceu a primeira sistematização e operacionalização dessa idéia. Hoje se começa a trabalhar com o conceito de Educação Estética e o trabalho nessa dimensão transcende as fronteiras das manifestações da cultura local.

- *A esmola e a "viração",[2] por um lado, e a exploração da mão-de-obra infantil de outro, seriam substituídos por Educação e Trabalho.*

O instrumento, a vocação da cidade de Salvador para a hotelaria e turismo. O local, um hotel-escola.[3] Isso viria a acontecer primeiramente na concepção e operacionalização das empresas educativas.

Assim, esperando não trair a memória ou a história, apresentam-se aqui, com estas palavras, as palavras de Cesare de Florio La Rocca, que são a interpretação do que foi a primeira manifestação do Desejo dele. Desejo que, nele, antecipou a existência do Axé.

O resgate das páginas desse já remoto texto tem a intenção de oferecer a um possível leitor desavisado alguns elementos que possam ajudar na leitura das linhas que se seguem. Primeiro, porque é nesse texto, chamado de remoto, se não pelo tempo, mas pela quantidade de idéias e ações que a ele se reuniu em tão pouco tempo, que se situa a origem da Pedagogia do Desejo. Segundo, porque ao situar a origem da Pedagogia do Desejo na origem do Axé (re)conhece-se nela o caráter de coisa construída na história dos eventos da vida do Axé. Terceiro, porque, mesmo que rapidamente, é importante grafar com maiúscula, a título de exemplificação, a autoria de algumas contribuições específicas, de modo a mostrar que à proposta inicial vêm sendo agregados outros elementos.

---

2. Gíria: ganhar a vida através de práticas informais. Esse termo foi usado por Maria Filomena Gregori em sua tese de doutorado em Antropologia (USP, 1997) para designar as formas pelas quais os meninos e as meninas de rua arranjam a vida.

3. O hotel-escola permanece um sonho. O Axé já fez várias tentativas de realizar esse projeto.

COMO SURGIU A EXPRESSÃO PEDAGOGIA DO DESEJO

Contaremos agora como surgiu a expressão Pedagogia do Desejo, o que aconteceu de forma "acidental". Trata-se aqui somente do surgimento da expressão, pois a Pedagogia do Desejo ressurge e se insurge nos desejos de cada um que chega para fazer o Axé.

Estávamos recebendo a visita de um dos nossos possíveis financiadores, um grupo da Província de Roma, e havíamos preparado tudo como de costume. Toda a equipe estava presente e cada um de nós apresentaria a sua área com discursos, quase sempre os mesmos, já preparados para essas ocasiões e sempre na mesma ordem.

Naquele dia, tínhamos um ou vários pontos a menos na largada da reunião — Cesare não estaria presente, tendo viajado para Brasília. Lembro que, de uma forma geral, nos sentíamos um pouco desconfortáveis diante de nossas visitas. Um desconforto quase supersticioso, que depois seria explicado pela difícil relação que se estabeleceria entre o Axé e *Terra Nuova*. Então, nesse contexto — obviamente, sem sabermos o que viria depois — é que foi usada, pela primeira vez, a expressão Pedagogia do Desejo. Esta seria registrada por um jornalista italiano que acompanhava a reunião e apareceria, alguns dias depois, traduzida como *Pedagogia del Desiderio,* em um artigo, de que agora não consigo me lembrar o nome, publicado pelo *Corriere della Sera,* um jornal italiano. Cesare, ao ler a matéria, gostou da definição e adotou-a para o Axé. Esta é mais uma prova de que o desejo fala sempre certo pelas linhas tortas do Desejo do Outro.

Como foi dito antes, não se pretendeu aqui contar a história do Axé. Dar conta disso exigiria um esforço muito maior, pois seria necessário fazer uma "arqueologia dos saberes" (Foucault, 1995), o que não é o mesmo que descrever os acontecimentos numa ordem linear e a partir da noção de continuidade, mas sim tecer um discurso que se produz a partir da análise das idéias e práticas que geraram o próprio discurso que o Axé propaga.

A QUESTÃO CONCEITUAL

Nessa aventura rumo ao aprofundamento das questões teórico-práticas que delineiam a Pedagogia do Desejo, o Axé reafirma seu compromisso com a "educação libertadora" de Paulo Freire.[4] Assim,

---

4. Ver *Pedagogia do oprimido, Medo e ousadia* e *Pedagogia da autonomia,* desse autor.

em termos freireanos, o Axé faz a permanente opção de, mediante a formação permanente e a análise da prática, buscar a construção de uma "consciência crítica", operada a partir de uma opção epistemológica clara. Essa opção exige o esforço permanente para entrar em contato com as duas faces da mesma moeda, *teoria* e *prática*, e para renunciar a uma "consciência ingênua", operada com base no senso comum (às vezes confundido com bom senso ou com sabedoria popular).

Hoje, depois de dez anos, contamos com definições mais claras. Por exemplo, institucionalmente o Axé incorpora a psicanálise como um dentre os referenciais teóricos para a interpretação da realidade dos meninos e meninas com os quais trabalha e, conseqüentemente, como uma orientação para sua prática educativa.

Mas o que pode a psicanálise no campo da educação? Dito de outra forma:

> Qual o lugar da psicanálise na prática pedagógica? E, de forma mais específica, é possível uma abordagem psicanalítica ou é possível um remanejamento, numa atuação de tipo mais institucional que, por definição, trata com o coletivo? Se é verdade que queremos realizar, em alguns aspectos, uma caminhada junto com a psicanálise, de que forma concreta podemos nos apropriar, por um lado, dos conhecimentos da psicanálise e, por outro, de uma prática educativa em linhas com a psicanálise, incorporando a idéia de que o primeiro trabalho do educador é um trabalho sobre si mesmo?[5]

Essas foram algumas das questões levantadas durante o seminário realizado pelo Axé (outubro de 1997) para discutir a Pedagogia do Desejo. Se o conjunto das discussões não o afirma explicitamente, hoje, a leitura atenta das transcrições, de que o texto acima é uma pequena amostra, revela que a relação psicanálise e educação parece ter sido um dos principais focos daquele dia de trabalho. No presente texto, como o retorno do recalcado, nos diria Freud, a questão também se apresenta: "Mas o que pode a psicanálise no campo da educação?"

De alguma forma, aqui pretendemos lidar com essa questão insolúvel e da qual somos herdeiros. Porém, de uma coisa estejamos certos: não somos os primeiros nem seremos os últimos a nos deparar com o enigma dessa articulação. O próprio Freud, em diversos textos,

---

5. Texto extraído de uma das transcrições das fitas gravadas durante o seminário realizado pelo Axé, entre 12 e 16 de outubro de 1997, com o objetivo de aprofundar os eixos teóricos fundamentais que orientam a sua proposta pedagógica relativamente à concepção da criança e do adolescente como Sujeitos de Direito, Conhecimento e Desejo.

tenta aproximar a psicanálise da educação, delimitando suas áreas de atuação e tentando, dentro do possível, articulá-las. Segundo ele, ao menos em uma característica, naquela de ser "impossível", a psicanálise e a educação se encontram.

Nesse sentido, o educador e o psicanalista são chamados a testemunhar sua própria falta e a do outro em um mundo narcísico, onde, pela via da satisfação imaginária imediata, todo desejo parece passível de realizar-se. O psicanalista testemunha a impossibilidade de acesso direto ao saber inconsciente e por essa impossibilidade é afetado. Saber do qual ele, o psicanalista, pela via da análise do discurso, busca reconhecer os efeitos. O educador, embora não se ocupe do saber inconsciente, da análise da transferência de pulsões arcaicas, testemunha a sua existência no cotidiano de sua prática educativa, nas muitas situações em que um ato inesperado, surpreendente, dele ou do educando, toma conta da cena sem que nenhum dos dois o perceba. Ainda assim, como o analista, o educador nunca sabe qual será o resultado do ato educativo. Desse modo, o educador precisa saber que ele e o seu educando são marcados por esse ato inesperado para além da consciência. Precisa saber que há algo deles que sempre escapa e que, por sempre escapar algo, essa falta estruturante na — e da — subjetividade do sujeito nunca é tamponada. O sujeito de que se fala aqui não é o indivíduo ou a pessoa, essas também importantes categorias têm um outro significado. O sujeito sobre o qual aqui se fala é resultado de uma produção intersubjetiva. É preciso que dois ou mais estejam reunidos para que ele se manifeste.

Ainda no seminário acima referido, o psicanalista Carlos Pinto dizia que o "educador deste final de século não pode escapar" à psicanálise. Para Millot (1986), psicanalista francesa, a psicanálise interessa à educação em dois sentidos. Pela criança, para que ela possa melhor elaborar seus conflitos edípicos e se libertar de algumas dificuldades que podem prejudicar sua aprendizagem; no que concerne ao educador, para que este saiba não abusar de seu papel e desprender-se de seu narcisismo, evitando o empecilho em que se constituiria situar a criança como seu espelho. O que se pretende aqui é refletir sobre a forma como esse pensar e agir psicanalítico podem influenciar e colaborar na ação educativa do Projeto Axé.

OS PROBLEMAS

De Platão e Kant até os nossos dias, o desejo tem ocupado a mente e o coração de muitos pensadores. Um pequeno exemplo disso, em tempos bem recentes, é a publicação do livro *O desejo*, pela Companhia das Letras, organizado por Adauto Novaes (1990). Nessa obra, encontramos trabalhos de filósofos, críticos literários, filólogos, antropólogos, teóricos da arte, psicanalistas etc., sobre o tema do desejo. Contudo, é sem dúvida nenhuma na obra de Freud e, depois, na de Lacan, que iremos encontrar em quantidade e em qualidade o mais rico artesanato dessa tradição. Chamo de artesanato porque esses dois homens teceram suas reflexões sobre o desejo com o mais puro fio do conhecimento humano. A filosofia, a história da arte, a estética, a literatura, a crítica literária, a lingüística, a antropologia, a matemática, foram as grandes companheiras de Freud e Lacan na tentativa de dar conta de seus próprios desejos — o desejo de tecer uma arte de *psicoanalisar*.

Se um dia foram os eventos mais insignificantes do cotidiano — esquecer um nome e colocar outro no lugar, sonhar etc. — que ajudaram Freud a estruturar o inconsciente, hoje este inconsciente influencia as práticas sociais resultantes das interações humanas em todas as dimensões. A escolha teórica feita pelo Axé para compreender as questões relativas ao desejo e suas implicações na prática educativa deve-se, pois, a esse reconhecimento da importância e influência do pensamento freudiano no quotidiano do homem moderno. Nesse sentido, o educador do Axé também não pode escapar a tal influência.

Um primeiro ponto importante a ser considerado e que coloca, de saída, alguns problemas gerais, comuns a toda tentativa de uso da psicanálise no campo da Educação, é o apontado pelo próprio Freud no seu texto intitulado "Uma dificuldade no caminho da Psicanálise", de 1917 (1988).

> Para começar, direi que não se trata de uma dificuldade intelectual, de algo que torne a psicanálise difícil de ser entendida pelo ouvinte ou pelo leitor, mas de uma dificuldade afetiva — alguma coisa que aliena os sentimentos daqueles que entram em contato com a psicanálise de tal forma, que os deixa menos inclinados a acreditar nela ou a interessar-se por ela. Conforme se pode observar, os dois tipos de dificuldade, afinal, equivalem-se. Onde falta simpatia a compreensão não virá facilmente.

Por sua vez, Baroni chama a atenção para o que Freud nos diz sobre o narcisismo universal dos homens, o seu amor-próprio, que sofreu grandes golpes por parte da pesquisa científica. Ao primeiro deles, resultante das pesquisas de Copérnico no século XVI, denominou golpe cosmológico. Ao segundo golpe Freud denominou golpe biológico, dessa vez promovido pelas descobertas de Charles Darwin e colaboradores. Ao terceiro golpe, Freud chamou golpe psicológico;

acredita ainda ter sido este o mais incisivo ao amor próprio do homem. E ele foi desferido pela psicanálise.

A descoberta feita por Freud põe em questão para o homem sua própria autonomia, colocando em xeque um dos conceitos mais sedimentados da filosofia moderna, a idéia de "razão pura", segundo a qual o homem seria senhor de si mesmo, dono de sua vontade. Segundo Freud, a vida mental é regida por impulsos inconscientes "que só atingem o ego e se submetem ao seu controle por meio de percepções incompletas e de pouca confiança". Seria impossível domá-los e, dessa forma, tais impulsos estariam sempre persistindo de uma maneira ou de outra. O ego, nos diz Freud, não é senhor de sua própria casa.

O que significa isso? Que não se comanda o inconsciente, que não se pode ter domínio sobre os efeitos da influência exercida sobre outro ser, assim como não se domina o próprio inconsciente. Teoria pedagógica alguma permite calcular os efeitos dos métodos com que se opera, pois o que se interpõe entre a medida pedagógica e os resultados obtidos é o inconsciente do pedagogo e do educando.

O inconsciente é organizado numa outra lógica, que nos parece estranha e alienada no que concerne à consciência (razão) do indivíduo. Essa concepção é causadora do "golpe psicológico" desferido pela psicanálise no narcisismo, amor-próprio, da humanidade. Nesse sentido, a resistência à psicanálise é a resistência do homem à sua própria condição de sujeito faltante, dividido, assujeitado a essa outra lógica — (a)lógica — ou seja, submetido à lei do desejo. Assumir a perspectiva freudiana é renunciar ao projeto onipotente de controle tirânico de si mesmo e dos outros. Como então lidar com a idéia de inconsciente no processo educativo, se um dos instrumentos normalmente utilizados para a avaliação da prática educativa seria a dita capacidade que o educador *tem que ter* para controlar tudo? Como dar cabo de entender intelectualmente alguma coisa a que resisto saber, "a" saber, meu próprio desejo? Insistindo na citação acima, "onde falta simpatia, a compreensão não virá facilmente".

Um segundo problema é justamente conseqüência de uma noção que se constitui num dos pilares centrais da teoria psicanalítica. A certeza de que o inconsciente, o Desejo, não pode ser educado, não pode ser controlado. Então, que sentido faz falar de uma Pedagogia do Desejo? Aqui, mais uma vez, o problema não é com o inconsciente, mas com o conceito de educação a que temos sido submetidos. Segundo o modelo pedagógico tradicional, cabe à educação adestrar o indivíduo, oferecendo-lhe técnicas a serem usadas e modelos comportamentais a seguir. O que se considera como bom resultado desse processo é a produção de um indivíduo "adaptado" ao conjunto das regras e padrões pré-estabelecidos pelo meio social em que ele vive. Obviamente, desde que isso reflita uma resposta às expectativas da classe, gênero e raça dominante. Jurandir Freire Costa classifica esse tipo de educação de psicológica e define sua função como a de produzir "o tipo psicológico ordinário":

> A educação psicológica atinge seus objetivos quando consegue formar um Tipo Psicológico Ordinário. Este tipo, naturalmente tem seu perfil moldado segundo a classe social ou subgrupo cultural e varia no decorrer da história.(...) Quando se imagina próximo do sujeito ideal (o indivíduo) pode se sentir satisfeito e realizado; quando se imagina afastado, pode experimentar aflição, insatisfação ou mal-estar (Costa apud Kupfer, s/d).[6]

Daí a necessidade que temos de questionar cuidadosamente o conceito de educação com o qual estamos operando. A "prática", mais que a teoria, mostra-nos que as fronteiras entre as "boas intenções" e o controle do outro, em função de um gozo institucional ou individual perversos, são tênues. O sistema educativo muitas vezes facilita uma relação mestre-escravo, na qual o educador se vale de uma posição de poder, projetando no "seu educando" valores e comportamentos que considera ideais. Dessa forma, o educador assume um papel de "modelador" do educando, ao invés de resgatar, dentro do possível da educação, as capacidades e limitações daquele que é "seu cliente".

Considerando como um dos princípios mais importantes da chamada "educação libertadora" aquele que diz que devemos partir da realidade do educando, antes de mais nada é preciso perguntar o que entendemos como sendo esta realidade do educando.[7] No caso da "educação bancária" (Freire, 1991), o educador também parte da realidade do educando. Só que, para ele, a realidade do educando está fora, é um *a priori*. O educador adestra o educando para que este se ajuste a um modelo comportamental esperado. Na prática de formação de educadores, temos encontrado pelo menos três tipos de situação:
- Educadores que praticam a "educação bancária" por, honestamente, acreditarem que esta é a melhor forma de educar; ou seja, para eles, o que fazem está certo.

---

6. A esse respeito, ver também: Kupfer, M. Cristina M. *Freud e a Educação: o mestre do impossível*, São Paulo, Scipione, 1989.

7. É com base nas idéias ou conceitos que temos do que é a realidade, questão ontológica, que podemos responder à questão epistemológica, ou seja, àquela que diz respeito à relação entre o sujeito e o objeto de conhecimento.

- Educadores que são "bancários" e nem sabem que o são, pois fazem apenas parte da reprodução de um sistema, com o qual estão comprometidos por uma simples relação de sobrevivência. Esses, muitas vezes, nunca tiveram sequer uma oportunidade de pensar ou repensar a própria prática.
- Educadores que se dizem libertadores, construtivistas, e mantêm uma prática educativa, eu diria, dentre as mais "bancárias" possíveis. Trata-se daqueles com quem, normalmente, o diálogo é mais difícil, uma vez que se apropriaram de um discurso sem tê-lo, de fato, apreendido. Institucionalizam o suposto conhecimento, reificando sua prática e teoria a bem da manutenção de seu *status quo* no seio da instituição a que pertencem.[8]

Diante dessa situação, a psicanálise é, sem dúvida, um instrumento que ajuda a questionar, a desvendar os "mistérios" que estão para além do discurso político-social-cultural-psicológico-pedagógico-teológico vigente, que engendra estas mesmas posições.

Um terceiro elemento polêmico e de difícil digestão na teoria psicanalítica é seu discurso sobre a sexualidade, muitas vezes considerada "imoral e amoral". Foucault (1988), em *História da sexualidade*, no capítulo sobre a *scientia sexualis*, chama a atenção para o fato de que: "Pelo menos até Freud, o discurso sobre o sexo — o dos cientistas e dos teóricos — não teria feito mais do que ocultar continuamente o que dele se falava". A teoria freudiana sobre a sexualidade, especialmente sobre uma sexualidade infantil, foi, no tempo de Freud, e ainda hoje o é, motivo de grande escândalo e resistência. Mesmo para aqueles "escolhidos", que puderam participar da chamada "revolução sexual" das últimas décadas. Diz-nos Foucault (1988), com relação a esses escolhidos:

> Há dezenas de anos que só falamos de sexo fazendo pose: consciência de desafiar a ordem estabelecida, tom de voz que demonstra saber-se que se é subversivo, ardor em conjurar o presente e aclamar um futuro para cujo apressamento se julga contribuir. Alguma coisa da ordem da revolta, da

---

8. No seminário realizado com o objetivo de fazer-se uma análise coletiva deste artigo, antes dele se configurar como um produto "final", surgiu a seguinte questão: "Será que não existiria um educador verdadeiramente construtivista?". Se pensarmos esta questão do ponto de vista da idéia piagetiana de "assimilação deformante", e do conceito freudiano de "desejo", a melhor resposta é *não*. Deste ponto de vista, o conhecimento é sempre incompleto e o sujeito sempre falta, restando-nos somente a coerência de buscarmos abrir espaços reais de reconhecimento das contradições, para as quais somente se encontram soluções parciais. O que me parece extremamente importante nas contribuições freudiana e piagetiana é o reconhecimento das contradições como parte integrante dos processos humanos e não como dejetos de nossa natureza.

liberdade prometida, da proximidade da época de uma nova lei, passa facilmente sobre a opressão do sexo. Certas velhas funções tradicionais da profecia nele se encontram reativadas. Para amanhã o bom sexo.

Ainda no livro citado, o autor adverte-nos para que não confundamos essa "pregação" com a ausência de opressão e repressão da sexualidade:

> O enunciado da opressão e a forma de pregação referem-se mutuamente. Dizer que o sexo não é reprimido, ou melhor, dizer que a relação entre o sexo e o poder não é de repressão, corre o risco de ser apenas um paradoxo estéril. Não seria somente contrariar uma tese bem aceita. Seria ir de encontro a toda a economia, a todos os interesses discursivos que a sustentam.

A relação intrínseca entre psicanálise e sexualidade é algo que joga contra a possibilidade de um uso tranqüilo dessa teoria no campo da educação que, comumente, se pretende assexuada e imune a toda e qualquer manifestação sensual. Hoje, um dos argumentos clássicos a favor do descarte da psicanálise é aquele de que o sexo está liberado, que ela só se justificava na Viena do tempo de Freud e nos meios burgueses (aos pobres a promiscuidade!...). O sexo pode estar "liberado", mas ainda estamos submetidos à Lei do Incesto e, isso, independentemente de classe, gênero ou raça.

Essa intrínseca relação entre desejo e sexualidade também indica as questões edípicas e seu vínculo com a eleição dos atuais objetos de desejo. Tal idéia desperta muita resistência e polêmica, sobretudo nas tentativas de explicações reducionistas. O Édipo estrutura o sujeito e determina as suas formas de escolha. De qualquer maneira, sabe-se que a afirmação de que "o desejo é sempre desejo do incesto" refere-se a algo que será sempre proibido ou, dizendo de outra forma, os objetos substitutivos nesta cadeia não darão conta desta *hiancia* — o desejo não poder se realizar e sermos eternamente faltantes e, portanto, desejantes. Essa é a dimensão do desejo para a psicanálise.

Por último, o desafio relativo ao uso da psicanálise no campo da educação está também em que a referida área constitui seu campo teórico quase que exclusivamente a partir da experiência clínica. Entretanto, sabe-se que Freud e Lacan se inspiraram, para suas produções, em outras fontes. Diversos conceitos como o de transferência, castração simbólica, ideal do eu, eu ideal etc., apesar de serem conceitos clínicos, podem ser observados para além das quatro paredes de um consultório. Assim, no Axé, recorre-se à psicanálise como "extensão", numa tentativa de compreensão da realidade dos meninos e meninas de rua de Salvador.

O DESEJO TEM MUITOS SIGNIFICADOS

Trabalhar com as questões do desejo, do ponto de vista da teoria psicanalítica, é buscar, ainda que quase ou quase sempre sem êxito, desvendar o mistério do Significante. Lacan chama-nos a atenção para o fato de que o Inconsciente, lugar onde reina o desejo, é estruturado como uma linguagem. Embora ele nos previna de que não é à linguagem dos lingüistas que se refere, mas sim ao que chama *lingüisteria*,[9] é tomando emprestadas as noções necessárias a Ferdinand de Saussure, pai da Lingüística Estrutural, que ele irá dar cabo de tecer essa concepção.

Di Giorgi (1990), em seu texto "Os caminhos do desejo", percorre o caminho etimológico, ou seja, o do estudo da origem e da formação das palavras, ao longo do qual o vocábulo "desejo" construiu suas diferentes significações. Isso é de grande ajuda para inventariar quantas mensagens diferentes podem ser decodificadas a partir da enunciação ou escrita da mesma palavra, neste caso, o morfema "desejo".

Diz o autor:

> De início, digamos que o signo lingüístico é sempre um símbolo no sentido peirceano da palavra símbolo, quer dizer, aquele sinal representante de uma realidade em que a relação entre os significantes, isso é, a corrente sonora (...) e o significado (...), não é uma relação lógica e necessária, é uma relação puramente convencional como o sinal de trânsito: é convencional que o vermelho seja a parada e o verde a permissão de passagem. Poderia ser o contrário, quer dizer, o signo é de natureza arbitrária e, no entanto, isso não quer dizer que ele não seja secundariamente motivado. Que quer dizer isso? Ele não é de uma arbitrariedade absoluta, ele entra num sistema que é mais amplo que a língua e de que a língua é uma das partes: ele entra no conjunto da cultura. A cultura é o conjunto de sistemas simbólicos que mantêm entre si uma certa homologia. (...)
> (...) para dizer "desejo", os romanos tinham uma palavra básica que é o verbo desejar na sua forma mais comum, que era *cupio*. *Cupio* é o desejo, isto quer dizer, "eu desejo", *cupio*. É o verbo *cupere*, "desejar", que dá o substantivo *cupiditas*, que dá, em português, *cobiça*, dá o português *cupido*; o adjetivo *cupidus*, em latim, vem da mesma raiz. Então você tem *cupido*, *cobiça*, *concupiscência*, não tem isso? (...) Agora, *cupio*, se você pega a palavra latina, quais os usos em que eles empregam o verbo *cupio* mais

---

[9] "(...) *It was this that led Lacan to coin the neologism linguistérie (from the words linguistique and hystérie) to refer to his psychoanalytic use of linguistic concepts*", (Evans, 1996). [Foi isso que levou Lacan a cunhar o neologismo *lingüisteria* (das palavras lingüística e histeria) para se referir ao seu uso psicanalítico de conceitos lingüísticos].

freqüentemente, *cupio* parece que está no começo, a motivação para designar mais a gula (...)

Agora, a palavra desejar mesmo. (...) *Venus* em latim significa antes de tudo desejo sexual (...) Pois é, mas essa palavra, *venus*, em latim é o ato sexual, daí a idéia de doença venérea. (...) Uma pessoa muito bonita e que tem muito charme erótico, o latim chamava de *venustus, venusta*. Então *venus* é o charme erótico, só que *venus* no começo não era isto, *venus* no começo significava apenas "desejo", o desejo no sentido amplo, e havia um verbo formado dessa raiz *vem*, que significava "desejar", que era mais usado que *cupio*, numa certa época; mas de repente ele sumiu com esse sentido, perdeu este sentido, mas ele é parente de uma palavra indo-européia que foi conservada em germânico. Em alemão, a palavra "desejo" é *wunsch, wunsch* tem a mesma raiz da palavra vênus (...)

Havia um outro verbo para "desejar" no latim primitivo, o verbo *aerusco*; ele significava na verdade "ir atrás de", certo, "ir atrás de" como ar ou como vento, esse também sumiu, ficou *cupio*. Agora, mais recentemente, depois da era clássica, em latim, uma outra palavra dominou o cenário de sentido do desejo, o verbo *desiderare*; *desiderare*, que deu o português *desejar*, e dá o português *desiderativo*, e dá o próprio português *desejo*. Donde vem *desiderare*? *Desiderare* vem da palavra *sidus, sideris*, que quer dizer "astro", "estrela", bonito, né? O que tem a ver desejo com as estrelas? Por que *desiderare*, que tem a palavra *astro*, significa "desejar"? Isso vem da linguagem dos adivinhos e arúspices, dos homens que tentavam interpretar o futuro de Roma. Eles tinham um modo de observar os astros, tinham todo um discurso sobre a relação dos estados, dos astros, com a vida humana, e você chegava para um homem desses e dizia: "O que vai acontecer comigo? Eu vou para uma batalha, eu vou perder ou vou ganhar?". Aí ele contemplava os astros naquela noite e te dizia o que ia acontecer. Esse ato de contemplar os astros chama-se *considerare*, de onde veio o português *considerar*. "Levar em consideração" é, no fundo, observar os astros, *considerare*, ver o conjunto dos astros, e a partir daí tirar uma conclusão sobre os eventos futuros, *considerare*. Agora, quando alguém estava desesperado de tudo, quando aquilo que ele queria não tinha mais, quando estava no "miserê", tudo dando errado e o sujeito então tinha perdido o ânimo, aí diziam para ele: "Vai ver os astros para ver o que acontece". Ele dizia: "Não adianta, eu estou perdido". Isso era *desiderare*, "desistir dos astros". Isso é que é desejar, desejar é ter a certeza da ausência, não tenho o que quero e por isso eu desejo, então desejar, na sua origem, quer dizer: desistir de olhar os astros, desistir de especular sobre o futuro, com grande realismo reconhecer que você não tem o que você quer e, por isso, *bye bye* astrologia, *bye bye* Tarot, *bye bye* I ching, *bye bye* cartomantes, nigromantes e outros mantes e quiromante também, eu não tenho nada, eu quero curtir a certeza da ausência, daquilo que você não tem, não é não? Eu acho que esse étimo é lindíssimo, você desliga da tua prisão a idéia do destino, e você passa a usar sua atitude de homem: o primeiro passo para você ter o que não tem, é desejá-lo, não é? É reconhecer a ausência, é marcar o objeto da tua busca, o *desiderare* da linguagem dos arúspices e dos adivinhos, coisa muito comum em Roma, a linguagem dos arúspices é muito popular, os romanos eram tremendamente supersticiosos (Di Giorgi, op. cit.).

Assim como a produção de um étimo tem muitas histórias, também acontece com a produção dos conceitos. Uma primeira questão, que emerge após este pequeno caminho feito pelos étimos que geraram as significações da palavra "desejo", está em que, o que um dia apareceu na língua com muitas formas e em diferentes momentos da história da humanidade, está agora condensado num único significante. Para verificar-se o que acaba de ser dito, basta consultar um bom dicionário da língua portuguesa. Isso faz pensar na diversidade de significados que a palavra em questão tem ao ser pronunciada ou escrita no cotidiano do Axé e/ou de outros grupos que tiveram contato com a chamada *Pedagogia do Desejo*. Então, se a palavra desejo tem muitas significações, partir dessa constatação é de suma importância, uma vez que nos ajuda a perguntar: de que desejo (s) se fala ao se nomear a pedagogia desenvolvida no Axé de Pedagogia do Desejo?

Em sentido genérico, a resposta já foi dada: o desejo de que se fala é também o desejo no sentido da psicanálise. Entretanto, deste só se pode falar do que é manifestado, e como se tivéssemos o desejo — este do inconsciente, da psicanálise — e suas vestimentas, seus disfarces, com os quais nos deparamos no cotidiano. Trata-se aqui de aprofundar alguns conceitos centrais em torno dos quais a questão do desejo se articula no campo psicanalítico, pois o desejo não é, em si mesmo, um conceito. O desejo é uma aporia, ou seja, "um paradoxo que reclama sua teoria" (Nazio *et al.*, 1987). O desejo é, para a psicanálise, seu objeto central de estudo, assim como o lugar no qual a prática psicanalítica é articulada.

O DESEJO NA TEORIA PSICANALÍTICA

O primeiro problema na trama conceitual é o da definição do conceito de desejo. "Desde Freud, os conceitos psicanalíticos têm resistido às definições muito estritas e têm sido carregados de múltiplas significações, até contraditórias" (Vieira, 1998). Isso significa que, mesmo entre as comunidades psicanalíticas, a questão conceitual não é de fácil solução. Contudo, tentaremos aqui fazer um percurso que nos ajude a construir uma "significação principal" para o termo em discussão.

"O estudo do desejo em Freud, nos mostra que o desejo permeia as esferas do pensamento, do sonho, do idealizado, da fantasia, do imaginário e da loucura" (Vieira, op. cit.). Neste sentido, o desejo é o elemento central de toda a investigação freudiana. Entretanto, logo de início, Freud distingue o que é da ordem do desejo inconsciente e o que seriam os pequenos "quereres", disfarces de um para-além da consciência. Na sua *A Interpretação dos Sonhos*, refere-se ao sonho manifesto e a seu conteúdo latente — é aí que está o desejo inconsciente, mola propulsora de todos os sonhos.

Freud sempre demonstrou uma grande preocupação relativamente à questão da sexualidade e, logo no início de sua vida profissional como médico neurologista, irá se interessar pelo fenômeno da histeria. Na época de Freud, a histeria era considerada uma doença de mulheres, sendo atribuída a problemas no útero. Daí o nome, originado do grego *histero* (*uteru*, em latim).

É no contato com a mais famosa das histéricas, Ana O., que a psicanálise será inventada. É a própria Ana O. que irá dar o primeiro nome à psicanálise: *talking cure* (cura pela fala). Graças a essa paciente, Freud irá estabelecer as primeiras relações entre as questões do desejo e da sexualidade. Isso, mais tarde, levará Dolto à conclusão de que, no sujeito humano, "o desejo é sempre desejo do incesto".

Um dos conceitos centrais da psicanálise para a compreensão do desejo é o de "castração simbólica". "A castração põe um limite ao desejo, 'especificamente ao desejo edipiano', em que o menino deseja a mãe e encontra no pai a lei que interdita o seu desejo"(Vieira, op. cit.).

Lacan nos ensina que o desejo é o desejo do outro. Ele irá buscar o conceito de desejo em Hegel, a partir da leitura de Kojève:

> O Desejo é humano somente quando quem deseja, deseja não o corpo, mas o desejo do outro (...) Isso quer dizer, se ele quer ser "desejado" ou "amado", muito mais deseja ser reconhecido em seu valor humano ... Em outras palavras, todo humano, antropogenético Desejo (...) é, no final, uma função do desejo de ser reconhecido (Kojève apud Evans, op. cit.).[10]

O outro de que nos fala Lacan é, primordialmente, a mãe. O Grande Outro Materno. Desejar o que o Outro deseja ou desejar ser desejado pela mãe é o primeiro destino do bebê. A experiência da primeira mamada estabelece a dinâmica da falta. "Quando o bebê tem uma necessidade, a mãe, junto à satisfação da dita necessidade (comer) o introduz no universo da linguagem. A palavra que nomeia a coisa também encerra o gozo e o amor da experiência. O Outro

---

10. "*Desire is human only if the ones desire, not the body, but the desire of the other... that is to say, if he wants to be 'desired' or 'loved', or, rather, 'recognised' in his human value... In other words, all human, anthropogenetic Desire... is, finally, a function of desire for 'recognition'*" (minha tradução).

assinala o que deseja (Vieira, op. cit.)". Isso transforma o desejo em desejo de um objeto impossível. A impossibilidade de realização desse desejo reside na própria condição do outro enquanto ser ao qual também falta algo. Esta falta é remetida ao objeto de desejo por excelência, o falo. O falo não é um objeto da realidade, mas um padrão simbólico, o significante da própria falta. " (...) ele próprio é a condição que garante a existência da série e torna possível que objetos heterogêneos na vida sejam objetos equivalentes na ordem do desejo humano" (Nazio, 1989). Ou seja, ele é causa e sentido de nossa falta. Enquanto causa, o falo está na origem de nossa busca daquilo que ainda não temos, haja vista o fato de ele representar o que nos falta e em nós faz falta. Enquanto sentido, o falo representa aquilo que nunca teremos, a falta nossa de cada dia. Assim nós seguimos desejando, produzindo sentidos e palavras, escolhendo objetos que possam, ainda que por um instante e parcialmente, ocupar este lugar e nos dar alguma satisfação. A esta experiência inconsciente, intersubjetiva, da falta de algo, de um ser ou um objeto que possa representar esse outro ser, chamaríamos, genericamente, de castração simbólica.

Vejamos como a castração simbólica acontece, de acordo com a abordagem de Françoise Dolto. O filhote humano nasce sobre o signo da perda e esta perda, falta, ele irá carregar para o resto da vida. A primeira castração é umbilical.

> Refere-se ao nascimento, ao corte do cordão umbilical, à passagem de um certo tipo de vida — a vida fetal — para um novo gênero de vida — a vida aérea — cujas modalidades são muito diferentes: meio, percepções e novos circuitos de troca etc. (Dolto apud Ledoux, 1996).

Com base na teoria da libido desenvolvida por Freud, prossegue Dolto na sua teoria sobre a castração simbólica, relacionando-a às fases oral, anal e genital. No sentido dado por Dolto, a castração é produtora de simbolismo, de linguagem. Neste sentido, as diversas castrações, umbilical, oral, anal e genital, possibilitam ao bebê o acesso ao universo linguageiro que o torna humano. Por exemplo:

> Contemporânea do desmame, da privação de consumir algo que vem do corpo da mãe... Ruptura do corpo-a-corpo canibalesco... A castração anal deve ser entendida, simultaneamente, como separação entre a criança capaz de motricidade voluntária e a assistência da mãe (idem).

Num segundo momento, de acordo com Dolto, a castração anal permite à criança o ingresso em um fazer industrioso, lúdico, linguageiro e cultural. Nesse momento, a criança desenvolve mais nitidamente a percepção de seu próprio corpo como corpo separado do corpo da mãe. Os atos infratores, sobretudo aqueles ligados ao desrespeito do corpo do outro, estariam ligados, segundo Dolto, a uma falha relativa à castração anal, pois esta deve ser entendida também como uma proibição de qualquer ato prejudicial a outrem.

A castração simbólica, em um sentido mais rigoroso, na teoria psicanalítica proposta por Freud, diz respeito ao momento do desenvolvimento da sexualidade infantil no qual o menino "resolve" o seu complexo de Édipo, e a menina ingressa no dela. Este processo é fácil de seguir através do quadro apresentado por Nazio (1989), e aqui reproduzido (ver **Anexo**).

Para a psicanálise freudiana, é a partir da experiência da castração simbólica que o sujeito define sua posição no mundo, ou seja, a experiência da castração corrobora a definição do posicionamento do sujeito em relação aos seus objetos de amor.

Françoise Dolto diz-nos que a realização do incesto é enlouquecedora. O acesso a esse gozo proibido é mortal para a vida psíquica do sujeito. A experiência da castração dá ao sujeito a possibilidade de acesso ao simbólico, de onde recebe, como ferramenta primordial, a linguagem, que lhe permitirá negociar as desavenças entre a realidade e a busca de satisfação do seu desejo.

O conceito de castração, pelo viés da Lei que proíbe a realização do desejo incestuoso, introduz a questão do Nome do Pai. Se é na ordem simbólica que o sujeito deve tratar de se inserir, é através de um significante dessa ordem que falamos quando dizemos o Nome do Pai.

> A fim de exorcizar as proposições "pedago-lógicas" e os lugares comuns psicologizantes, ainda muito generosamente difundidos nos meios educacionais em torno da carência do Pai, asseguremo-nos de que a função paterna conserva sua virtude simbólica inauguralmente estruturante na própria ausência de todo Pai real (Dor, 1991).

Posta dessa maneira, a função do Pai real é buscar intervir na comunidade mãe-filho como representante da Lei (quando ele pode). Neste sentido, o Pai real é um vetor dessa função simbólica. Que fique claro que o Pai real não é a Lei. De novo, a Lei de que se fala aqui é a da proibição do incesto.

Tomemos a cena do complexo de Édipo. No primeiro momento a criança ocupa em relação ao desejo da Mãe o lugar do falo imaginário, causa do desejo da Mãe. A mãe declara à criança "somente tu podes satisfazer meu desejo". O Pai, como vetor da Lei, deve entrar para interromper essa dinâmica, libertando a criança desse outro devorador. Mas, para realizar sua função, o Pai real precisa fazer com que a Mãe vire o rosto ao filho, investindo seu desejo em outra direção. Neste sentido, qualquer coisa, qualquer situação que possibilite à mãe voltar seu olhar para o Outro lado, assim reinvestindo seu desejo em outro objeto e liberando a criança deste gozo mortal, estará cumprindo a função paterna. Este evento permite à criança se separar da mãe e "aceitar", não sem dor, não ser o falo em seu registro imaginário.

Diante disso, poderíamos nos perguntar: "Pode o educador ser um possível vetor para a função paterna?" A resposta a essa questão é complexa, porque não se trata de uma delegação de poder ao educador. Poderíamos até dizer que não há para isso uma solução definitiva. Primeiro, porque ninguém pode delegar um poder que não tem, visto que tal poder advém da posse do falo e este ninguém possui. O falo é um significante do universo simbólico ao qual se tem acesso pela cultura (Lei universal do incesto), pela vivência edipiana e por sua "superação". Segundo, porque não se trata de qualquer poder, mas do poder de ser desejado, de suportar o desejo do outro, de amá-lo, mesmo sabendo que aquilo que se deseja dele, ele não pode dar. O amor, nesse sentido, é um amor idealizado, incondicional. Desse amor pouco se sabe, pois trata-se de um amor impossível de realizar-se. A ele só temos acesso pela via imaginária de discursos do tipo psicológico, filosófico, religioso ou literário que fazem borda ao Real do desejo.

Apenas a título de ilustração, tomemos dois exemplos no discurso religioso. Um poema de São João da Cruz (1972), místico cristão, e a história de Logun-Edé, oriunda da tradição oral da cultura afro-brasileira. Vejamos o poema de São João da Cruz sobre o amor perfeito da trindade, três que são um:

> No princípio morava
> O Verbo, e em Deus vivia,
> Nele sua felicidade
> Infinita possuía.
> O mesmo Verbo Deus era,
> E o princípio se dizia.
> Ele morava no princípio,
> E princípio não havia.
> Ele era o mesmo princípio;
> Por isso dele carecia.
> ...
> Como o amado no amante
> Um no outro residia,
> E esse amor que os une,

No mesmo coincidia
Com o de um e com o de outro
Em igualdade e valia.
...
Três pessoas e um amado
Entre todos três havia;
E um amor em todas elas
e só amante as fazia,
e o amante é o amado
em que cada qual vivia;
que o ser que os três possuem cada qual o possuía.
...
Pelo qual era infinito
O amor que os unia,
Porque o mesmo amor três têm,
E sua essência se dizia:
Que o amor quanto mais uno,
Tanto mais amor fazia.

A leitura do poema, por si mesma, estabelece a relação com aquilo de que estamos falando agora, o amor impossível.

A tradição oral afro-brasileira é rica de estórias que contam a história de diversos povos africanos. Com essas histórias eles vêm buscando preservar o contato com suas origens, diante do exílio forçado pela escravidão. Uma dessas estórias é a história do amor entre Oxossi e Oxum. Conta a tradição que os dois se apaixonaram perdidamente. Em decorrência da relação dos dois, Oxum engravidou. Oxossi desejava um menino enquanto Oxum preferia que a criança fosse uma menina. A fim de evitar uma contenda, os dois decidiram que a criança seria homem e mulher ao mesmo tempo. Assim, da união de Oxossi e Oxum nasce Logun-Edé. Logun-Edé é a própria encarnação desse amor impossível de se viver.[11]

Não há espaço aqui, mas seria útil explorar o discurso filosófico sobre o amor que encontramos em *O Banquete*, de Platão (Platão, 1987). O banquete é a narrativa de um diálogo acontecido durante uma festa para comemorar o sucesso da primeira tragédia escrita por Agathon. Para satisfazer Phedro, os participantes da festa concordam em fazer discursos a respeito do deus Amor. O foco do diálogo são as relações amorosas entre homem e mulher e entre homens e adoles-

---

11. Conto aqui a história com base apenas em meu conhecimento pessoal.

centes do sexo masculino; mas o objetivo é discutir o "papel ético e intelectual dos homens na educação de adolescentes" (Platão, op. cit.). Um dos pontos centrais de *O Banquete* é o discurso de Alcebíades, que, tendo sido um dos admiradores e seguidores de Sócrates, relata em detalhes o polêmico trabalho deste último sobre as regras da relação entre homens maduros e adolescentes na tradição grega. Interessante observar que, em meio a tamanha produção, esse texto de Platão sobre o Amor esteja entre aqueles que mais contribuíram para tornar o filósofo tão popular. Fica assim mais precisa a importância do tema do amor na história do pensamento da humanidade, isso sem mencionar a importância deste na vida nossa de cada dia.

Mas por que se preocupar com a questão do amor em um texto sobre educação, desejo, psicanálise? Porque é exatamente esta a tragédia humana: eleger, pela via do desejo, um objeto a ser amado ou amoroso, imaginariamente capaz de tamponar a falta fundante de toda humanidade. Em outras palavras, o sujeito deseja satisfazer sua Demanda de um amor perfeito e, por isso, impossível. Eis porque o Desejo não se realiza: porque não há amor perfeito. Não sabendo disso, o sujeito prossegue desejando, escolhendo como saída apostar na solução de falar de seu desejo,[12] de resolver este dilema mediante sua inserção no universo da linguagem. Porém é preciso dizer que a linguagem também falha, pois nem tudo pode ser dito. Assim, diante dessa falta estrutural e estruturante, o sujeito tem como saída prosseguir falando do seu desejo.

Mas quem fala, fala alguma coisa para alguém ou para ser escutado e, embora isso nem sempre funcione a contento, é preciso reconhecer que a função primordial da linguagem é comunicar. Já sabemos que o sujeito fala de seu desejo. Mas para quem e como? Aqui reintroduziremos a questão do educador e das funções materna e paterna, através do fenômeno da transferência ou, mais propriamente falando, do *amor de transferência*.

> O amor de transferência é uma repetição, mas todo amor é uma repetição; não existe amor que não reproduza protótipos infantis; o elemento infantil dá ao amor de transferência o seu caráter compulsivo, que toca as raias do patológico; é mais repetitivo, menos ajustado que o amor normal, mas sua eficácia não permite distinguir um do outro (Lagache, 1990).

---

12. Falar do desejo é a melhor saída para o sujeito. A teoria psicanalítica, fundamentada na experiência clínica, ensina-nos que quando o sujeito não fala ele passa ao ato (*acting out*). Isso se liga à idéia de que é a linguagem que melhor caracteriza a prática social civilizatória e civilizada.

Considerando essa definição, pode-se concluir que a transferência ultrapassa as fronteiras do consultório, da presença do analista, pois ela facilmente se confunde com o amor. Mas, então, não é justamente um pedido de amor que o menino e a menina fazem ao educador, e que o educador faz ao menino e à menina desde o primeiro encontro?

A PEDAGOGIA DO DESEJO, O EDUCADOR DO AXÉ E AS MENINAS E MENINOS

A leitura do documento escrito no Axé, *Reflexões sobre as fases da educação de rua* (1990), indica claramente, na prática do educador de rua, que se busca estabelecer com os meninos e meninas uma "transferência, tornando-se objeto de desejo" destes. Neste sentido, cabe chamar a atenção para o fato de que é *o olhar sedutor*, o olhar materno do educador do Axé para o menino e a menina, na "paquera pedagógica", que constitui, num primeiro momento, a relação educador◊educando.[13] Dessa forma, quem primeiro deseja é o educador de rua. É ele, educador, que deseja interditar essa relação da criança com a Mãe-rua, quiçá pela via de um novo-velho olhar materno. A relação com a Mãe-rua poderia ser definida como perversa, no sentido do desenfreamento que ela parece permitir ao menino e à menina. Interditar, nesse caso, significa botar um dito, uma palavra, entre o menino e a menina de rua e o grupo de rua, a droga etc., permitindo à criança, pela via simbólica da fala, expressar seu desejo, contar sua história, fazer uma queixa, dizer de seu sofrimento. Neste sentido, o que o educador e a educadora desejam, essencialmente, é que o menino e a menina desejem.

É o ato de renunciar ao lugar do dominador na relação pedagógica, permitindo aos meninos e meninas expressarem suas fantasias em relação ao próprio educador, que caracteriza a Pedagogia do Desejo. Pergunta o menino ou a menina: "Quem é você?". Responde o educador: "Quem você pensa que eu sou?". Responde o menino ou a menina: "Traficante, explorador sexual, polícia, comissário de menores etc.". Junto com a expressão dessas fantasias, chegam as primeiras notícias dos desejos da meninada. Também com essas fantasias, os meninos e meninas perguntam aos educadores de que forma eles

---

13. Usamos aqui o símbolo ◊, empregado por Lacan para representar o rombo, a falta, o desejo inconsciente do sujeito, para expressar a falta, o desejo que permite a articulação do desejo inconsciente que institui e constitui a relação educativa, educador e educando.

são desejados. Por exemplo: "Eu desejo seu bom trabalho de aviãozinho", diria o traficante. "Eu desejo seu corpo", diria o explorador sexual. "Eu desejo capturá-lo e decidir seu destino", diria o policial. Colocado diante da pergunta do menino e da menina: "O que você quer de mim?", o educador do Axé responde à pergunta devolvendo-a para que o menino e a menina respondam: "Quem você pensa que eu sou?". E declara com isso: "Eu quero que você deseje".

Este é o principal elemento da ética que deve orientar o desejo do educador em relação ao menino e à menina: o educador deve desejar que o menino e a menina desejem. Dito de outra forma, deve possibilitar que cada qual, a partir de sua própria história, se dê conta de seus desejos e possa verbalizar o que é seu ou o que lhe é singular. O educador do Axé é um mero veículo para que isso aconteça. A renúncia ao "Eu sou educador" abre espaço para o desejo do menino e da menina. O verdadeiro educador sabe que "O educador" não existe. O verdadeiro educador só é, não sendo. O educador do Axé constitui-se a partir de uma *escuta ativa* do educando, e o que ele propõe não é proposição de si mesmo, mas devolução organizada daquilo que lhe foi proposto pelo educando. O educador, nesta perspectiva, constitui-se, parcialmente, como uma função do desejo do menino ou da menina, ao qual ele é chamado a escutar e interditar.

O resgate dessa cena, a do diálogo inicial entre os educadores do Axé e os meninos e meninas, não tem valor em si mesmo. Seu valor reside no fato de representar a cena fundadora do sentido e da prática educativa no Axé. O educador deve continuar disponibilizando sua escuta para o menino ou a menina expressarem suas fantasias, quereres, imaginações em relação ao educador, e ao Axé. Ele nunca pode se deixar prender pela teia imaginária de que agora ele ou o Axé *já são conhecidos*. Neste sentido, a expressão "agora o Axé já é conhecido pelos meninos e meninas" é apenas uma produção imaginária e, como tal, pode produzir somente um gozo parcial e repetitivo. Dito de outra forma: os educadores não podem "gozar" da "fama" do Axé ou *do trabalho anterior de outros educadores* para dar suporte ao seu próprio trabalho.

No Axé, sabemos que o menino e a menina, enquanto seres de linguagem, estão sujeitos às leis do inconsciente. Embora, no caso da relação com o educador, a transferência não se dê a partir de pulsões arcaicas dos meninos e das meninas (como possivelmente aconteceria no caso da relação com um analista), quando esta ocorre seus efeitos também deixam aí sua marca. Como diz Lacan: "Cada vez que um homem fala com outro de maneira plena, existe, no verdadeiro sentido, transferência, simbólica transferência — alguma coisa toma lugar que muda a natureza dos dois seres em presença um do outro (Evans, op. cit.)."

O trabalho cotidiano com os meninos e as meninas nos dá testemunho disso.

Não são raras as situações em que é pelo viés da palavra bem dita pelo educador que o fogo da agressividade se acende ou se apaga num menino ou numa menina. Aqui vai o exemplo de uma situação específica, dentre tantas outras, em que um educador, em uma conversa com um menino, usou a palavra "vagabundo" como um termo genérico que definia alguém que não trabalha:

> Como que sob a ameaça de ser ultrapassado por uma lâmina cortante, o menino se colocou em posição de ataque para se defender. Acusava o educador de se referir a ele, de chamá-lo de vagabundo. O educador ficou inteiramente paralisado, tentava explicar ao menino que não estava se referindo a ele. O menino ficava mais e mais enlouquecido e dizia que o educador o havia chamado de vagabundo. Observei a situação durante algum tempo, sem intervir; também não conseguia compreender o que acontecia, pois este menino não costumava atuar agressivamente. Finalmente, aceitei a minha ignorância, minha própria incapacidade de compreender. Decidi tentar um procedimento diferente daquele que o educador estava desenvolvendo.
>
> Oferecendo-me como um terceiro, pedi que o educador parasse de tentar explicar ao menino que não tinha referido a ele, menino, quando usou a palavra vagabundo. Tomei como valor de verdade o que o menino dizia, quando me veio a idéia de que, para ele, a palavra vagabundo, dita pelo educador, vinha de um outro ser acusador e desrespeitoso, que considerava o menino um vagabundo e expressava isso de uma forma impiedosa, pelo menos para o menino, o qual demandava desse ser amor e aceitação incondicional. Pedi ao menino que confiasse em mim e começasse a falar que nós o escutaríamos (eu e o educador). Pedi que o menino contasse a história do evento apenas acontecido. Pedir para que contasse o evento apenas acontecido tinha a função de permitir ao menino que falasse, na esperança de que a sua "própria-fala-do-outro" pudesse falar. Quando o menino estava terminando sua narrativa, depois de muitas idas e vindas, sem a menor intervenção da nossa parte, ele conclui dizendo saber que o educador não o tinha chamado de vagabundo. Então, finalmente, intervim, fazendo a seguinte pergunta: — "Mas se não é o educador que está chamando você de vagabundo, quem está?" Sua resposta foi imediata: "*A minha mãe*".[14]

Segundo Dolto (1996),

> (...) os educadores se servem da transferência *atual* de pulsões que, antes dos sete anos, antes da resolução do complexo de Édipo, deveriam ser

---

14. Relato extraído do diário de campo de um supervisor do Axé.

dirigidas aos pais, como se eles estivessem presentes, e que só podem ser lateralmente dirigidas aos educadores.

Por essa razão, os efeitos da transferência na relação com os educadores se verificam sobretudo no nível imaginário do fenômeno, ou seja, a partir sobretudo das manifestações de raiva, de ódio, das declarações de amor etc., da parte dos meninos e meninas, que são dirigidas aos educadores, que, por sua função educativa, atuam quase sempre como "imagem" e semelhança de mães e pais. Diante disso, o educador precisa estar alerta para não compartilhar esse aprisionamento em que a criança se encontra. Ele deve promover a expressão disso pelo menino ou menina, com "suas próprias palavras", ou botar palavras onde essas faltam, para ajudar a criança a humanizar seus sentimentos; esse é um trabalho constante do educador do Axé. Assim, é dizendo muitas vezes ao menino ou à menina "eu estou cuidando de você, mas não sou sua mãe", "eu te proíbo de fazer isso, mas eu não sou o seu pai", ou, ainda, "o Axé está cuidando disso, mas não é sua família", que o educador e a educadora ajudam a criança a encontrar a verdade de suas origens.

Em contrapartida, uma das formas mais comuns de reação dos educadores, na relação de transferência com os meninos e meninas, é a da aderência à situação fantasiada pelo educando. Normalmente essa aderência se dá pelo viés da sedução.

Diz o educador: "Você está muito bem". Diz o menino ou a menina: "Eu estou bem porque imagino que você me quer e me quer assim. Enquanto eu imaginar que é somente a mim que você quer, tudo vai ficar bem". Responde o educador: "Continue assim". Meninos e meninas prosseguem com esta seqüência, até que alguém flagra o educador na "traição". Atua o menino ou a menina: "Tá vendo! Você não gosta mais de mim... Tá vendo! Você só gosta do fulano...". A dinâmica torna-se muito mais complicada ainda quando ele ou ela descobre que o educador não pode responder a sua demanda idealizada de amor. Atua o menino ou a menina: "Quebro este vidro da janela para fazer ver que você não manda aqui... Vou te denunciar para outros meninos, mostrar para eles que você não cumpre o que prometeu..." Atua o educador: "Vou te suspender, menino, porque você não cumpre o que prometeu... Te expulso menino, porque você não cumpriu o que prometeu..." Desta forma, educador e educando institucionalizam suas "práticas" numa dinâmica de repetição.

A única saída para este processo de repetição é a possibilidade que o menino ou a menina e o educador têm de falar, de botar palavras verdadeiras na experiência vivida por eles. Sabemos, e a clínica psicanalítica nos dá testemunho disso, que o simples fato de lembrar, relembrar e poder contar, já ajuda o sujeito a se "libertar" de seus fantasmas, quem sabe até, a atravessá-los.

No Axé, é função do educador promover, com cada menino e menina, de uma forma ritualizada, sistemática, *situações de escuta* dos meninos e meninas que lhes possibilitem se expressar, contar seu sofrimento, dizer seu desejo. Uma outra medida prática, que é parte do processo de escuta, é de quando em quando sentar com o menino ou menina e fazer uma retomada, de sua história e da própria história que foi iniciada com a relação dele ou dela com o Axé, através de seus educadores. Os meninos e meninas deveriam saber que, em um dado lugar, alguém conserva os dados de sua história.[15] Deveriam saber que podem ter acesso a esse material a qualquer momento em que o queiram. Pensamos também que isso reduz o sentimento persecutório, gerado pelo fato de esses meninos e meninas terem passado por processos sistemáticos de entrevistas com todo tipo de agentes sociais (juízes, advogados, assistentes sociais etc.) sobre a história de vida deles.

Na situação de *escuta*, o educador do Axé busca disponibilizar-se totalmente para aquele menino ou menina. A fim de garantir isso, o educador procura criar espaços, na rua ou na unidade, onde, individualmente ou, às vezes, em grupo, os meninos ou as meninas possam desfrutar de condições de tempo e tranqüilidade que lhes permitam a expressão de seus desejos, angústias e sofrimentos. Durante a escuta o educador tenta articular três importantes dimensões: uma dada teoria, a história de vida do menino ou da menina, e os conteúdos que emergem no momento da escuta (reações, palavras, sentimentos etc.).

O educador é chamado a se questionar sobre seu desejo. Questionar o próprio desejo é um processo sem fim e implica, geralmente, a presença de um analista. Entretanto, na ausência de um processo mais formal, o educador pode se utilizar dos espaços de supervisão, encontros de estudo e análise da prática. Tenta-se no Axé, com esses espaços, favorecer um lugar de implicação subjetiva do educador. Isso se dá como resultado da apropriação, por parte da equipe de supervisão e gerenciamento do Axé, de forma integrada, em termos práticos e teóricos, dos três elementos que constituem o modelo de análise do sujeito e da realidade que estão na base da Pedagogia do Desejo, a saber: ética e estética, cognição e desejo.

---

15. A esse respeito, ver Winnicott, D. W., *A família e o desenvolvimento individual*.

Anexo

Esquema do complexo de castração no **Menino**

Ausência de ódio pré-edipiano
Primeiro tempo   Universalidade do pênis
Segundo tempo   O pênis é verbalmente ameaçado
Terceiro tempo   O pênis é ameaçado à visão do corpo nu da mulher
Quarto tempo   A mãe é castrada   "Posso ser castrado como ela", pensa o menino   Emergência da angústia de castração
Tempo final   Separação da mãe   Desejo dirigido para outras mulheres   Fim do complexo de castração e   Fim do complexo de Édipo

Esquema do complexo de castração na **Menina**

Ódio pré-edipiano
Primeiro tempo   Universalidade do Pênis (clitóris)   (Ausência de ameaças verbais)
Segundo tempo   Visualmente, comparado ao pênis, o clitóris é "inferior"
Terceiro tempo   A mãe é castrada   "Fui castrada como ela", pensa a menina   Emergência da inveja do pênis   Ressurgimento do ódio
Tempo final   Separação da mãe   Desejo voltado para o pai e para os outros homens   Fim do complexo de castração e   Nascimento do complexo de Édipo

REFERÊNCIAS BIBLIOGRÁFICAS

BARONE, L. C. M. *De ler o desejo ao desejo de ler*. Petrópolis: Vozes, 1993.

DA CRUZ, São João. *Poesias*. Toledo 1577-1578. Burgos: El Monte Carmelo, 1972 (Obras Completas de San Juan de la Cruz).

DI GIORGI, F. Os caminhos do desejo. In: NOVAES, A.(org.). *O desejo*. São Paulo: Companhia das Letras, 1990.

DOLTO, F. *Psicanálise e pediatria*. Rio de Janeiro: Guanabara, 1971.

_____. *No jogo do desejo: ensaios clínicos*. São Paulo: Ática, 1996.

DOR, J. *Introdução à leitura de Lacan: o inconsciente estruturado como uma linguagem*. Porto Alegre: Artes Médicas, 1992.

_____. *O pai e sua função em psicanálise*. Rio de Janeiro: Zahar, 1991.

DORGUEVILLE, C. *Dicionário de psicanálise: Freud e Lacan*. Salvador: Algama, 1997.

EVANS, D. *An introductory dictionary of lacanian psychoanalysis*. New York: Routledge, 1996.

FOUCAULT, M. *História da sexualidade*. I: a vontade de saber. Rio de Janeiro: Graal, 1988.

_____. *Arqueologia do saber*. Rio de Janeiro: Graal, 1995.

FREIRE, P. *Pedagogia do oprimido*. São Paulo: Paz e Terra, 1991.

FREUD, S. *Uma dificuldade no caminho da psicanálise*. 1917. Rio de Janeiro: Imago, 1988 (Edição Standard Brasileira das Obras Completas de Freud).

KUPFER, M. M. *Afetividade e cognição: uma dicotomia em discussão*. São Paulo [s/d] (não-publicado).

LACAN, J. *O seminário*, livro 1: Os escritos técnicos de Freud. Rio de Janeiro: Zahar, 1986.

_____. *O seminário*, livro 2: Os quatro conceitos fundamentais da psicanálise. Rio de Janeiro: Zahar, 1988.

_____. *O seminário*, livro 7: A transferência. Rio de Janeiro: Zahar, 1997.

LAGACHE, D. *A transferência*. São Paulo: Martins Fontes, 1990.

LEDOUX, M. H. *Introdução à obra de Françoise Dolto*. Rio de Janeiro: Zahar, 1996.

MILLOT, C. *Freud antipedagogo*. Rio de Janeiro: Zahar, 1986.

NAZIO, J-David *et al*. *Nos limites da transferência*. Campinas: Papirus, 1987.

NAZIO, J-David et al. *Lições sobre os sete conceitos cruciais da psicanálise*. Rio de Janeiro: Zahar, 1989.

_____. *A histeria*: teoria e clínica psicanalítica. Rio de Janeiro: Zahar, 1991.

_____. *Privação e delinqüência*. São Paulo: Martins Fontes, 1987.

_____. *A família e o desenvolvimento individual*. São Paulo: Martins Fontes, 1993.

PLATÃO. Diálogos. 4.ed. São Paulo: Nova Cultural, 1987.

TRECE, L. *Psicanálise e educação: a arte impossível*. Salvador. (não-publicado)

WINNICOTT, D. W. *O brincar e a realidade*. São Paulo: Martins Fontes, 1975.

DOCUMENTOS DO AXÉ

CARVALHO, M. A. C. *A lógica do desejo na dinâmica do encaminhamento*. Salvador: Projeto Axé, 1996. (não-publicado)

_____. *Reflexões sobre as fases da educação de rua*. Salvador: Projeto Axé, 1990. (não-publicado)

FERREIRA, J. *O processo pedagógico do Projeto Axé*. Salvador: Projeto Axé, 1990. (não-publicado)

LA ROCCA, C. D. F. *Histórico do Projeto Axé*. Salvador: Projeto Axé, 1990. (não-publicado)

_____. *Axé: uma parceria com a vida*. Salvador: Projeto Axé, 1990. (não-publicado)

VIEIRA, C. *O "sujeito de desejo" no Projeto Axé*. Salvador: Projeto Axé, 1998. (não-publicado)

O AXÉ E O SUJEITO DO CONHECIMENTO

Valda Cecília Abud Vilanova*

Eu sei de muito pouco. Mas tenho a meu favor tudo o que não sei (...) Tudo o que não sei é a minha parte maior e melhor: é a minha largueza. Tudo o que não sei é o que constitui a minha verdade.

Clarice Lispector

A forma como o ser humano apreende o mundo tem sido uma preocupação dos pensadores desde a idade antiga. Para o Axé, esta questão é uma perene fonte de estudo, análise, inquietação, perplexidade e prazer. Há uma preocupação constante em integrar a teoria à prática, em problematizar essa prática, confrontando-a com a teoria. No aporte teórico adotado buscamos a coerência com a nossa visão de mundo, de ser humano e de sociedade. Com este texto, "O axé e o sujeito do conhecimento", pretendemos explicitar como concebemos o processo de aprendizagem e qual o papel do educador na estruturação do sujeito do conhecimento. Por várias razões, entre elas a da nossa incompletude, algumas (tantas!) vezes essa prática é acompanhada de contradições e imperfeições.

BASE TEÓRICA

O conceito de cognição compreende o conhecimento da realidade, ou seja, a construção dessa realidade na mente, na inteligência.

---

* Pedagoga, coordenadora pedagógica do Projeto Axé.

A cognição significa a construção da própria inteligência. A intervenção pedagógica na direção da cognição tem na psicologia uma das suas bases fundamentais, referindo-se prioritariamente a um sujeito que se dispõe ao conhecimento. Necessita, portanto, de um suporte teórico que forneça hipóteses sobre o que se passa com o sujeito em contato com outros sujeitos e com determinados objetos e situações.

Piaget, Vigotsky e Wallon, entre outros, oferecem uma base de sustentação. No entanto, não sendo possível prescindir dos aspectos antropológico e filosófico, recorremos a Paulo Freire. Esses pensadores nos legaram idéias convergentes e complementares.

> Piaget foi o grande explorador da ação como veículo especial da aprendizagem. Vigotsky foi especialmente o explorador da linguagem como também veículo especial do aprender. Mas faltava Wallon para declarar-nos "geneticamente sociais". A explicitação dessa nova dimensão definitiva, isto é, de que somos gente à medida que constituímos dentro de nós um "Outro", um "socius" — na genuína denominação de Wallon — fruto da internalização de experiências grupais, que serve de ingrediente basilar para uma lúcida e nova visão do filhote do casal humano. (...) há uma outra contribuição que não pode ficar de lado — a da antropologia da aprendizagem a qual devemos a Paulo Freire (Grossi, 1996).

A antropologia da aprendizagem traduz-se no ponto básico da pedagogia freiriana: "Que tipo de homem (ser humano) quero ajudar a formar?". Para que tipo de sociedade? Ao que nós acrescentamos: "Com que conhecimento?".

Incorporar Paulo Freire (co-autor da proposta político-pedagógica do Axé)[1] é adotar uma concepção de construção do conhecimento a partir da realidade cultural, política e sócio-econômica dos educandos e educandas, buscando, simultaneamente, desenvolver a sua capacidade crítica de interpretação do mundo, a consciência dos direitos, dos deveres e de transformação social. É não desvincular a ação educativa da vida dos educandos e, a partir dela, ajudá-los a refletir sobre seu mundo, sobre as possíveis formas de saída da condição de marginalizados. É refletir sobre o papel do educador nesse processo, seu compromisso com o educando, a forma como a educação se realiza, e sobre a questão do conhecimento, tendo sempre as camadas populares como interlocutores privilegiados. Enfim, assumir Paulo Freire é fazer uma ode à liberdade, à convivência com o diferente, à paixão pelo exercício de criar.

---

1. Paulo Freire foi consultor e formador do Axé desde a origem da entidade, em 1990.

O pensamento pedagógico freiriano reconhece a dignidade do educando, quando afirma que quem aprende é o sujeito em interação com o mundo. Não se trata aqui de aprender qualquer coisa, mas aquilo que é muito significativo para o sujeito e em que ele se envolve profundamente.

Piaget provocou uma verdadeira revolução na área do conhecimento ao buscar uma explicação para o desenvolvimento da inteligência e, ainda, ao refletir sobre a questão dos valores, normas, atitudes, consciência moral etc.

Incorporar Piaget como referência para o processo educativo significa acreditar sobretudo que o educando é um sujeito ativo, que se constrói, enquanto sujeito do conhecimento, a partir da ação. A ação do sujeito constitui o objeto e o próprio sujeito. Segundo Piaget a consciência não existe antes da ação, uma vez que ela é construída à medida que o sujeito se apropria da coordenação das suas ações.

A ação humana, como nos ensina Piaget, direciona-se por uma constante atividade de equilibração. Uma necessidade, um problema, criam um estado de desequilíbrio, ativando o sujeito em busca de novas ações, de uma melhor adaptação. Todos os estados de equilíbrio são importantes, dando suporte para novas experiências a partir das que já estão organizadas. Essas ações, de busca do equilíbrio, assumem uma nova qualidade, em que o sujeito usa seus esquemas assimilativos, sua estrutura interna, níveis mais complexos de organização das experiências.[2]

Piaget descreve os estágios para que se compreenda que há um processo no tempo. O principal ponto a considerar é a diferença qualitativa entre o pensamento de um adulto e o de uma criança.

Na concepção piagetiana o desenvolvimento afetivo e social acontece em paralelo ao desenvolvimento cognitivo, ou seja, à medida que a criança avança intelectualmente o desenvolvimento afetivo e social também apresenta novas possibilidades.

> Na realidade, o elemento que é preciso sempre focalizar na análise da vida mental é a "conduta" propriamente dita, concebida como um restabelecimento ou fortalecimento do equilíbrio. Ora, toda conduta supõe instrumentos ou uma técnica: são os movimentos e a inteligência. Mas toda conduta implica também modificações e valores finais: são os sentimentos.

---

2. Esquema: uma estrutura interna de ações (Piaget, 1969). Por exemplo: o bebê nasce com o reflexo da sucção. Em contato com o seio materno e premido pela fome, aprende a mamar. Esse aprendizado é uma construção e implica a coordenação de várias ações: sugar, engolir, respirar. Tal coordenação fica disponível para ser acionada sempre que necessário — é o que Piaget chama "esquema".

Afetividade e inteligência são, assim, indissociáveis e constituem os dois aspectos complementares de toda conduta humana (Piaget, 1969).

Através de suas experiências, fantasias e brinquedos, a criança forma esquemas para agir nas diferentes situações, embora suas ações não se desenvolvam como experiências cumulativas, mas diferenciando-se com novas qualidades, como numa espiral crescente.

A educação tem aí um papel preponderante, suscitando novos esquemas, novas formas de equilíbrio. A inteligência, portanto, é desenvolvida a partir da ação de um organismo que busca uma resposta para uma questão, esforçando-se para restabelecer o equilíbrio. A afetividade (o desejo) desempenha o papel de energizar essa ação e está ligada ao processo vital, sendo a inteligência a sua estratégia.

> A inteligência humana somente se desenvolve no indivíduo em função das interações sociais que são, em geral, demasiadamente negligenciadas. (...) Se tomarmos a noção do social nos diferentes sentidos do termo, isto é, englobando tanto as tendências hereditárias, que nos levam à vida em comum e à imitação, como as relações "exteriores" (no sentido de Durkheim) dos indivíduos entre eles, não se pode negar que, desde o nascimento, o desenvolvimento intelectual é, simultaneamente, obra da sociedade e do indivíduo (Piaget apud La Taille et al., 1992).

Como vemos, Piaget não ignora a importância da afetividade e da dimensão social, como afirmam alguns. Vigotsky, sem dúvida, dá grande ênfase a essa dimensão.

Incorporar Vigotsky, na perspectiva cognitiva, é debruçar-se sobre a dimensão social do desenvolvimento do ser humano. Esse autor tem como pressuposto básico a idéia de que o ser humano constituiu-se na relação com o outro, com o social, idéia essa também sustentada por Wallon. Para Vigotsky, amante das artes, a cultura vai moldando o funcionamento psicológico do ser humano. Suas formulações partem de uma pergunta: "Como o ser humano cria a cultura?" A relação entre pensamento e linguagem é o centro da sua teoria. Ele busca responder à questão de como a base biológica sofre a interferência do processo sócio-histórico e de como diferentes linguagens provocam diferentes formas de pensamento.

A criança (o adolescente) tem uma história de conhecimentos já percorrida: a aprendizagem da língua materna, fenômeno que não pode ser ignorado. Vigotsky estabelece a relação entre pensamento e linguagem como originária do desenvolvimento, evoluindo num processo dinâmico.

A linguagem é um fator importante para o desenvolvimento mental da criança, exercendo uma função organizadora do seu pensamento, sendo também social e comunicativa. Através dela a criança (o adolescente, o adulto) entra em contato com o conhecimento, adquire conceitos e apropria-se do patrimônio cultural da humanidade, construindo assim a sua própria individualidade. Para Vigotsky, a linguagem media o comportamento humano. Todo bom ensino é aquele que se direciona para as funções psicológicas emergentes, estimulando processos internos, base para novas aprendizagens.

É na apropriação de habilidades e conhecimentos socialmente disponíveis que as funções psicológicas humanas são construídas, ou seja, na interação com os outros, com a cultura, a partir da linguagem nas suas várias manifestações: musicais, motoras, verbais, escritas, corporais...

Como afirma Telma Weisz,[3] para alguns teóricos Piaget e Vigotsky são incompatíveis, mas para os educadores são uma perfeita combinação. Enquanto Piaget se preocupa em explicar como o sujeito do conhecimento se constrói a partir da ação, Vigotsky formula esta questão, considerando-a de forma desdobrada: há um momento em que o aprendiz é capaz de realizar determinada produção de forma interpsicológica (com ajuda externa) e, em outro momento, de forma intrapsicológica. Surge aí o papel do mediador — o outro — o social de forma mais ampla ou o outro interlocutor mais próximo.

Vigotsky explica que há um espaço — zona de desenvolvimento proximal ou potencial — no qual, sozinho, o educando não dá conta de realizar uma atividade ou resolver um problema, o que, entretanto, se torna possível com a ajuda do educador ou na interação grupal, indicando a possibilidade de se criarem boas situações de aprendizagem.

A partir da descrição dos estados mentais estabelecidos por Piaget, Vigotsky tenta compreender os fatores que permitem deslizar de um estágio menos avançado para outro mais avançado (mecanismos sociais em Vigotsky e mecanismos internos em Piaget).

Somos capazes de aprender coisas novas, quando ajudados por outros; entretanto, não conseguimos êxito nessa tarefa quando dispomos apenas dos nossos próprios meios. Só quando o ser humano interage com outro(s) é que seus processos internos são despertados. Nessa noção fundamenta-se a nossa ênfase no trabalho em grupo, na riqueza que pode ser a descoberta e na necessidade da mediação.

Vigotsky salienta a importância da intervenção pedagógica na construção dos processos psicológicos dos indivíduos, destacando a

---

3. Informação verbal, seminário interno do Axé. Salvador, 1998.

particular importância da instituição escola nas sociedades letradas e os procedimentos de instrução deliberada que nela ocorrem, dando destaque à transmissão de conceitos inseridos em sistemas de conhecimento articulados pelas diversas disciplinas científicas.

Delineamos até aqui a nossa busca de um embasamento teórico que sustente a ação educativa, na perspectiva cognitiva. Na sua formulação inicial, o Projeto Axé utilizava o termo *sujeito de cognição*; atualmente o ampliamos para *sujeito do conhecimento*, entendendo que o conceito de cognição é uma formulação limitada, não podendo abranger um tema tão amplo.

De acordo com o *Novo Dicionário Aurélio da Língua Portuguesa*, o termo *conhecimento* significa: *ato ou efeito de conhecer, consciência de si mesmo. No sentido amplo, atributo geral que têm os seres vivos de reagir ao mundo circundante, na medida da sua organização biológica e no sentido da sua sobrevivência.*

Do ponto de vista educativo, conhecer é atribuir sentido, significado, a um dado objeto ou situação, encaixando-o em um todo organizado.

Considerando a complexidade da ação educativa e, em particular, da proposta pedagógica do Axé, busca-se, no trabalho realizado na perspectiva da estruturação do sujeito do conhecimento, amparo teórico para a operacionalização de vários conceitos, oriundos de diferentes disciplinas ou áreas do conhecimento (psicanálise, sociologia, filosofia, psicologia social, antropologia etc.). Objetivam-se, sem reducionismos, as sínteses, ainda que parciais, artesanalmente tecidas (*bricoladas*) a partir da convergência de princípios, num diálogo interdisciplinar.

Adotar essa postura significa compreender que o conhecimento é limitado, que não há como garantir a compreensão definitiva e completa da realidade; que a prática pedagógica não pode prescindir de múltiplos referenciais teóricos que possibilitem entender as transformações na consciência, nos afetos e na sensibilidade. Significa concordar com a noção de que o processo de construção do conhecimento não se alicerça exclusivamente do ponto de vista racional (cognitivo), pelo contrário, estabelece-se a partir de vários planos: das motivações, dos desejos, das projeções pessoais, das trajetórias individuais, das identificações etc. *A educação não encontra sua razão de ser apenas no razoável, mas também no trágico — não é apenas um ato racional, mas também dramático* (Martins, 1998).

Nessa perspectiva, podemos afirmar que a relação sujeito-objeto favorece tanto o desvelamento do objeto como o do próprio sujeito.

Defender a pluralidade para a compreensão dos fenômenos educativos não significa, entretanto, falta de rigor, superficialidade no trato da ciência ou que se fechem os olhos às dificuldades epistemológicas decorrentes dessa postura.

CONHECIMENTO, EIS A QUESTÃO!

Da grandeza dos sonhos, surge um povo.

Rubens Alves

A procura do conhecimento é a busca de re-significação que dê sentido ao eterno interrogar-se — marca do estar do homem no mundo. E o conhecimento cumpre justamente essa função — a de ser elaborado para dar sentido à existência humana, isto é, tentar preencher lacunas existenciais.

Keil e Monteiro

A Pedagogia do Desejo, concebida pelo Projeto Axé, concebe, como explicitado nos demais textos, o educando como sujeito de desejo, de direito e de conhecimento e, prioritariamente, ambiciona resgatar nas crianças e jovens acompanhados a capacidade de sonhar e desejar, individual e coletivamente.

Na prática, essas três dimensões se mostram indissociáveis. E é precisamente através do *sujeito do conhecimento* que essa articulação pode ser viabilizada. Justamente aí reside o diferencial do Axé, gestando um processo pedagógico com metodologias específicas que, de forma integrada, procuram dar conta desse desafio.

Na tentativa de tornar mais explícitas essa afirmações, trazemos as falas de alguns educadores do Axé, extraídas do documento "Fragmentos da prática"[4] e analisadas à luz da concepção teórica.

A escuta e o diálogo como formas de conhecimento

Já firmamos nossa compreensão de que o ser humano não é unicamente cognitivo. Somos, antes de qualquer coisa, um sujeito

---

4. "Fragmentos da prática" — documento interno do Projeto Axé, 1997, não-publicado.

desejante e as nossas demandas de saber não se reduzem aos conhecimentos lógico-formais. É necessário articular as estruturas lógicas com o sujeito desejante que se manifesta através da linguagem. E, como diz Monique Deheinzelin:

> (...) a linguagem, tomada no sentido amplo da expressão humana, é um poderoso instrumento para se tentar compreender o sujeito da cognição e o sujeito do desejo, possibilitando-nos fazer uma reflexão que não seja imediatamente colada à realidade. O educador tem o dever de tentar, através da escuta, da observação, compreender as produções do sujeito, de não tentar encaixá-las num a *priori* pré-determinista.[5]

À medida que o educador atua nesse sentido, se reposiciona e pode perceber que, atrás daquilo que está sendo colocado pelo educando, existe uma outra coisa que perpassa o seu discurso.

O eu ignora as coisas ligadas ao inconsciente. Há um saber não-sabido que faz com que o indivíduo atue, aja, fanatize e resista. É necessário que se escute a fala do sujeito, colhendo o dizer do dito, o saber do não-sabido.

Para o Axé, essa posição assume uma dimensão ética em que a escuta é fundamental, encarando-se a fala do educando como reveladora e mediadora do processo educativo e levando-se em conta a estrutura desse sujeito e o seu desejo de saber.

Tomando emprestado da psicanálise "os ouvidos", os educadores do Axé organizam o seu planejamento partindo da escuta dos educandos. Planejam "andaimes" ou "apoios" para que estes consigam "entrar" na zona de desenvolvimento proximal ou potencial — segundo a denominação de Vigotsky — e "os ensinam" a conseguir o controle consciente do que vão aprendendo graças às relações estabelecidas.

Isso pode ser verificado observando-se a atuação do educador do Axé já no seu início, ou seja, desde a etapa de Educação de Rua, percurso obrigatório que efetiva a sua inserção.

A opção do Axé de iniciar a sua caminhada pedagógica indo ao encontro dos meninos e meninas onde eles estão — nas ruas — demarca a sua visão que nega e supera os enfoques repressivos, autoritários e assistencialistas. Ao se engajarem no universo dessas crianças (adolescentes), os educadores vão gerando novas situações, inquietações e expectativas, criando uma relação de troca baseada no respeito, na coerência, no saber e nos ritmos de cada um.

---

5. *Workshop* do Axé, 1997, não-publicado.

Na verdade, esse "batismo de fogo" é necessário, porque permite que o educador perceba a dimensão da problemática em que vai operar, dando-lhe a oportunidade de entrar em contato com a realidade das crianças/adolescentes vitimizados socialmente, em "estado bruto". Os movimentos de aproximação com os grupos a serem trabalhados vão desencadeando processos pessoais e profissionais que, por sua vez, vão desenhando os contornos iniciais da prática do educador. É no contato com a rua que ele prova sua real disponibilidade interior para essa área de trabalho, que emerge sua habilidade para tratar situações de extrema delicadeza, às vezes decisivas tanto para o educando quanto para o seu futuro como educador.

É ainda nesse contato que o educador começa a lidar com a tensão implícita na proposta pedagógica: a dimensão social X individual, contida em cada menino ou menina com que vai se relacionar.

Nesse momento, o educador vai desenvolver sua capacidade de observação e de escuta, de ler nas entrelinhas; vai aguçar sua percepção para separar o que é a possível verdade da possível mentira, considerando que a situação geral é absurda, independentemente da conduta do menino ou da menina que a está vivendo.

Os relatos a seguir permitem que se comece a localizar onde se concentra realmente a ação pedagógica dos educadores, na relação com os educandos, no âmbito do Axé.

> — P. tem 11 anos; por estar na rua é uma menina precoce, tem um corpo de menina, é uma criança ainda, mas leva uma vida de mulher. Ela diz que está na rua por conta do padrasto, que a mãe dela tem outro marido; não sendo bem tratada, vai pra rua.
>
> — (...) Eu conheci P. no início de junho; é muito arredia, assim como a maioria dos meninos; não sei se porque eu era nova na área, mas ela ficava um pouco distante. Dizia: "Você falou que ia me levar e não veio..." ela faltava aos encontros e depois culpava as meninas; depois começou a fazer isso comigo também, daí eu entendi que era uma jogada dela, que a gente combinava e ela não ia (...)
>
> — (...) Ela disse que saía com taxeiros, mas não "transava"; que ela só apalpava, mas que não transava (...) e aí, durante a conversa, ficou nervosa e colocou que fazia mesmo e que ninguém tinha nada a ver com isso — falou o quanto ela fazia e porque fazia. (...) Disse ainda que era por dinheiro, para sustentar o vício e que eles fossem adiantar o lado deles e se virassem para fazer dinheiro também.

Em relação a essa situação, a educadora expressa sua reação:

> — Eu não posso negar que fico chocada ao ouvir e constatar, pelo estado físico dela, que está se degradando. É uma menina superjovem, é uma

criança. E então eu fico chocada no momento. Passo assim dois, três dias, refletindo. Não, na verdade não saem da cabeça trechos do diálogo, a figura dela. Do ponto de vista da prática da rua, o que eu procuro fazer é ouvir, de que eu gosto muito. Porque é dessa forma que eu me alimento e, assim, tenho os elementos para uma reflexão. A coisa te pega de uma forma tão surpreendente que, na hora, a melhor coisa é você escutar — eu deixei que ela falasse normalmente, deixo que falem bastante...

A escuta é um dos métodos estruturantes da atitude pedagógica do Axé na relação com os educandos. A escuta confirma o vínculo educador-educando, pois quando este último fala da sua intimidade dá uma prova de confiança no educador. Contando a sua história, do seu ponto de vista, o educando vai desvelando-se, percebendo-se como protagonista. A subjetividade do menino vai aflorando, permitindo ao educador um entendimento do seu comportamento com base na percepção de como se vincula com seus objetos internos (pessoas, coisas, situações).

O educador, silenciosamente, acolhe as informações que esse lhe oferece, percebendo suas dores, decepções, visão de mundo. Coloca-se como um recipiente aberto, observando as nuances da fala do educando, escutando não só as palavras, mas também o gestual, as reticências, o tom de voz, o tipo de emoção que passa e, a partir daí, formula hipóteses que norteiem a sua ação. Se as informações obtidas com os relatos forem contraditórias, não devem ser desprezadas; pelo contrário, é no esforço da síntese que o educador terá a chance de compreender a verdade daquele sujeito e de, no percurso, ajudá-lo a entender as suas contradições.

A escuta, entretanto, não pode ser paralisante; quando uma criança (adolescente) nos faz depositários de sua história, está reivindicando, na verdade, uma resposta mais humana para as suas dificuldades. O educador deve comportar-se como um depositário solidário, empático e sem ansiedade, evitando o julgamento prévio, mostrando-se capaz de aceitar os depósitos. Deve estar disposto a cuidar e controlar aquilo que nele está sendo depositado, aprendendo o caminho do diálogo com aquele sujeito. Porém a verdadeira escuta não nega a quem a faz o direito de discordar, de se posicionar.

Paulo Freire diz que, precisamente porque escuta, quem discorda jamais será autoritário. É essa também a perspectiva que se verifica na fala de outra educadora de rua:

— Espancamento, abuso sexual... Temos que escutar e não podemos passar para o menino a emoção que sentimos com aquele relato: ele está querendo alguém firme pra ouvir, orientar. Podemos demonstrar sensibilidade, mas, muitas vezes, um menino vem com um relato de espancamento por um policial (...), e o policial permanece no espaço. Não podemos permitir que a nossa revolta seja passada para aquele menino. Temos que orientá-lo, mas não estimulá-lo a ser violento com aquele policial: depois, vamos pra casa, dormimos em casa, mas ele fica ali na área. Assim, temos que absorver aquilo e procurar, com calma, orientá-lo, levantando as possíveis alternativas.

Essa é uma situação com a qual o educador permanentemente se defronta e com a qual tem que lidar. Nesse caso, a educadora, embora emocionada como a anterior, se propõe a trabalhar a situação e a buscar alternativas com o educando a partir do processo dialógico. Vê-se, também nesse exemplo, que, na prática, a escuta está imbricada no diálogo pedagógico, no qual o educador devolve as questões postas pelo educando em forma de pergunta, problematizando a situação colocada com cuidado e firmeza. Assim, ajuda-o a situar-se como sujeito naquela fala, na sua história, a ter um certo distanciamento que lhe permita ver as coisas sob novos ângulos, a estabelecer relações de causa e efeito, a preencher os hiatos existentes, de forma que, juntos, educador e educando possam vislumbrar alternativas, ainda que parciais.

É, sem dúvida, o *diálogo*, a grande chave da atividade pedagógica desses educadores do Axé. É através dele que se estabelece de forma real e simbólica a relação educador/educando. Tanto com o educando individualmente, como com o grupo, nas unidades, como momento forte da rotina diária.

O diálogo em grupo — que alguns educadores chamam de "roda", "sentar na roda" — é, por sua abrangência temática, o *locus* das principais discussões das atividades educativas do Projeto, envolvendo desde questões de rotina, situações pessoais, problemas do grupo, assuntos pedagógicos planejados a fatos divulgados pelos meios de comunicação, sejam eles políticos, artísticos ou científicos. Acontece a partir da premissa *problematização-análise-síntese*, sendo diferente da educação verbosa, retórica, que faz comunicados e não comunica, desvinculada da realidade.

Paulo Freire (1997) refere-se ao diálogo não apenas como a um método, mas como a uma estratégia para respeitar o saber do educando e fazê-lo avançar. Na análise da teoria dialógica, ele destaca como características:

- A **colaboração** — antítese da necessidade de conquista que configura a teoria antidialógica, em cujo âmago está a ânsia de oprimir, de coagir. O indivíduo coagido tem pouca participação racional, tem a criatividade tolhida, limitando-se a repetir o que lhe impuseram como "verdade". Nessa condição, não há um verdadeiro diálogo, uma vez que um fala e o outro se limita a ouvir e memorizar.

- A **união** — cria relações de cooperação, com discussão e trocas de pontos de vista, controle mútuo dos argumentos e das hipóteses, fomentando uma relação interindividual, não jogando com as palavras, mas comprometendo-se a acatar pontos de vista que não são necessariamente os seus, revendo crenças, sem dogmatismo. (O seu oposto é a divisão para a dominação, a qual cria e aprofunda cisões, através de uma gama variada de métodos e processos.)
- A **organização** — contrapõe-se à manipulação, que é mais um instrumento de dominação. Chama os educandos a pensarem, a fazerem uma nova leitura da realidade, a se apropriarem dos conhecimentos, da capacidade de organização.
- A **síntese cultural** — é o contrário da invasão cultural que *consiste na penetração que fazem os invasores no contexto social dos indivíduos, impondo a estes sua visão de mundo, enquanto lhes freiam a criatividade, inibindo sua expressão* (Gadotti, 1991).

Portanto, o diálogo no Axé é encarado como *locus* privilegiado para a instalação do conflito sócio-cognitivo, no qual, pelo confronto das idéias, o educador busca o clareamento das posições e a travessia desse conflito (saída viável naquele contexto). A linguagem assume o caráter de instrumento por excelência, para a ação e para o pensamento, sendo utilizada em toda a sua potencialidade para alcançar diferentes formas de comportamento.

Tem-se como um dos objetivos utilizar o conflito sócio-cognitivo, trabalhando-o como trilha, com base na problematização dialógica, de forma ampla, seja para estabelecer e internalizar regras e limites, seja para elaborar conteúdos que permitam a estruturação do conhecimento.

Vejamos o depoimento dessa educadora:

— Inicialmente, quando fomos para a Unidade, o diálogo era gerado muito em cima das coisas que aconteciam no dia-a-dia. Existiam dificuldades e, às vezes, os meninos não conseguiam resolvê-las entre eles mesmos. Aí começávamos a discutir com um grupo grande, com todo mundo presente. Por exemplo: as questões do roubo. Por que estava acontecendo isso? Como a gente ia solucionar? Porque eles cobram muito isso. É preciso tomar atitude, mostrar que se tem pulso. Só que não queríamos fazer como eles gostariam que fizéssemos, tipo "a gente descobre quem é que roubou e vocês expulsam". Não é assim. Então esclarecíamos muito as coisas na roda. Só que, atualmente, não é só para isso. Ela também serve para estimularmos aquele menino não só relativamente à permanência na Unidade, mas também tendo em vista uma vida depois dela — a escola, a relação em casa, a saúde, a relação com os namorados ou, muitas vezes, os fatos que acontecem no social.

— Em muitas ocasiões estamos com uma programação e os meninos pedem que a gente mude, como, por exemplo, quando da morte de Osmar.[6] Pediram que parássemos o que estávamos fazendo, através de perguntas: "Ah, Osmar morreu?", "Aquele que criou o trio elétrico?"... Aí conversávamos com eles a respeito daqueles fatos de que sentiam necessidade de discutir. O que se percebe muito é que eles não têm em casa qualquer informação, qualquer pessoa que lhes dê atenção, que converse determinadas coisas. O diálogo é planejado a partir das necessidades que os meninos demostram pra gente, na Unidade. Nós mesmos conversamos, preenchendo as fichas, para ter dados atualizados dos meninos. E aí percebemos que muitos meninos não entendem o que significa endereço: "Qual o seu endereço?" "Endereço? Não sei."; "Qual a rua em que você mora?"; "Não sei."

— Percebemos que, dentro desse planejamento, vamos trabalhar com eles o endereço, que é uma coisa importante. Não só importante pelo preenchimento de dados, mas, principalmente, pelas ocasiões em que são pegos numa *blitz*. Se um menino é negro, se não está vestido como deveria, e o policial pára e pergunta: "Qual o seu endereço", e ele não sabe responder, pode parecer que o garoto está escondendo alguma coisa. Então já sabemos que, nos próximos trabalhos, vamos ter que colocar a questão deles se situarem, vamos tentar fazer um mapa não só para que se situem, mas para que entendam e saibam o porquê e o que é o compromisso deles. Meninos de 16, 17 anos...

O relato do educador a seguir se refere à utilização do diálogo para inserir a questão de normas de convivência em uma situação de "rua", em que os educandos estão iniciando o contato com as formas de organização reconhecidas socialmente.

— Quarta-feira não é dia de esporte. O dia certo é na sexta-feira. Mas tivemos uma visita que acabou às três horas. E os meninos me perguntaram se não daria pra jogar bola. Respondi que tudo bem. Então, antes de iniciarmos, eu pensei no que queria atingir. O que eu queria era estimular neles a vontade de conversar e passar para eles que, na vida, existem regras para tudo; não regras de uma lei que venha a impedir a liberdade, mas que ajudem a ter mais organização. E pensei nos dois pontos que iriam despertar o diálogo, porque eu tinha percebido que era difícil conversarem sem se agredirem. Então a bola rolou, eu deixei a bola rolar. Dividiram as duplas e começaram a jogar. No início, rolaram muitos nomes, eles xingaram muito. Quando um batia no outro, eles xingavam, não gostavam (*E aí, educador?*). E eu fiquei na minha, fiquei olhando, observando, a bola saía pra qualquer lado sem espaço de limite. Eu pensei, enquanto eles estavam jogando, que eu não queria ensiná-los a jogar bola. A minha proposta não é ensinar regra de futebol. A minha proposta, o que eu fiz, foi uma adaptação no momento:

---

6. Osmar e Dodô criaram o Trio Elétrico no carnaval de 1950, em Salvador, Bahia.

colocar o futebol, naquela hora, para despertar o diálogo e tentar criar uma base de regra.

— Eu vi que a situação estava precisando de uma interferência extra, de quem estava de fora. Dei um grito e chamei os quatro: "Vamos sentar pra conversar". No momento, todo mundo fechou a cara. Aí sentamos, e eu falei pra eles: "Olha, tem regras que ajudam a gente a não causar violência, essas regras só são expressas quando existe diálogo." Claro que eles demoram para pegar essa coisa de diálogo. É melhor, inicialmente, dizer pra eles em um bate-papo. E começamos a conversar. Eles expressaram o que estavam sentindo no jogo; que estavam sendo espancados por um, que estavam sendo xingados por outro. Então eu falei: "Quando a gente inicia qualquer coisa é melhor conversar antes pra saber o que pode e o que não pode fazer. E é por isso que a gente tem que conversar, tem que ouvir, falar, tem que ter alguém pra dizer isso pode, isso não pode, não uma pessoa autoritária, mas uma pessoa que está tentando ser intermediário entre vocês e os próprios critérios de cada atividade, pra não dar nisso que deu."

— Como eu falei, a mudança acontece no dia-a-dia. Temos contato com esses meninos todos os dias, de segunda a sexta e, sempre, nas atividades, estamos conversando, tentando puxar deles o que estão sentindo quando falamos algo. Mas o que usamos sempre é o exemplo; eu dou exemplo, às vezes, como também o L., outro educador. Quando rola briga entre os meninos e não existe a conversa, eu chego pra L. ou o L. chega pra mim e diz: "Olha, vocês não vêem eu e o M., nós discordamos de um monte de coisas; nós, às vezes, não somos a favor da coisa que o outro pensa, mas a gente discorda pela conversa; então eu acho que vocês têm que começar a parar de brigar e buscar mais diálogo." A gente percebe que existe a mudança porque se dá o exemplo; nós não brigamos na frente deles, nós discordamos, mas conversando, é o mundo da conversa.

Como se viu, o educador (de rua) utilizou, de forma intencional, o jogo como estratégia pedagógica, partindo da emersão do conflito para despertar no grupo a possibilidade de verbalização da ação que estava sendo desenvolvida. Ajudou os educandos potenciais a perceberem a agressão e o seu resultado, demonstrando que há outras formas de resolver conflitos e utilizando, no cotidiano, a própria conduta educativa como exemplo (o educador como figura positiva).

Já o depoimento do educador a seguir, refere-se ao trabalho na Unidade Ayrton Senna — Oficina de Papel e Arte, mostrando que, no espaço do diálogo, o processo ensino-aprendizagem, com base nos conteúdos considerados relevantes, também acontece de forma sistemática. Seja na perspectiva lógico-formal, seja na perspectiva da instrumentação técnica.

Isso se expressa na prática desse educador:

— Trabalhamos por temas. Trimestre passado, foi "Conceição da Praia", como forma de conhecerem o entorno sócio-ambiental da Unidade. Continuando o tema ecologia, agora vamos trabalhar o lixo... Meio ambiente, o que esse lixo representa para o meio ambiente, segundo esses meninos. A produção do lixo, seu manuseio e o destino que lhe é dado. A interferência que ele tem no nosso dia-a-dia, a questão da saúde, o que ele pode trazer de benéfico ou maléfico para a saúde do ser humano, tudo isso é abordado. E, juntamente com isso, se trabalha a parte técnica, se discutem algumas coisas e a parte técnica é trabalhada, reciclando-se material.

— Temos atividades práticas e atividades teóricas. Ou seja, trabalha-se, na confecção de receitas de papel, ou de um produto, fazendo caixas por exemplo. O grupo inteiro tem que confeccionar a receita, passo a passo.

— No dia seguinte, o primeiro passo é rever o trabalho do dia anterior. Orientamos os meninos para registrarem tudo, pois temos agora de registrar essas receitas, porque esta é, também, uma forma de trabalhar o letramento.

O papel do educador é propiciar a aprendizagem, com informações estruturantes que permitam a reconstrução/apropriação do conhecimento a partir do saber pessoal do educando, entendendo que este não existe isolado, mas depende de *conhecimentos prévios* que se combinam em operações mentais, servindo de base para novas aprendizagens.

Ambos, aprendiz e ensinante, investem na construção do conhecimento, embora em posições diferenciadas. O educando vai fazendo construções/desconstruções sobre conteúdos, materiais ou situações. O educador ocupa-se em observar esse processo, o caminho da aprendizagem do educando nesse momento, e, baseado no que observa, faz suas construções/desconstruções. Busca assim fazer o processo de ensino dialogar com o de aprendizagem.

Na fala acima mencionada, percebe-se a ênfase nas questões ambientais e na fabricação de objetos especialmente por se tratar da empresa educativa de papel reciclado. O relevante nesse exemplo é a descrição, feita pelo educador, de como se trabalha o eixo temático "meio ambiente", articulando as informações técnicas ao processo de letramento e recorrendo ao diálogo pedagógico. Do mesmo modo, é interessante observar que as várias estratégias pedagógicas adotadas pelo Axé são desenvolvidas conjuntamente, em qualquer momento em que se dê a interação educador-educando.

Na Casa de Cultura do Axé, uma educadora diz como acontece o "diálogo":

— Muitas vezes, dentro do planejamento, a gente se preocupa em trazer para os meninos temas ligados à convivência em grupo, ligados às questões que estão acontecendo aí fora, na nossa sociedade, a violência, a educação... Temos trabalhado muito fortemente, de cinco meses para cá, esses temas. E quando eu falo educação, estou falando da importância de ir para a escola.

— Outras vezes, eles trazem o tema e nós ficamos com o planejamento. Eles trazem, por exemplo, alguma coisa que aconteceu na comunidade onde moram. Eles chegam contando algo e, daí, partimos para uma discussão com eles, o que faz com que o tema planejado seja passado para outro momento. Isso porque, naquele momento ali, o que está significando mais para os educandos é aquela preocupação. Ou seja: houve uma batida policial, um colega deles apanhou, alguém morreu na comunidade. Ou até coisas também bonitas: uma festa legal a que eles foram, algo interessante que aconteceu. Assim, acabamos trabalhando, naquele momento, a situação inicial, porque percebemos o que está significando para eles. Só que procuramos trabalhar, qualquer que seja o assunto, sempre voltados para uma questão mais ampla, que é a questão social. Isto é: "Por que aconteceu isso? O que chamou a atenção nisso?"; procuramos tirar deles o máximo, para que se coloquem, para que pensem, com naturalidade, em como podem participar.

— Tudo que tem significado para os meninos, é trabalhado. Outras vezes, colocamos o tema planejado e deixamos a discussão com eles, procurando saber o que conhecem daquele tema. Depois, refletimos com eles a respeito de por que nós trouxemos esse assunto, qual a importância de o termos trazido para discutir com eles; acabamos, por fim, construindo, em dupla ou em grupo, o significado que ficou para eles.

Iniciar (e não estagnar) a ação educativa com base no saber do educando, estimulando a relação com todos os elementos que compõem a construção de um conceito, cria para o educador o desafio de também ele encontrar-se com o seu processo interno de produção do conhecimento, de percorrê-lo na condição de "aprendente" e de "ensinante"...

Ao enfrentar o desafio de partir da experiência do educando, reconstruindo o próprio sentido do mundo deste, o educador também se constitui. Com essa assimilação, o seu mundo conceitual sofre perturbações que ele precisa enfrentar ou negar. Ao responder, abre-se para um novo mundo de possibilidades que vão direcionar a sua prática, a sua intencionalidade pedagógica.

Nessa perspectiva, o educador visa oferecer ao educando instrumentos para que este entenda o porquê da sua situação, discutindo sua problemática existencial, ajudando-o a desvelar criticamente a realidade que o circunda, verificando nexos e conexões. Não somente fornecer o dado, mas também o conhecimento que produziu esse dado, quem o produziu, em que circunstâncias, quais os resultados desse conhecimento para a sociedade/humanidade, para que, das formulações e do confronto de hipóteses, guiado pelo educador, chegue o educando às suas próprias conclusões.

As técnicas não se antecipam às investidas dos sujeitos, são criadas pelos próprios sujeitos, de acordo com os diferentes caminhos das construções, apoiando o encontro com os seus processos internos de conhecimento. A ação do sujeito é o veículo que desvenda a realidade.

Não basta, entretanto, trazer temas. É preciso que o educador conheça como se realizam os mecanismos internos de aprendizagem para, a partir daí, tentar criar situações nas quais os educandos efetivamente aprendam. A construção do conhecimento não se dá por repetição, mas por transformações regidas por exigências epistemológicas. Para "ensinar" algo a alguém, precisamos ter um marco de referência, pontos fixos.

O vínculo como ponte para o conhecimento

Buscar o brilho de luz existente em cada pessoa.

Sem comunicação não existe vínculo e sem vínculo não existe aprendizagem. Só aprendo se me vinculo a alguém ou a algo. Segundo Rivière (1995), o vínculo pode ser definido como a maneira particular pela qual cada indivíduo se relaciona com outro(s). É uma estrutura em contínuo movimento, que engloba tanto o sujeito como o objeto.

Não é preciso muito discernimento para compreender que, pelas suas histórias de vida, as crianças e adolescentes atendidos desconfiam profundamente de quaisquer relações; em alguns casos resistem ao vínculo para evitar serem submetidos a pressões ou porque temem a dor da rejeição.

Ainda analisando-se as estratégias pedagógicas através da fala do grupo de educadores entrevistados, vê-se que a questão do vínculo perpassa todas as ações que envolvem a relação educador-educando. Obviamente, o vínculo é condição necessária para o contato com o educando ser bem-sucedido, e estabelecê-lo é tarefa fundamental da Educação de Rua, renovada permanentemente no curso do processo educativo. Aceitar participar das unidades do Axé só se faz possível pelo vínculo estabelecido entre o educador e o educando. Torna-se então possível encontrar formas de auxiliá-los no desenvolvimento de suas faculdades de compreensão, emoção e comunicação, o que lhes permite o encontro consigo e com o outro, e a construção de sua identidade dentro de um projeto de vida que eles mesmos escolheram.

O depoimento da educadora a seguir refere-se a duas situações que, articuladamente, ilustram essa questão:

> — Eu conheci L. C. logo no início do Projeto, em 90, quando comecei a trabalhar no Aquidabã. L. C., como ficamos sabendo naquela época, não tinha contato com a família. A mãe dele era prostituta, abandonou-o nas ruas muito pequeno, e Dona L., uma vizinha, o acolheu, mas ele não se adaptou. Hoje, tem 16 ou 17 anos, mas quando o conheci, tinha dez. Tinha um problema muito grande de relacionamento, porque era muito introvertido, muito calado — também andava muito sujo, não tomava banho de jeito nenhum. Mas, ao mesmo tempo que era introvertido, era muito carinhoso... Ficava calado, olhando a gente de longe, com a vontade aparente de se aproximar. Nós fizemos a aproximação e começamos a tentar convencê-lo, inicialmente, a tomar banho. Tentamos também fazer o contato com a família dele e quem conseguiu foi R. Nós procurávamos dar um jeito para que ficasse o máximo possível de tempo conosco, tentávamos levá-lo a encontrar-se mais com as pessoas, a se socializar, porque ele era muito fechado.

A análise das relações que o educando mantém com o seu meio social, família, escola, comunidade e, mais concretamente, com os seus companheiros, é fruto de cuidadoso "que-fazer" pedagógico, enriquecendo a compreensão dos processos de socialização e do desenvolvimento intelectual de cada um em particular e do grupo como um todo. O educando é sistematicamente acompanhado por educadores de referência, na família, na comunidade, na escola e em outros contextos.

E a educadora continua:

> — (...) a dificuldade era que as pessoas não se aproximavam dele por causa da roupa, do cheiro, dessas coisas todas. Foi então que, literalmente, ele começou a se cuidar um pouco mais. Quando L. C. começou a fazer Capoeira, os meninos tinham que dar a mão para ele, mas se recusavam. E novamente tivemos que explicar todo o processo. Mas ele queria estar naquele grupo e esse foi um dos motivos que o levaram a começar a se transformar. O desejo dele era permanecer ali... Ele gostava da atividade, gostava da relação com as pessoas, mais do que das outras coisas que foram passageiras na sua vida.

A partir do vínculo estabelecido, os educadores foram, de forma acolhedora, trabalhando as questões de L. C., ajudando-o a perceber que a causa do afastamento das pessoas estava nele mesmo. Identificado o seu desejo de fazer parte da Unidade e daquele grupo, foram analisando, com ele, as causas que dificultavam a sua relação com os demais, ajudando-o a superá-las.

Uma bela experiência de rua, narrada por uma educadora, refere-se ao significado da arte na vida de um educando. Esse relato é emblemático, porque expressa a reação de um menino muito sofrido, ao descobrir a magia do circo[7] através do Axé. O fato confirma o impacto positivo da arte sobre o ser humano, por mobilizar as forças interiores para a vida, para o crescimento, como aconteceu com esse menino, propiciando sua vinculação ao Axé.

> — Ele vivia da comida que o pessoal da área, os barraqueiros, os motoristas lhe davam. Sofria abuso sexual por parte dos meninos que ficavam na área, porque dormia lá também e era o menor do grupo. Isso o tornava mais fechado ainda. Ele não era agressivo, mas não se aproximava.
> — (...) Foi mais fácil levá-lo ao Circo. Porque se apaixonou, começou a querer ir e, a partir daí, começou a mudar. Ao longo do tempo que ficou no Circo, foi mudando, e dizia: "Vou ficar. Vou ficar e continuar a me dar bem com os meninos, é por isso que tenho que abrir mão de algumas coisas."

Acolhimento — considerando o educando em sua inteireza

Uma forma de construir/fortalecer os vínculos, é o processo de acolhimento, que tanto se caracteriza pela recepção ao novo educando no momento da sua opção por uma atividade no âmbito do Projeto, como na retificação desse processo, no cotidiano, através de várias ações e representações. *Acolher é tomar em consideração a pessoa em sua inteireza.*

Um educador de rua relata uma situação em que um menino, ainda na rua, o apresentou a um outro, que era novo naquela área:

> — Ô, pivete, esses educadores aqui são do Projeto Axé. Quando a gente tá com qualquer problema eles nos ajudam.

Evidentemente, essa representação do que é o educador do Projeto Axé facilita o contato com os meninos que vivem nas ruas da cidade. O vínculo começa a ser construído no processo de escuta, como já foi visto anteriormente.

O acolhimento inicial nas Unidades é um momento especial em que a comunidade educante estimula o educando a expressar o seu desejo de se incluir naquele espaço, dialogando sobre a sua experiência anterior. Em parceria com o educador de rua, o educador da Uni-

---

7. Trata-se do Circo Picolino, escola de circo sediada em Salvador, antiga parceria do Axé.

dade toma em consideração as questões que o educando formula e, assim, cria condições favoráveis para que este conheça o acervo cultural (organização, limites, proposta pedagógica, módulos e tempo) e, portanto, coletivo, construído pela comunidade de que começa a participar, estimulando-o ainda a adotar uma postura crítica, discutindo as formas pelas quais ele, enquanto indivíduo, poderá contribuir para o aperfeiçoamento do patrimônio comum.

Dentro da Unidade há ainda um momento particularmente favorável ao fortalecimento do vínculo com o educador e a instituição — o acolhimento — que é a recepção aos educandos no início das atividades de cada Unidade, que acontece de modo universal dentro do Axé.

— Todo início de atividades tem que ter o acolhimento do educador para os meninos se sentirem bem... bem-acolhidos. Então, todos os dias o educador deve ir ao portão, observar como chegam. Há também as questões de cumprimento de horário... Eles têm que saber que existe horário de entrada, de saída. Daí, conversamos logo, no portão, com os meninos. Se eles tiverem vindo com algumas angústias... É o momento em que eles sobem na hora certa... O educador vai esperar 15 minutos (período de tolerância). Nesse meio tempo, às vezes, o educador conversa com um ou outro educando. Esse acolhimento no portão é feito todos os dias na Unidade.

Outra educadora diz:

— Aqui, na Casa da Cultura, nós já estabelecemos uma relação com os meninos, procurando estar o mais próximo possível deles, procurando saber o que está acontecendo com eles fora da Unidade. Eu, por exemplo, procuro sempre, na medida do possível (...), acompanhá-los individualmente. Procuro fazer isso pelo menos duas vezes na semana, porque não tenho tempo todo dia. Logo que os meninos chegam na Unidade, procuro por todos eles. No momento estou realizando, na Unidade, um encontro com um grupo de meninos.
— Procuro usar uma linguagem mais próxima à deles: "E aí? Como é que vai essa força?", para que sintam que, ali, estão no ambiente que é deles — porque são educandos do Projeto Axé, por gostarmos deles, por serem realmente pessoas agradáveis. Essa está sendo uma prática nossa, da Casa da Cultura, e também já se tornou uma prática de outras unidades.

O contrato — "de risco" — entre educador e educando

Uma outra vertente do trabalho pedagógico é o contrato, não só na perspectiva dos limites e das sanções, da criação de regras e do respeito a essas regras no dia-a-dia, no interior da Unidade, mas também no cotidiano desses meninos fora dela, estabelecendo acordos. A aceitação das normas só se faz possível através do vínculo, do compromisso do educando consigo mesmo e com o coletivo.

Referindo-se às normas de uma Unidade, um educador relata:

— Essa semana um menino foi fumar no banheiro e nós o chamamos para conversar. Ele disse que não tinha fumado; depois, disse que não sabia da norma que proibia fumar no banheiro (...) Fui conversar com ele e lhe disse: "O cheiro de cigarro está forte, bem ativo, você acabou de fumar agora e o banheiro ficou com um cheiro forte e toda a unidade ficou sentindo (...)". Daí nós trabalhamos com ele a questão, procurando mostrar o quanto aquilo incomodava a quem não fumava e que ali era um lugar de trabalhar com papel, uma ponta de cigarro poderia causar um incêndio. Tudo isso foi colocado pra ele, numa conversa de conscientização (caso ele venha a fazer isso pela segunda vez, pode ter uma advertência e, depois, alguma medida educativa).

O educador continua relatando:

— Geralmente colocamos para os meninos o dever de zelar pelos espaços, por exemplo, a parede; quem suja a parede são os meninos, que nela põem os pés etc. Então, uma das medidas consiste na manutenção dessa parede, conservá-la, isto é, lavar a parede e fazer a manutenção do espaço. Não passa disso mesmo. Em situações mais graves, às vezes optamos por suspensão e, nesse caso, há o acompanhamento da supervisão e da gerência da Unidade. Antes de suspender o menino, devemos comunicar a decisão à gerência, dizer o por quê e também trabalhar com o menino esse afastamento dele, que, geralmente, é de um dia. No seu retorno, tem-se outra conversa; no dia seguinte ele já não entra no mesmo horário dos outros para conversar com a gente, mas duas horas mais tarde. Isso acontece raramente, só nos casos mais graves.

O educador mostra algumas associações que são feitas entre o cumprimento das normas e o mundo do trabalho e dá exemplo:

— A questão do horário. Eles pensam que pelo fato do educador ficar no portão 15 minutos além da hora determinada, eles podem usar diariamente esse tempo de tolerância. Nós deixamos claro que isso não é para acontecer todos os dias e trabalhamos as leis trabalhistas: até que ponto, até quando eles têm o direito de usar esses 15 minutos, chamando a atenção para o fato de que nem todas as empresas toleram sempre isso. Então, se faz o nexo com a educação para o trabalho em cima disso, no portão, até na própria chegada dentro da Unidade.

Um educador fala sobre a elaboração das normas na Unidade, como acontece o contrato:

— Elas foram construídas com os educandos, aliás, todas as normas tiveram um acompanhamento do educador, mas foram construídas pelos educandos. Não foram simplesmente acatadas pelos educadores. Foram muito discutidas e aprofundadas pelos educadores.

Em todos os discursos dos educadores entrevistados está presente o compromisso com a dimensão ética na sua prática educativa. Fica muito clara, inclusive na própria aplicação da sanção, essa postura. Às vezes é preciso infringir a própria norma estabelecida para não perder o educando que está vivendo uma crise no plano pessoal ou na sua relação com o Axé, como relatou esse educador:

— Chegava drogado, não vinha participando da atividade, mas eu cheguei a um entendimento da situação de L.; mesmo quando ele estava drogado eu fazia vista grossa, para conseguir trazê-lo e, naquele dia, poder atendê-lo. Eu sei que aí tem uma série de implicações; eu estava ferindo um norma do espaço, mas eu estava tentando (não sei se seria viável) desenvolver com ele alguma atividade. Eu o deixei fora algumas vezes, mas isso não resolveu muito e, num dado momento, eu tive receio de perdê-lo, de ele fazer outra opção, porque ele estava muito confuso. Eu estou falando da minha prática.

Se as intenções educativas não estiverem claras, o educador fica na questão comportamental, moralista e maniqueísta (bom/mau); daí a substituição do conceito de disciplina, pelo conceito de *atitude*. As escolhas (e a ação) dependem, portanto, das intenções educativas e da visão de que o conhecimento só se torna possível quando conseguimos relacionar dados, fatos e situações, ainda que, à primeira vista, estes possam não aparentar uma possibilidade de relação.

O educador está imerso num contexto complexo, em que nenhum educando é igual ao outro. Nesse contexto, ele tem múltiplas funções: tomar decisões, resolver situações emergentes dos educandos, criar situações de aprendizagens. Sua maior competência é utilizar diferentes conhecimentos — de toda ordem — para intervir, de forma contextualizada, numa situação real. Nessa ótica, o conhecimento experiencial contextualizado, sustentado pela imaginação e pela criatividade, é insubstituível. Sabemos que não existe um único jeito de agir em determinada situação (mesmo quando temos princípios definidos e parâmetros claros).

Daí a importância da formação contínua do educador; do acompanhamento e análise, de modo sistemático, da sua prática e da tematização dessa prática, com vários vieses, abordando-se atitudes tomadas no contexto educativo. A instituição e seus atores educativos assumem assim o desenvolvimento da identidade do educador, abrindo espaço para uma atuação democrática, ética, fazendo competir sentidos.

Esse educador preocupa-se com a questão do trabalho pós-Axé, considerando a rigidez do mercado:

> — Nós esperamos que ele saiba encarar, saiba que vai ter chefe que vai cobrar dele, que vai ter alguém que vai sempre cobrar dele horário, essas coisas. Ele tem que começar a se inserir nessas normas; então, estou sempre provocando, dando exemplo, porque se ele não tem um certo comportamento, não vão aceitá-lo, ainda mais agora com essa concorrência enorme (...)
>
> — O empregado hoje é peça de reposição, a pessoa alcança um nível de salário e é substituída por outra que vai ganhar menos e fazer a mesma coisa. Então, nós colocamos isso, para os meninos começarem a perceber que é até político (...) Que é o momento político (...)

Associado a essa questão crucial, está o processo de desligamento do educando do Axé. Segundo os educadores entrevistados, há todo um investimento nessa preparação, mas algumas vezes não há como evitar a crise que se instala no jovem que está entrando no seu estágio final no Projeto.

A educadora a seguir fala do momento especial que determinado jovem está vivendo e do reflexo do seu aproveitamento na atividade.

> — Durante um período, logo quando ele entrou, ele teve aquela paixão pela atividade, aprendeu novas técnicas, retornou para casa e para a escola, e começou a se dar mais com os outros meninos, deu um salto. E aí surgiu a oportunidade dele ir para um curso profissionalizante. Inicialmente ele começou muito bem, mas, depois, ele começou a abandonar os compromissos. Afinal, o que estava acontecendo com L.? O medo de estar fazendo 18 anos? De estar se aproximando da maioridade e perder o aconchego das pessoas? De assumir um compromisso não de menino, mas de homem, e se ver sozinho, como ele estava ontem, quando a gente o encontrou?.

Sem dúvida, o Axé lida todo o tempo com variáveis exógenas, como a questão da pobreza e do desemprego, imbricadas que são. Estas, por serem fundamentalmente estruturais, interferem na sua ação e estão presentes na vida desses educandos assombrando-os com seus riscos, dificuldades e sofrimentos.

A luta que o Axé trava é com as condições de miserabilidade social e pessoal a que a pobreza os reduz. É um confronto às vezes vitorioso, às vezes não, pelo que expressa o discurso desse grupo de educadores entrevistados.

Ajudar os educandos na elaboração de um projeto de vida é premissa básica do processo pedagógico. Para tanto, é fundamental criar oportunidades para que planejem e executem pequenos projetos no seu dia-a-dia.

Um caso, síntese desse processo, pode ser visto no depoimento, cheio de emoção, dessa educadora. É o seu "fragmento da prática" e expressa, por si mesmo, a essência do atendimento do Axé: muita persistência, muita dedicação, muita paciência, muito compromisso, muito recomeçar.

— Observo atentamente o jovem de 16 anos à minha frente, seu modo de sentar, falar, olhar e questionar... A intensidade da voz é a mesma de sete anos atrás... a mesma forma de articular as palavras. Mas, naquele tempo, foi mais fácil estimulá-lo a vir para as atividades do Axé, a se integrar ao grupo, a cuidar melhor da sua aparência; providenciar a documentação, as segundas, terceiras, quartas vias... Hoje, porém, me vejo repetindo o gesto de chamá-lo diversas vezes para resolver os mesmos problemas. O medo de L. de deixar de ser cuidado, de ter de assumir responsabilidades, de se tornar responsável pelas próprias atitudes, de encarar as dificuldades e prazeres do processo de crescimento... Sempre recuando, o educando faz diversas dívidas, briga com os colegas, falta aos compromissos, abandona a escola; rompe com a família, desentende-se com as pessoas na pensão; desrespeita educadores, instrutores e, quando interpelado, passa a mão na cabeça e sorri.

— Diversas vezes sentamos juntos e analisamos toda a sua vida, passo a passo. O abandono, as injustiças, a dor, os erros, os acertos, os ganhos, as diversas oportunidades, os planos futuros, a necessidade de superar os problemas, os diversos caminhos, escolhas, alternativas; a fuga, a passagem do tempo, a perda das oportunidades, a repetição dos desacertos. Mesmo fugindo, mesmo recusando a conversa, diversas vezes quebrei o bloqueio e o convenci a falar, se expor, questionar, dialogar.

— Penso que é preciso mudar de tática; atrás de suas respostas procuro encontrar soluções; questiono-me na tentativa de entender como funciona seu pensar, de como achar a solução para intensificar a ação das nossas intenções. Mas mesmo assim estamos aqui outra vez, ansiedade à parte. Precisamos avançar de forma mais significativa, obter marcos palpáveis. Quem sabe, uma terapia possa, posteriormente, trazer um reforço para a conquista de uma vida melhor. Traçar metas pra serem planejadas, seguidas, em conjunto com todos da Unidade, com tempo determinado, pode ser a resposta. Anotar e analisar sempre os resultados para ter certeza se é essa a solução. Questionar outros profissionais, pesquisar respostas nos livros, observar se as relações do educando com os demais se modificaram; observar seu falar, seu modo de expressar-se, seu interesse, seu posicionamento perante as dificuldades. Finalmente, combinamos resolver os problemas por setor, da seguinte forma:

Na pensão — Fazer reuniões na pensão para acertar os problemas:[8]
- planejar a aquisição de pertences pessoais para a pensão (copo, roupa de cama...).

Na família — Reatar os laços familiares:
- melhorar o relacionamento com a mãe;
- fazer novos acordos;
- planejar a construção de quarto, na casa materna, estabelecendo prazo para a aquisição de material necessário e construção.

Na Unidade — Retornar à escola:
- evitar tomar coisas emprestadas;
- evitar fazer dívidas;
- planejar em conjunto com os educadores como serão os próximos dois anos no Axé.

Nas finanças — Listar os credores e pagar as dívidas:
- guardar dinheiro para a construção do quarto;
- adquirir bens duráveis;
- listar o dinheiro recebido nas apresentações.

CONSIDERAÇÕES SOBRE O PROJETO PEDAGÓGICO DO AXÉ

Politicamente, não nos declaramos neutros — temos uma visão *transformadora* da realidade, comprometida com a mudança social. O compromisso fundamental é com a formação do cidadão.

Pelo que ficou expresso nas falas dos educadores aqui apresentadas, o processo de construção da cidadania, no âmbito do Axé, se faz a partir de pequenos cuidados, da formação de hábitos cotidianos de convivência, de um clima de positividade, de atenções especiais e diárias com todos e com cada um. É um investimento na estruturação interior e exterior da pessoa do educando, construindo e desconstruindo normas, vínculos, conceitos, e que se faz a partir de pequenas coisas, próprias da relação familiar, mas negadas àqueles muitos pobres, que estão fora da família, ou àqueles cuja miséria afetou crucialmente a estruturação familiar e, por isso, perderam esse sentido de proteção, de pertencimento, de aconchego, de lugar. Formar esse cidadão *passa* pelo processo de formar o ser humano, reconhecido por si mesmo

---

8. *Pensão*: alternativa temporária para o jovem que não tem família ou que para esta não pode retornar de imediato. Atualmente tal modalidade se encontra em desuso, ante a parceria com entidades governamentais que mantêm pequenos abrigos.

e pela sociedade. Ajudar o educando a elaborar um projeto de vida pessoal, como já referido, e social, é premissa básica do processo pedagógico.

Surge o dado político-filosófico: que cidadão pretendo formar? Um indivíduo dócil, obediente, cumpridor de ordens, cujo significado ele não compreende, ou um ser crítico, inquiridor, que, diante de cada encruzilhada, pare, reflita e decida, preocupado com os reflexos da sua atuação para si e para o coletivo? Pretendemos formar pessoas capazes de criar, com outros, a ordem social que elas mesmas querem viver, cumprir e proteger para a dignidade de todos, e apoiá-las para que, conscientemente, deixem a cultura da adesão, da oposição pela oposição, e efetivem o poder de deliberação.

Nesse sentido, toda ação educativa é precedida de uma reflexão sobre o ser humano e da análise do meio concreto de quem queremos educar (ou melhor: a quem queremos ajudar a educar-se). Faltando tal reflexão sobre o homem, corre-se o risco de adotar métodos educativos e maneiras de atuar que reduzem o homem à condição de objeto.

O cenário cultural no qual os educadores, comprometidos com o seu trabalho, refletem sobre a teoria a partir das questões surgidas na prática, torna consistente as ações, influenciando os conteúdos trabalhados, sobretudo os da ordem das relações humanas, que, algumas vezes, a escola formal parece desconhecer ou tratar de maneira episódica.

No Axé, a dimensão política, cerne do processo pedagógico, manifesta-se na própria forma como esses saberes — sobretudo éticos e estéticos — são construídos e no tipo de relação que é gerada, implicando os sujeitos envolvidos (e a própria Instituição) com responsabilidades e compromissos que transcendem o espaço da Unidade/Área. Busca-se, assim, a inserção e acompanhamento dessas crianças e adolescentes no núcleo familiar, na escola — fazendo com que compreendam que o sucesso na escola formal deve ser um dos principais objetivos dessa fase de suas vidas — e na comunidade de forma ampla. Fortalece-se, dessa maneira, o sentido de pertencimento e de cidadania, procurando-se criar uma cultura democrática e transformadora que sirva de base para todas as relações.

Os espaços educativos do Axé (Educação de Rua e Unidades) são *loci* privilegiados para a criação de *aprendizagens significativas*, de forma contextualizada, onde se propicia o desenvolvimento da ludicidade, do imaginário, da criatividade, da expressão simbólica dos desejos, dos medos, das alegrias, das fantasias. Esse desenvolvimento é acompanhado de perto, objetivando-se a ampliação do repertório de experiências das crianças e adolescentes atendidos e promovendo-se seu acesso às artes, à cultura universal, à ética e à estética.

A ação educativa visa ao desenvolvimento de capacidades e à aquisição de conteúdos. A maior parte destes é tratada reiteradamente nas diferentes Unidades e nos diferentes módulos, com diferentes graus de amplitude, valorizando-se os conteúdos conceituais (*aprender a conhecer*), procedimentais (*aprender a fazer*) e atitudinais (*aprender a ser e a conviver*) como determinantes e organizadores dos demais conteúdos.

A aprendizagem acontece através da pesquisa, incluindo várias estratégias: observação, jogos, entrevistas, dramatização, diálogos, visitas, excursões, passeios, apresentações teatrais, musicais, balé, banda, desfiles de moda etc. Os conteúdos não são vistos como verdades absolutas, mas como fruto da história da humanidade, em sua tentativa de correlacionar natureza e cultura. Não há separação rígida entre as diversas áreas, buscando-se organizar aprendizagens que requeiram sínteses de conhecimentos procedentes de diferentes áreas.

O projeto pedagógico considera as raízes étnicas dessas crianças, tendo-se em vista levá-las à percepção de que a sua peripécia pessoal se articula com o processo histórico-social das classes populares. Nessa direção vão sendo analisadas as contradições, os antagonismos presentes nesses processos de encontro de raças, línguas e culturas e a própria produção da cultura baiana, a sua expressão artístico-cultural enquanto processo histórico, enfatizando-se o presente, conectando-o com o passado e com perspectivas futuras, buscando-se a origem da nossa formação como cultura e povo singulares. Utilizam-se ainda as diferentes linguagens e manifestações artísticas como formas de despertar a consciência a partir de uma concepção dialética de ser humano e cultura. Não se reduz a arte a uma mera função cognoscitiva, a uma mera expressão de vivências emocionais. A arte é, sobretudo, uma maneira de despertar para o autoconhecimento, para o processo de sentir de cada sujeito, além de apresentar-se como uma perspectiva de iniciação profissional ou mesmo profissionalizante.

A preocupação com as diversidades existentes na sociedade e com as formas de superar o preconceito e a discriminação é o parâmetro ético que nos norteia. O estudo da formação histórica do povo brasileiro, de seus movimentos e mecanismos, criados em diferentes momentos como formas de resistir à dominação e de preservar sua identidade, ainda que de forma clandestina, oportuniza aos educandos o conhecimento de suas origens, como soteropolitanos, baianos, nordestinos e brasileiros, participantes de grupos culturais específicos. Promove a auto-estima dessas crianças e adolescentes, como seres humanos, despertando-os para a compreensão do seu próprio valor, para a autopercepção mais elaborada, que facilita a abertura para o diálogo com o outro. Isso pressupõe romper com as visões dominantes, hegemônicas, trabalhando a cultura de raiz do educando como fundante da sua identidade e articulando-a com as demais culturas, com o conhecimento de outros povos e de suas expressões, na perspectiva da pluralidade cultural.

O trabalho se realiza, prioritariamente, em pequenos grupos, em que todas as resoluções dos problemas se constroem na interlocução com o outro. Isso cria o sentimento do *socius*, do companheiro, do pertencimento a um grupo, com responsabilidade e sentido.

Procura-se fazer com que a ambiência tenha uma organização fundamentada na reciprocidade, na cooperação. As normas disciplinares nascem do consenso do grupo.

A identidade é trabalhada a partir da diferença e das intervenções do educador em nível individual e grupal, cuidando-se para não deixar que papéis e funções se cristalizem em cada pequeno grupo e permitindo que a identidade do sujeito continue a se construir.

Inspirados nos Parâmetros Curriculares Nacionais (PCNs), neste momento trabalhamos com as seguintes áreas básicas:

• *Pluralidade e pertinência cultural* — estudo da história das formas organizativas da sociedade e da idéia de cidadania expressa em cada sociedade ou situação estudada ou vivida, tendo como foco o respeito e a valorização da diversidade étnico-cultural.

• *Ética e convivência social* — análise dos diversos valores presentes em cada sociedade estudada, problematizando-se os conflitos existentes nas relações humanas e buscando-se novas formas de convivência.

• *Meio ambiente e ecologia humana* — formação baseada em informações concretas, valoriza comportamentos ambientalmente corretos e busca formar a consciência ecológica mediante a construção de práticas de intervenção, partindo da dimensão mais próxima e expandido-a.

• *Educação para a saúde e sexualidade* — motivação para o autocuidado e o cuidado ambiental. Quanto à sexualidade, considera o repertório dos educandos, possibilitando a reflexão e o debate sobre posturas, crenças, tabus e valores, sem invasão da intimidade. Transmite informações estruturantes em ambas as dimensões, não impondo valores por meio de julgamentos.

• *Trabalho e consumo* — formação que visa contribuir para o esclarecimento e discernimento das relações entre trabalho e consumo; o conhecimento das leis trabalhistas; os debates sobre dilemas, incertezas e transformações do mundo do trabalho; a desigualdade de acesso a bens e serviços; o consumismo e as armadilhas do consumo e os direitos dos consumidores. Analisam-se e buscam-se alternativas de inserção no mundo do trabalho.

Trabalhamos esses temas nas diversas Unidades, com base nas especificidades das diferentes propostas e das faixas etárias, transversalizando esses elementos entre si e com outras áreas do conhecimento. Elegemos eixos temáticos como organizadores da ação educativa e, em torno deles, procuramos ordenar os conteúdos, visando uma intervenção global, cujo núcleo central é a Educação para a Cidadania.

A partir dessa ótica, os conteúdos são organizados em *Projetos de Trabalho* que propiciam um percurso consistente e sinérgico entre os objetivos a serem alcançados e a apropriação desses conhecimentos pelos educandos. Tais projetos geram situações de aprendizagem reais e diversificadas, possibilitando aos educandos opinarem, decidirem, pesquisarem, debaterem, na tentativa de resolver situações problemáticas.

Com a tentativa de uma organização curricular, buscamos um trânsito mais consistente entre a teoria e a prática, seja clareando a intencionalidade pedagógica, seja aprofundando um sistema conceitual de referência que atue como suporte para o educador no seu papel de facilitar a mudança e a evolução das concepções dos educandos.

Optar pelos chamados "temas transversais" como áreas básicas significa desenvolver uma ação educativa que favoreça o desenvolvimento de pessoas autônomas, críticas e solidárias, capazes de formular os seus próprios valores. Significa acreditar na possibilidade de antepor-se à concepção compartimentada do saber que, algumas tantas vezes, parece caracterizar a educação formal.

É optar por uma educação com um enfoque ético que, complementando a ação escolar, privilegia as questões problemáticas da nossa sociedade, tais como a estética, a violação dos direitos humanos, a deterioração ecológica, a falta de identidade cultural, a discriminação, a violência, entre outros. É politizar conteúdos, buscando auxiliar o educando a se situar criticamente no mundo. É reconhecer e encarar o conflito e educar por meio dele. É ajudar o educando a conhecer a diversidade da espécie humana, buscando contribuir para a sua tomada de consciência das semelhanças e da interdependência entre todos os seres humanos do planeta. É reconhecer a importância de fazer conexões com a vida cotidiana, expandindo a ação para além do espaço da Unidade, o que lhe confere um nível mais amplo, extra-instituição.

O processo de avaliação pretende ser formativo, contínuo, global, adaptado à diversidade, auto-avaliativo e recíproco (educandos e educadores)

A avaliação é tomada como guia orientador do processo de ensino e de aprendizagem, no sentido de comprovar os resultados reais do que se ensina. Leva em conta os objetivos, como norteadores, mas sobretudo considera o processo de cada educando.

Sabemos que muito nos resta a aprender, sendo necessário elaborar novas formas de intervenção pedagógica, mas continuamos arriscando, movidos pelo investimento num saber suposto e ignorado...

Operacionalização do projeto pedagógico[9]

Educação de Rua

Em várias áreas de concentração de crianças e adolescentes em situação de rua, ou seja, fora da família, da escola e da comunidade. Horário de funcionamento: das 8 às 2 horas da madrugada. É a base da proposta pedagógica do Axé.

Na convivência com as crianças e adolescentes que estão nas ruas, os educadores buscam condições para criar autênticas situações, em que possam captar as expectativas, as histórias de vida, o potencial desses seres, acolhendo-os em sua totalidade, reconhecendo-os como pessoas. O educador precisa despir-se de preconceitos, identificando-se com a criança (adolescente), mas sem perder a sua individualidade.

Aí se inicia a construção de identidade individual do educando. A partir de estratégias variadas, são criadas situações que lhe permitam entender que é possuidor de um saber, de uma estrutura de inteligência, de potencialidades, de uma história, que deve ser incorporada e ampliada no processo educativo.

---

9. Na rua ou nas Unidades, os educadores do Axé atuam em dupla. A "dupla docente" permite um olhar mais amplo e singularizado sobre os educandos e educandas, propiciando trocas mais consistentes.

A Educação de Rua conta com o suporte *Axé Buzu*, "veículo da cidadania". Um ônibus equipado com biblioteca, palco, gabinete médico, TV e vídeo, permitindo aos educadores maior mobilidade e diversificação das atividades de acordo com as características das áreas trabalhadas.

Canteiro dos Desejos

Espaço que atende crianças de 5 a 12 anos. A proposta da Unidade está centrada em três aspectos principais: a arte, a cultura infantil e o letramento. Essa abordagem possibilita a criação de um espaço lúdico, em que as crianças utilizam diversas linguagens (verbal, gráfica, plástica e corporal) e desenvolvem o processo de construção do conhecimento. A partir das brincadeiras e da construção de brinquedos, a criança tem oportunidade de expressar, de forma simbólica, desejos, fantasias, medos, tristezas e alegrias. Dessa forma, é aumentado seu repertório de experiências e se provê o seu acesso à cultura, aos valores e aos conhecimentos universais. O eixo temático básico é a formação do povo brasileiro e o fio condutor é a pesquisa sobre o brinquedo infantil em cada sociedade estudada.

Casa de Cultura e Arte

Utiliza a dimensão cultural e a linguagem artística como elementos fundamentais ao processo de integração, de resgate da auto-estima e de inserção comunitária das crianças e adolescentes. Atende educandos de 10 a 18 anos, desenvolvendo atividades de banda percussiva e de capoeira. O eixo temático da Unidade que orienta o desenvolvimento das atividades é "a formação musical do povo brasileiro". Com base em um ritmo, estilo musical ou manifestação cultural, são abordadas as influências negra, índia e branca para essa formação. Todas as atividades visam a oportunizar a vivência de conhecimento que promova o reconhecimento da cultura de origem e a valorização da pluralidade sócio-cultural brasileira.

Empresas Educativas

Entende-se que a educação para a cidadania *passa*, também, pela questão da Educação e Trabalho. As empresas educativas rearticulam essas duas instâncias e se colocam como *lugares* de assimilação de conceitos, procedimentos e atitudes que venham a contribuir para a definição da identidade profissional do educando, afastando a idéia dicotômica de trabalho mental e trabalho manual. A atividade técnica é inicialmente utilizada como *álibi pedagógico*, até que, progressivamente, possa se apresentar como alternativa de iniciação profissional. Atualmente, contamos com duas Unidades dentro dessa proposta, a saber:

Unidade do Pelourinho

Atende educandos na faixa de 12 a 18 anos. A especificidade da Unidade é "criar moda", vista como trampolim para o desenvolvimento da afirmação, da identidade e auto-estima dos educandos, e como resgate da cultura local contextualizada globalmente. A moda é vista como meio para o descortino de perspectivas profissionais e de desenvolvimento sócio-econômico dos adolescentes. No Pelourinho, há duas áreas educativas:

Modaxé — Oficina de moda e costura, tendo como eixo temático a "função social da moda". De forma integrada, são desenvolvidas atividades técnico-pedagógicas, envolvendo desde o aspecto criativo (estilístico) até o técnico, de modelagem e costura industrial.

Stampaxé — Oficina de estamparia de roupas e tecidos, tendo como eixo temático a "história da arte". Nas atividades técnico-pedagógicas torna-se possível a criação individual e coletiva. Aí trabalha-se a serigrafia, incluindo desde o aspecto criativo (desenho, *layout*) até os da arte-final (revelação e estampa).

Unidade Ayrton Senna (Oficina de Papel e Arte)

Atende educandos de 12 a 18 anos. Utiliza técnicas de reciclagem de papel como pretexto para aprendizagens mais amplas ("álibi pedagógico"), que possibilitem aos educandos uma experiência de cidadania concreta. Abordam-se as relações com o "mundo do trabalho", enfatizando a concepção do mesmo como uma possibilidade de interação para transformá-lo. A proposta da Unidade envolve o processo de construção do conhecimento, enfocando o eixo temático "meio-ambiente e ecologia", articulado com a pluralidade cultural. Como empresa educativa, também tem sua proposta pedagógica, organizada em núcleos (pedagógico, de aprendizagem e de produção), que, por sua vez, são subdivididos em módulos e têm uma integração com o núcleo de aprendizagem e de produção da *Casaxé*. Neste, os educandos que já vivenciaram o núcleo pedagógico podem dar continuidade a seu processo formativo, tendo novas experiências e aprendizagens na área de reciclagem, estamparia e decoração.

Unidade de Dança

Atendendo adolescentes na faixa de 5 a 18 anos, a proposta desta Unidade envolve: o desenvolvimento de atividades artístico-pedagógicas em que a dança tem uma função prioritariamente educadora, dentro dos princípios do Axé; a formação de futuros dançarinos, promovendo-se ensino mais especializado aos que demostram interesse e capacidade artística para a área; a promoção de apresentação dos dançarinos-educandos, inclusive nas escolas públicas, comunidades de origem dos educandos, entidades culturais similares e, eventualmente, em locais destinados ao público em geral. As atividades pedagógicas são desenvolvidas com base no tema "a função social da dança" (pluralidade cultural), integrando o ensino da dança, a pesquisa cultural e as atividades artísticas de extensão. O atendimento expande-se para todas as Unidades, para que o conjunto dos educandos possa ter aulas de dança. Assim, os conteúdos técnicos específicos de cada atividade/Unidade estão inter-relacionados com aspectos cognitivos, éticos e estéticos, numa permanente conexão entre o didático e o pedagógico, entre o pensar e o atuar.

Projeto Ilê Ori (Escola Municipal Barbosa Romeo)

O projeto de fazer uma escola para as crianças atendidas pelo Axé vinha sendo discutido há cinco anos. As crianças do Axé costumam chegar ao Projeto já com uma história escolar de multirrepetência e evasão, semelhante à de muitas outras crianças das comunidades pobres de Salvador. A observação dessas dificuldades produziu entre os profissionais do Projeto um forte interesse em contribuir para a criação de uma escola capaz de acolher e garantir a permanência e a progressão regular dessa população no sistema escolar.

Dessa forma, realizou-se a parceria com a Secretaria Municipal de Educação e Cultura (SMEC), com a intenção de montar e gerir uma escola cujo objetivo é atender essa população, em consonância com os princípios político-pedagógicos do Projeto Axé e visando-se fazer da mesma um centro de referência. Isto é, uma unidade escolar cujo corpo docente desenvolva um projeto pedagógico experimental, produzindo permanentemente uma reflexão sistematizada, com o objetivo tanto de aprimoramento da prática pedagógica quanto de apoio à formação inicial e continuada de professores do sistema municipal de educação. Assim, em abril de 1999, o *Projeto Ilê Ori — Casa do Conhecimento* tornou-se realidade.

Programas transversais

Apoio à Família e à Juventude

Busca, fundamentando-se no conhecimento da realidade das famílias, encontrar caminhos que facilitem o "estar" do educando em seu grupo familiar, possibilitando a este grupo condições para a agregação de seus membros, seja a partir de uma intervenção pedagógica (acompanhamento sistemático), seja pela articulação com setores da sociedade para o atendimento às diferentes situações encontradas. Buscam-se, ainda, saídas para a situação de moradia de educandos sem referencial familiar ou com complicadores que impedem a sua permanência na família (abrigos, em articulação com o poder público, locação de quartos em pensionatos, bem como parcerias que possibilitem a continuidade da formação profissional dos jovens).

Demanda Espontânea

Atendimento a crianças e adolescentes que procuram o Projeto Axé espontaneamente ou através do encaminhamento de instituições como Juizado, Conselho Tutelar e entidades de atendimento. Após a escuta e investigação social, realizada na família e na comunidade, para composição da história de vida, prossegue-se atendendo-se às questões relativas à saúde, à documentação, às pendências jurídicas, à vida escolar e à moradia. O processo é finalizado com o acolhimento nas Unidades ou o encaminhamento para outras instituições.

Programa de iniciação

Profissional externo, realizado através de parcerias, diversificando o processo de formação através de cursos e/ou estágios remunerados.

Programa de Esportes

Desenvolvido, de forma sistemática, através de parcerias, atividades de futebol, basquete, futebol de salão, natação e karatê.

Acompanhamento Escolar

Ação com vistas a garantir o ingresso e a permanência dos educandos na escola pública; procura a interação entre o Axé, a escola e a família, a partir de um acompanhamento sistemático nas unidades escolares e de uma interlocução constante com os diversos atores envolvidos (diretores, supervisores e professores, escolares, familiares, educandos e educadores do Axé). Nesse momento, está sendo repensado, considerando-se a implantação do Projeto Ilê Ori.

Núcleos de Alfabetização

Criados a partir da constatação de que uma parcela significativa da população atendida pelo Projeto Axé encontra-se bastante defasada relativamente à alfabetização. Mesmo no universo dos educandos inseridos na escola formal, muitos permanecem sem alcançar o domínio da leitura e da escrita ou apresentam de fato dificuldades de aprendizagem. É característica do Projeto Axé acolher educandos de forma contínua durante o ano. Estes, na maioria advindos da Educação de Rua, encontram-se fora da escola. O Núcleo de Alfabetização se constitui aí como espaço intermediário até a conquista de uma situação de avanço na aprendizagem da leitura e da escrita. Não são unidades autônomas, estando inseridas nos espaços existentes.

Defesa de Direitos

Acompanhamento jurídico-judicial das situações de crianças e adolescentes atendidos pelo Projeto. Participação nas atividades de educação para a cidadania, nos aspectos relativos a direitos e deveres. Articulação com organizações de defesa de direitos.

Educação para a Saúde

Através de uma visão crítica de saúde, ensina como obtê-la e preservá-la. Orientação e atendimento educativo, médico-odontológico e psicológico; prevenção e tratamento de abuso de drogas e DSTs. Parceria com a rede de SUS e outras instituições.

Formação de Recursos Humanos e Assistência Técnica

Seleção e formação permanente de educadores e técnicos. Disseminação dos princípios e metodologia do Axé por meio de seminários, cursos, estágios, visitas técnicas e assessoramento a outras organizações públicas ou não-governamentais. Manutenção de sistema de biblioteca que atende aos funcionários e educandos do Axé e aos usuários externos.

Dessa forma vamos:

> ...transcorrendo, transformando tempo e espaço, navegando todos os sentidos...!

Gilberto Gil

REFERÊNCIAS BIBLIOGRÁFICAS

BRASIL. Ministério da Educação. Secretaria de Educação Fundamental. *Parâmetros Curriculares Nacionais*. Brasília, 1997.

COOL, César. *Aprendizagem escolar e construção do conhecimento*. Porto Alegre: Artes Médicas, 1994.

COSTA, Maria Luiza Andreozzi. *Piaget e a intervenção psicopedagógica*. São Paulo: Olho d'Água, 1997.

FREIRE, Paulo. *Educação como prática de liberdade*. 7. ed., São Paulo: Paz e Terra, 1997.

_____. *Pedagogia da autonomia*. São Paulo: Paz e Terra, 1997.

_____. *Pedagogia do oprimido*. Rio de Janeiro: Paz e Terra, 1987.

FREITAS, Maria Tereza de Assunção. *Vigotsky e Bathkin*. São Paulo: Ática, 1994.

GADOTTI, Moacir. *Convite à leitura de Paulo Freire*. São Paulo: Scipione, 1991.

GROSSI, Ester P. Os centenários de Piaget e Vygotsky. *Folha de S. Paulo*, 02 de outubro de 1996.

_____. & BORDIN, Jussara (org.). *A paixão de aprender*. Petrópolis: Vozes, 1994.

HERNANDÉS, Fernando & VENTURA, Montserrat. *A organização do currículo por projetos de trabalho*. Porto Alegre: Artes Médicas, 1998.

HOLANDA, Aurélio Buarque de. *Novo dicionário da língua portuguesa*. 2. ed. Rio de Janeiro: Nova Fronteira, 1986.

KEIL & MONTEIRO. Construtivismo x positivismo. In: GROSSI, E. P. & BORDIN, J. *A paixão de aprender*. Petrópolis: Vozes, 1994.

LA TAILLE, Yves et al. *Piaget, Vigotsky, Wallon: teorias psicogenéticas em discussão*. São Paulo: Afiliada, 1992.

LAJONQUIÈRE, Leandro. *De Piaget a Freud*. Petrópolis: Vozes, 1993.

MARTINS, João B. *Reflexões em torno da abordagem multirreferencial*. São Paulo: UFSCar, 1998, p. 32.

PIAGET, Jean. *Seis estudos em psicologia*. Rio de Janeiro: Forense Universitária, 1969.

RIVIÈRE, E. Pichon. *Teoria do vínculo*. São Paulo: Martins Fontes, 1995.

YUS, Rafael. *Temas transversais*. Porto Alegre: Artes Médicas, 1996.

SUJEITO DE DIREITO E PRÁTICA EDUCATIVA

*Riccardo Cappi**

Já foi afirmado que o Projeto Axé tem inscrito, na própria missão institucional, o propósito de afirmar os direitos fundamentais da pessoa humana e contribuir para a sua efetivação, dedicando-se mais diretamente à criança e ao adolescente destituídos desses direitos em conseqüência da desigualdade que caracteriza a organização da sociedade brasileira. Isso significa trabalhar na perspectiva da educação para a cidadania, entendida como princípio e meio para a construção e conquista de direitos.

Trata-se então de definir, de modo mais preciso, como se traduz, na prática do atendimento, a concepção de "sujeito de direito". O que significa educar na perspectiva da afirmação, da auto-afirmação do educando como "sujeito de direito"?

Para tentar responder a essa pergunta serão examinadas, em primeiro lugar, algumas questões de natureza teórica, visando fundamentar a proposta do Axé num sentido mais amplo. Num segundo momento, será necessário fazer algumas considerações sobre a articulação possível entre os pontos de vista jurídico e pedagógico na discussão da idéia de "sujeito de direito". Já entrando no campo da educação, serão apresentados alguns princípios que nos permitem dizer de que maneira a prática educativa pode constituir-se em espaço de promoção do "sujeito de direito". Enfim, após a discussão de alguns segmentos da prática de atendimento — Educação de Rua,

---

* Criminólogo e economista, assessor do Centro de Formação do Projeto Axé.

atendimento nas Unidades e setor de Defesa de Direitos — tentar-se-á articular a idéia de "sujeito de direito" com a proposta da instituição no que se refere à questão da cultura.

A PRÁTICA INSTITUCIONAL COMO GARANTIA DE DIREITOS

Estando claro que a atuação institucional quer se inspirar na filosofia dos Direitos Humanos — universais e indivisíveis — o Axé se propõe a possibilitar, de forma concreta, a garantia de determinados direitos para as crianças e os adolescentes da Cidade de Salvador. De modo especial, os que vêm sendo atendidos pertencem à categoria de jovens que poderíamos chamar de excluídos ou que se incluem nos segmentos mais pobres da população. Isto é, aqueles cujos direitos fundamentais, ou pelo menos alguns entre eles, foram violados desde a primeira infância. Trata-se de jovens que não tiveram respeitado o direito à integridade física, à alimentação, à educação, ao esporte, ao lazer, à profissionalização, à cultura, à dignidade, ao respeito, à liberdade e à convivência familiar e comunitária... Entre eles são alvo especial de atendimento os que se encontram em situação de exterioridade às principais instituições de socialização, tais como a família, a comunidade e a escola.

Considerando, igualmente, que o *Estatuto da Criança e do Adolescente* rompe definitivamente com a doutrina da situação irregular, até então admitida pelo Código de Menores, para estabelecer como diretriz básica e única no atendimento de crianças e adolescentes a doutrina da proteção integral, entendemos que todos os direitos citados têm que ser garantidos com prioridade aos jovens que saíram ou foram expulsos dos próprios contextos familiar, comunitário e escolar para buscar novas formas de subsistência e convivência, incompatíveis por si mesmas com a garantia de tais direitos. Com isso se quer simplesmente delimitar um campo de atuação para a instituição em matéria de atendimento, tendo sempre como referência a universalidade e a indivisibilidade dos direitos. Renuncia-se, portanto, radicalmente, a qualquer "tentação" de natureza corporativista, que ponha os direitos da criança e do adolescente acima dos direitos de outras categorias da população ou que os entenda como independentes destes últimos.

De maneira específica, consideramos que o direito à educação, talvez um dos mais importantes e abrangentes, tem que ser garantido de forma imediata aos jovens afastados dos contextos educativos tradicionais, para facilitar a sua (re)inscrição em tais contextos. É dessa forma que se pode entender a peculiaridade de um processo educativo que começa nas ruas e nas praças da cidade onde eles se encontram quotidianamente. Isso, provavelmente, é o que melhor representa a "tomada de posição" do Axé.

Tomada de posição no sentido literal da expressão. O Axé poderia atuar a partir de um consultório, de um escritório, de um centro social, de um posto de atendimento etc., mas resolveu começar na rua, através de um trabalho educativo de rua. Foi escolhido o próprio lugar onde se sedimenta o resultado das várias injustiças sofridas, das inúmeras heranças da própria exclusão, das violações, acumuladas, dos direitos mais elementares. Tomada de posição, portanto, ao lado de quem parece não ter — ou não ter reconhecida — nenhuma posição.

Mas existe uma segunda maneira de o Axé tomar posição, no sentido mais metafórico. O Axé quer posicionar-se em favor de quem, estando na rua, nunca, ou quase nunca, teve os próprios direitos reconhecidos, assim como as próprias capacidades ou os próprios anseios. Esta posição, agora discursiva, busca, pelo menos num primeiro momento, a própria legitimidade no lugar de onde se fala, ou seja, a partir da rua.

Enfim, o Axé e quem está sendo acompanhado por ele — ou está acompanhando — podem falar, dizer a própria palavra, ou seja, tomar posição para com o conjunto da sociedade, posição que vai estimular a ação, no sentido da transformação concreta da realidade social. Uma posição, dessa vez, definitivamente de cunho político.

Seguindo esse caminho, nossa tentativa de teorização tem a ver com aquelas pessoas que, há nove anos, foram encontradas nesse "não-lugar", para tentarmos transformá-lo, não só em "lugar", mas também numa posição. Posição a partir da qual é possível pensar outras posições e efetivar, portanto, um deslocamento, um movimento, uma caminhada, pedagógica ou política que seja.

E pareceu-nos necessário escutar um pouco mais essas pessoas que continuamos a encontrar, sem percorrer novamente os trilhos segundo os quais são usadas expressões como "menino de rua", "pivete", "jovem em situação de risco" etc. que inauguram explicações da problemática que nos preocupa. Essas nos parecem, de qualquer forma, objetivantes, e não conseguem, obviamente, ser objetivas.

Num primeiro momento, não foi a objetividade que nos interessou, mas sim a subjetividade. Subjetividade que pula na cara de quem se esconde atrás de um vidro, de um jornal nacional, de um discurso eleitoral, da história oficial... Subjetividade que pula também na cara de quem não se esconde e tenta ver de mais perto como as coisas — e as pessoas — estão...

A tentativa é, portanto, a de trabalhar com a idéia de que os jovens com os quais se inicia um processo educativo são definitivamente sujeitos, neste caso, "sujeitos de direito".

Em primeiro lugar, vale insistir sobre a necessidade de esclarecer-se o jovem quanto ao fato de que, ao receber qualquer atendimento de uma ONG ou do Estado, não recebe um favor, mas tem o que lhe é devido. Ou seja, que entenda se tratar de um direito, ao qual, inclusive, correspondem deveres.

Essa idéia tem que ser construída com os jovens, o que, por outro lado, pressupõe transmissão da norma jurídica, ainda que num sentido crítico. É preciso comunicar a norma, não de forma sacramental, mas sim desmistificando-a. Nesse sentido, como já foi dito, não cabe colocar a lei como algo que, por si só, tem o poder de transformar a realidade, mas sim afirmar a capacidade que ela tem de indicar os caminhos a serem percorridos, ressaltando, inclusive, a função simbólica da norma jurídica

Para tornar concreta essa idéia de garantia de direito, de imprescindibilidade do direito, é necessário criar mecanismos, em primeiro lugar, no seio da própria instituição, para que ela mesma seja "espelho de juridicidade". Quem trabalha para tornar indisponível o direito do outro ou para que se tome consciência disso, não pode nunca ser aquele que viola o direito, aquele que se afasta da postura ética, e também jurídica, de respeito aos Direitos Humanos. Isso pressupõe, portanto, constante vigilância da própria entidade sobre si mesma, nos vários aspectos da própria vida institucional.

Por outro lado, na medida em que o Axé não pode — e não deve — proporcionar atendimento ao conjunto das crianças e adolescentes da cidade cujos direitos foram e estão sendo violados, nem provê-los de todos os serviços necessários à juventude, o esforço da instituição, como ONG, vai no sentido da promoção e da garantia desses direitos. Tal esforço concretiza-se mediante outros tipos de atuação, tais como estímulo aos poderes públicos competentes e encarregados da implementação do *Estatuto da Criança e do Adolescente*; estabelecimento de parcerias com outras instituições orientadas para a defesa dos direitos da criança e do adolescente; formação de atores sociais e sensibilização de outros segmentos da sociedade acerca dessa questão, assim como constante vigilância e denúncia em relação às violações que ainda ocorrem.

Entendemos, portanto, que o fato de enxergar a criança e o adolescente como sujeito de direito não consiste na simples perspectiva de atuar com os jovens atendidos pelo Projeto Axé, mas sim em promover essa visão no conjunto da sociedade e em desenvolver iniciativas concretas nesse sentido, em qualquer que seja o nível. Isso se revela de extrema importância à luz do caráter de construção permanente da própria cidadania e, sobretudo, da situação específica da sociedade brasileira em matéria de respeito e garantia de direitos.

É preciso, portanto, pensar intervenções que sejam capazes de fazer avançar os direitos mais elementares, inclusive recuperando a esperança cívica no potencial transformador dos instrumentos jurídicos. É claro que, nesse ponto, a maior dificuldade está na praxe, na operacionalização desse discurso, para que a inalienabilidade desses direitos não seja mera palavra.[1] Poderíamos, de fato, perguntar: como utilizar o Direito para construir cidadania?

É importante fazer com que, não só os jovens, mas todos reconheçam que o direito é inalienável, imprescindível, exigível.... E a exigibilidade constitui chamamento para ações concretas da instituição, inclusive com a participação dos jovens,[2] para acionamento do poder público, desenvolvendo-se assim uma luta política com instrumentos jurídicos.

UMA PONTE ENTRE "DIREITO" E "EDUCAÇÃO"...

Considerar o educando como sujeito de direito dentro de um projeto de cunho pedagógico e político significa, em primeiro lugar, encarar o desafio de efetivar princípios e normas legitimamente conquistados, notadamente os contidos na Constituição Brasileira e no *Estatuto da Criança e do Adolescente*. Nesse sentido, vale lembrar que quando se fala da criança e do adolescente como "sujeito de direito" deve permanecer claramente a distinção entre "personalidade jurídica" e "capacidade jurídica". Na medida em que não existe plena capacidade jurídica para a criança e o adolescente, que não exercem, portanto, plenamente, todos os direitos de que são formalmente titulares, a expressão "sujeito de direito" deve ser entendida com algumas ressalvas.

---

1. Poderíamos, por exemplo, perguntar: qual o papel institucional com relação aos Conselhos de Direito instituídos pelo próprio *Estatuto*? Por outro lado, seria útil investigar possíveis atuações em matéria de "relevância pública" de certos direitos, como os contidos no artigo 6º da Constituição: educação, saúde, trabalho, lazer, segurança etc. E que posição tomar frente à função institucional do Ministério Público de "zelar pelo efetivo respeito dos Poderes Públicos e dos serviços de relevância pública aos direitos assegurados na Constituição (...)" (Art. 129, inciso II)?

2. Isso não significa mudar as regras do jogo em matéria de capacidade jurídica, mas sim oferecer oportunidades de protagonismo social e político aos jovens, o que, por excelência, constitui-se também em prática pedagógica.

Do ponto de vista jurídico, a criança e o adolescente constituem-se como "sujeitos de direito", sem plena capacidade jurídica. Isso, por sua vez, fornece um alicerce interessante à própria prática pedagógica, na medida em que se define para ela um campo de atuação: criar as condições adequadas para que o educando se torne, futuramente, "sujeito de direito" na sua acepção mais ampla, vindo, portanto, a dispor dos saberes, das capacidades e das atitudes apropriadas para o desempenho desse papel. Aparece, assim, a dimensão processual, dinâmica, da prática educativa, que vai desenhando os próprios objetivos à luz dos dispositivos legais.

É nesse sentido que podemos falar da idéia de "sujeito de direito" como fundamento da prática pedagógica, ou seja, como elemento que norteia o conjunto do processo educativo. Na continuação deste texto, continuaremos a usar a expressão "sujeito de direito", levando em conta essas considerações.

De maneira mais abrangente, vale considerar que todo indivíduo, pelo simples fato de pertencer a um grupo humano e ao conjunto das relações que se produzem nele, se encontra na condição de "sujeito", confrontado à produção normativa daquele grupo. "Sujeito" no sentido de ser aquele que se sujeita, que se vê numa condição de limitação ou de possibilidade, determinadas pela própria produção normativa. "Sujeito" pelo fato de poder contribuir, direta ou indiretamente, para essa mesma produção normativa. Por sua vez, o Direito, como campo específico das relações sociais, fornece um recorte formal, técnico, com o máximo grau de alcance social, de uma realidade que caracteriza o conjunto das experiências dos grupos humanos: a elaboração de normas.

Isso nos leva a fazer algumas considerações relativas à "ponte" que é possível estabelecer entre a dimensão jurídica e a dimensão pedagógica.

A ordem jurídica formal impõe-se ao jovem e a qualquer cidadão, ainda que seja possível problematizar as normas vigentes. Seria, portanto, juridicamente sem fundamento e pedagogicamente incorreto transmitir um pensamento segundo o qual é possível e desejável se contrapor à ordem jurídica formal, sem considerar os mecanismos jurídicos instituídos pelo Estado democrático ou criar — ou defender — ordenamentos jurídicos alternativos no âmbito de poderes paralelos.

Porém, vale ressaltar que, no atual contexto legal, o "poder" admite — e requer — resistência, contrapoderes, contrariamente à situação de "força pura". O papel do educador não é o de desmoralizar o aparato estatal, mas sim o de desmistificá-lo, conhecê-lo, se aproximar dele e utilizá-lo. Para isso, na prática educativa, é preciso desconstruir o discurso competente do Direito — pois é ideológico e excludente —, analisar as relações de força e as possibilidades abertas pela própria lei, para generalizar os mecanismos de exigibilidade do Direito. Isto se torna ainda mais importante na atual conjuntura, em que expressões como "Estado democrático" e "Garantia de direitos", apesar de sua consagração nos textos legais, são ainda traduzidas de maneira amplamente incompleta na realidade social.

Por outro lado, para incluir plenamente a perspectiva de "sujeito de direito" na experiência educativa, é indispensável considerar, para além do universo normativo formal, os diferentes mecanismos de produção de normas que se sobrepõem nos diversos âmbitos de experiência do educando — a família, a comunidade, a sociedade, a rua, a unidade educativa etc. Apresenta-se aqui a hipótese segundo a qual enfocar, no percurso educativo, esses vários processos e refletir sobre eles torna-se condição indispensável à formulação de uma proposta que possa promover o "sujeito de direito".

Essa idéia leva-nos a considerar a questão ética, que, necessariamente, cruza o nosso percurso educativo. Poder-se-ia falar, de maneira mais abrangente, de "sujeito ético", pois isso significa falar de liberdade, de autonomia, de relações, de escolhas de comportamentos, individuais e coletivos. O sujeito é sempre ético na medida em que tem que organizar e dirigir a própria conduta, podendo esta ser avaliada à luz das idéias de bem e de mal, que também precisam ser decodificadas e elaboradas permanentemente. Deste ponto de vista, o sujeito, interagindo num contexto coletivo, participa sempre da elaboração de princípios, de senso e, por conseqüência, de normas.

A EDUCAÇÃO COMO ESPAÇO PARA PROMOÇÃO DO "SUJEITO DE DIREITO"

Desde o começo da sua atuação, o Projeto Axé referiu-se ao pensamento de Paulo Freire para elaborar os caminhos teóricos e práticos da própria iniciativa. Além disso, o próprio mestre da "pedagogia do oprimido" participou, em primeira pessoa, das primeiras formações do pessoal da instituição. Sem querer, aqui, lembrar a produção rica e complexa do autor pernambucano, achamos necessário indicar como esta permite reforçar nossa posição, segundo a qual o jovem é "sujeito de direito".

Se aceitamos a idéia de que é o oprimido que *se* libera, com relação à prática de dominação, alheia e própria, não podemos deixar de salientar a dimensão subjetiva e ativa na conquista de uma condição de descoberta, de autodescoberta, pela própria pessoa, que vai se conscientizando da situação de opressão, desenvolvendo uma capacidade de distanciamento da condição de oprimido.

Tal posição tem três importantes implicações.

A idéia de sujeito de direito passa pelo conhecimento e reconhecimento desse direito pela pessoa que deve usufruir do mesmo. Mas o reconhecimento do direito implica o conhecimento da estrutura e dos mecanismos sociais geradores de direito (ou de não-direito). Em outras palavras, o sujeito de direito é aquele que conhece os próprios direitos — vigentes na realidade ou não — assim como as condições que (im)possibilitam a garantia desses direitos na prática social. O conhecimento de que se fala resulta, portanto, de um exercício de distanciamento, de reflexividade, de intencionalidade crítica com relação a si mesmo e ao mundo. Essa implicação faz com que as atividades educativas desenvolvidas no Axé sejam pensadas no sentido de favorecer o conhecimento da lei e o questionamento dos educandos no que diz respeito aos mecanismos de elaboração das normas em geral. O trabalho sobre as normas legais articula-se à reflexão sobre as regras vigentes na comunidade e na própria unidade. Da mesma forma, a instituição, como um todo, propõe-se a desenvolver essa mesma capacidade com relação aos mecanismos estruturais da sociedade geradores das condições de produção do nosso sistema normativo, formal e real.

O educando pode ser considerado como um ator ou um ator potencial na elaboração dos sistemas normativos que regulam as condutas individuais e sociais no meio em que ele se inscreve. Tomar consciência do próprio direito é, também, tomar consciência da possibilidade e da necessidade de contribuir em matéria de elaboração e efetivação das normas. De fato, o mundo de que cada um toma conhecimento é o mundo ao qual se pertence e que pertence a cada um, de que se assume a responsabilidade pelas suas transformações, dadas as possíveis condições de opressão. Cada um, portanto, tem a possibilidade de "dizer a própria palavra", de falar em nome próprio para a transformação das condições sociais de existência.

Enfim, o sujeito não se entende como ser isolado, que goza, inclusive individualmente, do próprio direito. Ele só existe porque existe intersubjetividade, porque, constantemente, as pessoas interagem e procuram, em conjunto e através de conflitos, as formas mais idôneas de organização da vida coletiva, em qualquer que seja a instância: grupo, comunidade, sociedade. O conhecimento e a participação pressupõem a dimensão coletiva e social, conflitual por excelência. Isso se deve traduzir no trabalho desenvolvido com os grupos de educandos, na elaboração coletiva, permanente, de caminhos viáveis para o desenvolvimento das atividades. O mesmo princípio é válido no que diz respeito à atuação de cunho político, seja por parte dos educandos, seja por parte da instituição, nas próprias articulações com outras instituições ou na produção do próprio discurso.

Conhecimento crítico, participação e dimensão coletiva, ou seja, política, aparecem como três ingredientes fundamentais da proposta de Paulo Freire, que o Projeto Axé se propõe a articular na própria prática, e que podemos, portanto, chamar pedagógica e política, de promoção do "sujeito de direito". Em outras palavras, promoção do cidadão e da cidadania.

Se é verdade que a idéia de sujeito de direito passa por uma concepção do indivíduo como membro da comunidade humana, com direitos e deveres pessoais e universais, a prática educativa, que, por excelência, visa à integração crítica numa comunidade, constitui um instrumento privilegiado para a real construção dessa cidadania.

Como já foi dito, no Projeto Axé a proposta pedagógica é orientada por uma concepção do educando como sujeito de desejo, de cognição e de direito. Essas três dimensões, distintas no plano da teorização, revelam-se complementares e indissociáveis no plano da prática pedagógica. De fato, não se pode pensar em oferecer um espaço de expressão de desejos e de aprendizagem, se não se trabalha na perspectiva da inclusão do educando numa sociedade em que ele se reconheça e seja reconhecido como protagonista de sua construção.

Essa idéia de cidadania — do educando como sujeito de direito e, portanto, de deveres — aplica-se concretamente no processo educativo. Para tornar mais explícitos esses princípios, vamos considerar aqui, a título de exemplo, algumas áreas de atuação: a educação na rua e nas unidades educativas e a prática do setor de Defesa de Direitos.

A RUA E AS UNIDADES EDUCATIVAS

Iniciando-se com a educação na rua, observa-se que a prática do educador visa, em primeiro lugar, ao reconhecimento do jovem como pessoa, ou seja, como ser de relação. É oferecida a oportunidade para que ele se inscreva nessa relação, a qual constitui o vínculo pedagógico, nos modos e nos tempos que lhe sejam mais apropriados. Dessa forma, ele pode se reconhecer como digno de atenção, de escuta e de confiança, de forma incondicional, pelo simples fato de ser gente. Tal atitude educativa cria a possibilidade de o jovem dizer algo sobre ele, sobre a própria história, a própria família, o próprio mundo. Isso aparece como um estágio indispensável para a tomada de consciência (ou de maior consciência) da própria inscrição numa história individual e social. A partir da leitura dessa história, será possível trazer para a prática conceitos como o de direito, de dever, de sociedade, de cidadania...

No plano da intervenção concreta do educador de rua, algumas ações reforçam o processo: fazer certidão de nascimento ou carteira de identidade, encaminhar para serviços de saúde ou outras práticas relativas à situação pessoal ou familiar do jovem. Essas simples operações põem claramente o educando na situação de (se tornar) cidadão, pertencente, portanto, a uma determinada comunidade, que funciona com determinadas regras e instituições.

Quando o educando faz a escolha por uma Unidade Educativa, ele aceita pertencer, ainda que não totalmente, a um espaço social estruturado, que continua sendo construído com a sua própria participação. É a estrutura desse espaço, cujo principal responsável é, definitivamente, o adulto, que merece nossa atenção específica no que diz respeito à questão da cidadania.

A Unidade apresenta-se como um lugar onde o jovem acolhido tem a possibilidade de desenvolver-se, de criar, aprender, desejar, junto com outras pessoas. Como espaço de convivência, a Unidade caracteriza-se por algumas regras instituídas, instrumento indispensável para tornar possível, produtiva e agradável a convivência. O sistema de regras deve estar aberto para que o educando contribua com o seu desenvolvimento. Encontros coletivos, atividades organizadas, conversas e, por que não, conflitos, vêm aplicando, aperfeiçoando, transformando, no dia-a-dia, esse sistema normativo. Tal processo deve-se constituir, em si mesmo, como vivência e aprendizagem prática do conceito de cidadania e das suas implicações: direito de ter direitos, respeito às diferenças, abolição dos privilégios, afirmação do bem comum, confiança no potencial de transformação de cada um — da própria vida e do mundo onde se está inserido — confiança na força da palavra — da norma, do contrato — para a superação dos conflitos, consciência dos direitos do outro e, portanto, dos próprios deveres...

Vale a pena reforçar a idéia de que o espaço da Unidade Educativa constitui um lugar de aprendizado da democracia e da cidadania. Trata-se de um espaço social referenciado, em que o adulto, o educador, constitui a referência. É ele que garante a existência de certas regras assim como a possibilidade de gerar novas normas através da participação dos integrantes da comunidade educativa. É ele que promove o movimento gradual de uma situação de heteronomia preponderante para uma situação de maior autonomia possível, por parte dos educandos. Se, num primeiro tempo, fica claro que o adulto assume a responsabilidade que o leva a definir determinadas normas para o conjunto, a prática educativa deve propiciar a definição de campos de atuação em que os próprios educandos possam elaborar normas. Que atividades desenvolver? Com que regras? Quem se responsabiliza por determinadas tarefas? O que fazer em caso de ruptura da palavra dada ou do contrato estabelecido? Estas perguntas devem, na medida do possível, ser propostas ao próprio grupo para que o mesmo gere respostas. Isso significa atribuir um valor essencial à palavra, àquela palavra que, num contexto significativo de relações — fala-se também em "vínculos" — permite a estruturação do indivíduo e do coletivo. A palavra que, da maneira mais justa possível, venha a se inscrever entre um acontecimento e outro, para garantir o acesso sempre mais rico ao universo da simbolização e da normatividade.

Assim, pode aparecer que a norma, palavra por excelência, é efetivamente um instrumento, permanentemente elaborado, para garantir algo que vale a pena: a própria relação, um projeto, a vida do grupo... Nesse sentido é de fundamental importância o investimento do jovem nas relações, nos projetos e nos sentidos propostos. A norma fundamenta-se neles e permite, ao mesmo tempo, que sejam reforçados.

Quando se fala em palavra justa, palavra que diga da melhor maneira o que acontece e que possa, também, ser prescritiva, atribui-se uma importância considerável à palavra do próprio educando, que chega ao contexto da instituição com saber próprio, com representações da realidade que lhe são peculiares. É importante que sejam levadas em conta, que encontrem um espaço de expressão e discussão, que sejam incluídas no processo de negociação das normas vigentes. E isso, claramente, obriga o educador e a própria instituição a desenvolver, como competência específica, a tolerância ao conflito, entendido, inclusive, como etapa fundamental de um processo educativo que se propõe a levar em conta as diferenças.

Mas é claro que o jovem não pertence unicamente ao mundo da Unidade, nem a Unidade é o único espaço que lhe pertence. Trata-se de considerar, igualmente, a comunidade mais geral na qual o jovem se inscreve: o bairro, a cidade, a nação... Como funcionam esses conjuntos sociais? Quais são os direitos que o jovem tem lá fora? Estão sendo garantidos? Pode-se dizer que o modelo da cidadania é o que prevalece na gestão das relações sociais? Que outros modelos são possíveis e com que êxito? Levando-se em conta a realidade do menino e a sua palavra sobre ela, pode-se começar, com ele, a reflexão sobre essas questões, assim como a transmissão de saberes específicos sobre lei e direitos. É importante para o educando poder dizer o que acontece na própria realidade, enxergar as contradições e as injustiças das quais freqüentemente é vítima, pensar as formas de superação e, possivelmente, atuar neste sentido.

Enfim, as atividades desenvolvidas nas Unidades Educativas constituem um suporte para a efetivação de alguns direitos fundamentais: direito de aprender, de projetar-se no futuro, de apropriar-se de referenciais culturais, de planejar uma inserção no mercado de trabalho etc...

O SETOR DE DEFESA DE DIREITOS

No processo educativo, a área de Defesa de Direitos também desempenha um papel importante no sentido da educação para a cidadania. Em primeiro lugar, através do atendimento aos educandos envolvidos em problemáticas que os põem em contato com as instâncias responsáveis pelo cumprimento da lei. Em situação de vítima ou em situação de autor de ato infracional, o jovem precisa ser atendido e receber o acompanhamento jurídico adequado. Deve também ser informado da própria situação com relação ao conjunto da sociedade, em virtude das leis vigentes. O atendimento deve, portanto, proporcionar instrumentos para que o educando possa entender e participar das várias etapas de um processo legal, tanto na perspectiva de reivindicação de direitos quanto na de cumprimento da lei. Dessa forma, um momento crítico da vida pode se tornar uma oportunidade de crescimento, na perspectiva da própria cidadania.

Por outro lado, existe a formação dos educandos sobre Direito, que se dá de forma continuada nas várias unidades de atendimento. Ao longo dessa formação, transmite-se o conhecimento sobre a lei e pode-se começar uma reflexão sobre a questão da democracia, do funcionamento do Estado de Direito, assim como trabalhar alguns pontos essenciais da Constituição e do *Estatuto da Criança e do Adolescente*. Para esse trabalho conta-se com a utilização de recursos didáticos específicos — dinâmicas, representações, teatro de bonecos etc. — sempre evidenciando-se a importância de expressar-se sobre a própria realidade e sobre as suas representações. Conhecer as leis e o (dis)funcionamento da sociedade significa, para o educando, ampliar a consciência dos próprios direitos e deveres, limitando inclusive a probabilidade de vitimização — ou transgressão — e potencializando os instrumentos de reivindicação.

De forma mais geral, considerando-se uma visão pluridisciplinar do Direito, é interessante distinguir entre planos diferentes de leitura, quando se trata de trabalhar a questão dos direitos com os educandos. O *plano normativo* é aquele em que o Direito é visto a partir das normas de comportamento postas pelo Estado. Existe, por outro lado, o *plano factual*, segundo o qual nós observamos o Direito como conjunto de práticas sociais efetivas. Nesse segundo nível, entra a discussão sobre a efetividade e a eficácia das normas formais e dos mecanismos inibidores dessa eficácia — ausência de garantias, impunidade, não-acesso à justiça, condições de vida que, de fato, tornam impossível a cidadania plena e a consciência dos direitos. Finalmente, existe um *plano valorativo*, no qual cabe discutir questões como as do reconhecimento do outro; da valorização do ser humano e da sua dignidade em face da moral vigente de descartabilidade e de coisificação do mesmo; da limitação dos poderes do Estado e dos valores da liberdade ou da individualidade. Este último plano é o dos princípios éticos, aqueles que, historicamente, estão consagrados na Declaração Universal dos Direitos Humanos.

Do ponto de vista da reflexão teórica sobre a prática pedagógica e a defesa de direitos dos educandos, cabe ressaltar a importância de determinadas questões inspiradas pela experiência, relativas à possível relação conflitual entre educando e lei. Em outras palavras, como pensar na atuação do Axé no trabalho com os educandos que cometem atos infracionais?

Sem tratar de maneira aprofundada essa questão, formulamos aqui algumas perguntas para orientar reflexões futuras.

Diante do conhecimento de um ato infracional cometido por um educando, e ainda não elucidado pelas autoridades competentes, qual deve ser a postura institucional? De um lado, existem os princípios de cumprimento da lei e de não-acumpliciamento; de outro, tem-se a não-obrigação de denúncia por parte do educador. Essa não-obrigação e a prática sistemática de não denunciar favorecem o desenvolvimento da confiança dos educandos nos educadores — inclusive para comunicar atos infracionais cometidos ou até planejados — mas, por outro lado, podem gerar uma perda do ponto de vista da capacidade da instituição de transmitir valores e normas, haja vista a dimensão coletiva do trabalho. A confiança é um elemento indispensável da prática pedagógica, mas não podemos pensar em estabelecer uma justiça paralela, acima do Estado. Por outro lado, como converter uma palavra pronunciada pela confiança, dita num contexto pedagógico, em informação para inquérito policial? A gravidade da infração pode influenciar a modalidade da resposta e as providências a serem tomadas...

Essas rápidas reflexões indicam possíveis pontos de tensão na hora da tomada de decisões em casos concretos, que podem ser muito complexos, especialmente quando há riscos para a integridade física dos educandos.

Como intervém o fator tempo? Como enxergar o fato de que se trabalha com um grupo? Pode-se pensar que a decisão de não se denunciar, ainda que justificável, não seja uma resposta suficiente? Como atuar com os educandos antecipadamente? Como afastar definitivamente a cumplicidade do educador? Como agir se a vítima é "do Axé"? É possível determinar alguns princípios de atuação ou teremos sempre que atuar segundo o caso?

A realidade não é menos complexa quando se trabalha com educandos vítimas. Na perspectiva de cumprir a lei e de reduzir a impunidade, parece indicado apoiar a denúncia do autor. Mas como isso é possível se o contexto põe em risco a integridade da vítima ou de testemunhas? Como trabalhar se as próprias vítimas tendem a desistir? É possível pensar em denúncias coletivas? Que instrumentos, por exemplo, de registro sistemático, seriam úteis neste sentido?

Essas questões não são exaustivas, mas nos mostram como a prática nos obriga a pensar posturas, princípios de atuação, apostando permanentemente no valor da negociação.

SUJEITO DE DIREITO, SUJEITO DE CULTURA?

Um elemento importante, que talvez caiba discutir melhor em outras partes da nossa sistematização, é o seguinte: os meninos com os quais o Axé trabalha são portadores de cultura. Para além da exclusão, às vezes, da miséria, eles testemunham a cultura no sentido mais forte, aquela que dá cara à Cidade de Salvador, a cultura negra, a cultura do sertão... A cultura que é também cultura de resistência e de luta, sem a qual não seria possível entender as práticas e as representações dos meninos.

E, no Axé, a questão cultural permeia todo o processo educativo, não como simples fragmento no conjunto da transmissão de saberes, mas sim como parte integrante da vida dos meninos e dos educadores, como meio em que, por excelência, se dá a educação. A cultura como prática educativa e não a educação para a cultura.

A cultura como espaço de afirmação identitária, étnica e comunitária. Mas também como possibilidade de afirmação social e de "empoderamento" dos excluídos, dos discriminados étnica e socialmente. A cultura como ponte entre o particular e o universal, a tradição e a inovação, o igual e o diferente, o local e o cosmopolita. A cultura, enfim, como enraizamento e possibilidade de voar, para enxergar e enfrentar as lógicas do produtivismo e da homogeneização ditadas pelas leis hegemônicas da economia globalizada.

Esse trabalho com a dimensão cultural constitui uma ferramenta essencial na promoção do sujeito de direito de que falamos até agora.

Em primeiro lugar, no que diz respeito à elaboração de normas entendidas no sentido mais amplo, o que é possível porque o sujeito tem uma história vinculada a uma cultura. Isso vale igualmente para a própria constituição do sujeito de direito no sentido mais restrito, assim como na elaboração da questão da responsabilidade — de cidadão ou de autor de ato infracional.

A responsabilidade só é possível quando existe autoria que, por sua vez, se torna legítima por princípios éticos. Apesar de não ser possível transmitir, no sentido mais puro da palavra, princípios éticos, estes dependem de condições externas da existência, nas quais os próprios princípios amadurecem. Assim, o papel da educação não seria exatamente criar ou reforçar essas condições para uma construção interna de princípios éticos, que são também de natureza social?

A educação possibilita interações específicas com a cultura socialmente aceita, de modo a gerar, por essas interseções, conexões de sentido. São essas conexões de sentido — e aqui já estamos na parte da cognição — que geram transformação. A pergunta, portanto, é a seguinte: quais os conhecimentos a serem transmitidos — e de que forma — para que se construa a autonomia do sujeito? A via é a da conquista e da construção de conhecimentos acerca do belo e do bom.

De maneira até ousada, poderíamos nos perguntar se é possível conjugar o bom e o belo, o dizer de maneira justa e o dizer de maneira bela. Isso só pode ser respondido à luz da vivência, sabendo-se que, já em outros âmbitos, costuma-se, no Axé, conjugar educação e estética.

Resta que o problema da interiorização da regra deve ser colocado à luz da realidade dos educandos. É, de fato, extremamente complicado pretender transmitir regras e, de maneira específica, as que foram estabelecidas pelos incluídos — e pelas quais, freqüentemente, se perpetua a exclusão — sobretudo se pensarmos que trabalhamos com pessoas marcadas por uma história pessoal de exclusão. Não podemos esquecer que o sistema é, muitas vezes, visto como repressivo, e só repressivo, e que são criados outros sistemas normativos, de forma paralela, que, no plano factual, se revelam mais efetivos. Os educandos do Axé, diariamente, dão disso testemunho, para quem presta atenção à palavra deles.

Portanto, nesse trabalho de inclusão social, é útil continuar ouvindo e levando em conta a palavra do menino sobre o que ele está vivenciando, sobre sua história, o mundo em que vive, enfim, sobre sua própria cultura. Dessa forma, e só dessa forma, é possível gerar processos de transformação.

Voltamos, assim, a um dos grandes princípios éticos que alimentam ou devem alimentar o nosso trabalho: o reconhecimento do outro. Do outro enquanto outro, diferente. Talvez seja nessa proposta, ao mesmo tempo simples e complicada, já indicada pela própria Declaração Universal dos Direitos Humanos e pela idéia de multiculturalismo, que se encontre mais uma interseção enriquecedora entre Direito e Cultura...

Parte III

Lastros da inclusão

O PROJETO ILÊ ORI (CASA DO CONHECIMENTO)
uma parceria entre o sistema municipal de educação e o Projeto Axé

*Maria Esther Pacheco Soub**
Elisabethe Monteiro***

Para o Projeto Axé, o ingresso e permanência das crianças e adolescentes na escola pública sempre foi uma meta fundamental. Nessa perspectiva, há alguns anos atuamos em parceria com o poder público, visando formular estratégias para a gestão escolar que possibilitem uma melhor qualidade do ensino público.

As primeiras iniciativas nesse sentido foram tomadas e desenvolvidas pelo programa de acompanhamento escolar, atuando-se diretamente nas escolas onde os jovens atendidos pelo Axé estavam matriculados. Percebemos, contudo, que as ações terminavam sendo pulverizadas, visto que o quantitativo de escolas era muito grande, dificultando as intervenções.

Com base nessas conclusões, dois pontos foram delineados com maior clareza. Primeiramente, o lugar desses meninos e meninas deveria ser necessariamente a escola pública e, em segundo lugar, não queríamos nem poderíamos criar uma "escola para os educandos do Axé", separando-os dos seus companheiros de comunidade. Daí solidificou-se a noção de que era necessário o fortalecimento de uma parceria com o poder público, com o objetivo de criar alternativas

---

* Pedagoga, consultora do Ilê Ori — Projeto Axé.
** Pedagoga, coordenadora do Ilê Ori — Projeto Axé.

para a construção de um saber coletivo que viesse a contribuir para o sucesso escolar desses alunos.

Foi nessa perspectiva que o Projeto Axé, em parceria com a Prefeitura Municipal de Salvador, implantou o Projeto Ilê Ori (Casa do Conhecimento) na Escola Municipal Barbosa Romeo, especialmente inaugurada com essa finalidade: atender aos educandos do Axé e da população mais pobre da comunidade próxima da escola (situada no bairro de São Cristóvão), assim como constituir-se em um centro de estudos e referência, isto é, em um espaço de discussão, sistematização e divulgação de conhecimentos pedagógicos que possam trazer contribuições para o aprimoramento das práticas pedagógicas.

Na escola em questão, visa-se desenvolver e consolidar um projeto em três diferentes dimensões:
- projeto permanente de educação regular, pensado como continuidade, para ser iniciado desde os 4 anos (Educação Infantil) e prolongando-se até os 14 anos (8ª série do 1º Grau);
- projeto (que se pretende temporário) de classes de aceleração para alunos defasados do ponto de vista da relação idade/série, o que está permitindo aos adolescentes sair do turno noturno e estudar durante o dia;
- projeto permanente de educação de adultos, voltado para os ex-alunos do Axé, para as famílias dos alunos e, sempre que possível, para a comunidade próxima (a ser implantado).

A Proposta de Gestão Pedagógica da escola está sendo construída pela comunidade educativa e tem como objetivos desenvolver estratégias que possibilitem a participação efetiva dos pais no Conselho de Gestão Escolar, promover a articulação com os movimentos sociais do bairro e formular uma proposta curricular que garanta um ensino de qualidade.

A organização da Proposta Pedagógica de Ensino está articulada em torno dos eixos apresentados a seguir.

PLANEJAMENTO DA AÇÃO EDUCATIVA — OS PROJETOS

As aprendizagens que os alunos realizam na escola serão significativas na medida em que estes consigam estabelecer relações entre os conteúdos escolares e os conhecimentos já construídos anteriormente. É fundamental, portanto, que a intervenção educativa possibilite uma atuação ativa do aluno na interação com os conteúdos de ensino. Nesse sentido, a sala de aula deve se transformar em um espaço privilegiado para a observação, a reflexão e a confirmação ou revalidação de hipóteses. O enfoque do ensino enfatiza as situações de resolução de problemas. Assim, os alunos vão construindo aproximações sucessivas sobre o que buscam compreender. O professor atua nesse processo como um mediador entre a hipótese inicial do aluno e o conhecimento já construído socialmente, elaborando questões que possam representar boas situações-problema. Por essa razão, o nosso plano curricular foi organizado em torno de projetos didáticos que favoreçam a flexibilidade da ação pedagógica. As situações não estão previamente formalizadas, ao contrário, possibilitam um contexto funcional dos conteúdos, em que as aprendizagens se tornam compatíveis com o seu sentido social.

A característica essencial de um projeto de trabalho é ter um objetivo compartilhado por todos os envolvidos para se chegar a um produto final, em função do qual todos trabalham. Além disso, os projetos permitem dispor do tempo didático de forma flexível, pois sua duração corresponde ao tempo necessário para se alcançar um objetivo: pode durar alguns dias ou alguns meses. Esses projetos se caracterizam por ser uma tarefa coletiva, composta de diversas etapas. Para sua execução é preciso planejar, prever, dividir responsabilidades, aprender conhecimentos específicos relativos ao tema em questão, desenvolver capacidades e procedimentos específicos, usar recursos tecnológicos, aprender a trabalhar em grupo agindo de acordo com as normas, valores e atitudes esperadas, controlar o tempo, dividir e redimensionar as tarefas, avaliar os resultados em função do plano inicial. Essa característica de partilha do planejamento, inerente ao desenvolvimento do projeto, favorece o necessário compromisso do sujeito que aprende com sua própria aprendizagem, pois esta é muito mais produtiva quando o grupo que realiza o projeto conta com a participação de cada um no esforço para o alcance de uma meta comum.

Pretende-se, dessa forma, pôr a escola em relação com a comunidade e, sobretudo, trazer aos professores e alunos a possibilidade de eleger conteúdos com sentido real e de sugerir trabalhos que tenham significado para quem os realiza e para a comunidade de dentro e de fora da escola. Espera-se abrir as portas da escola e estabelecer uma comunicação mais verdadeira entre o que se produz lá dentro e o mundo em que ela está inserida.

Os projetos potencializam a Gestão Pedagógica, ampliando o universo de participação da comunidade escolar, incluindo diretores, professores, alunos, pais e comunidade local. Por meio deles, pretende-se desenvolver os diferentes papéis dos atores implicados nas propostas:

- diretor — facilitar a implementação das propostas;
- professor — comprometer-se com a nova experiência;
- aluno — comprometer-se com o desenvolvimento de ações em que compartilhe o saber aprendido, participando, por exemplo, de seminários, da produção de livros e revistas, realizando palestras e entrevistas;
- pais e comunidade próxima — participar conforme solicitados.

As influências sociais somam-se ao processo de aprendizagem escolar, contribuindo para consolidá-lo, pois, além do acesso a novos conhecimentos, o aluno tem a possibilidade de construir instrumentos de compreensão da realidade e participação em relações sociais, políticas e culturais.

FORMAÇÃO PERMANENTE DOS PROFESSORES

O dia-a-dia do professor, mesmo quando todas as propostas didáticas estão previamente organizadas, é sempre atingido por uma série de imprevistos de diferentes ordens. O contexto de sala de aula exige uma reorientação constante das suas ações, seja para atender às demandas dos alunos, seja para incorporar decisões do âmbito da gestão escolar. Nesse sentido, a imagem de uma prática educativa controlável, em que uma série de medidas concretas consegue atender às necessidades do professor, não corresponde à sua realidade profissional.

A formação de professores da Escola Municipal Barbosa Romeo busca expressar as condições efetivas da prática docente, os obstáculos materiais, as relações hierárquicas, os conflitos, a imprecisão dos objetivos. Nesse sentido, os conhecimentos do professor devem destinar-se primeiramente a serem reinvestidos na sua prática, possibilitando a construção de novas competências. No entanto, eleger a prática educativa como contexto norteador da formação não explicita necessariamente qual a concepção metodológica adotada, ou seja, se a ação formativa oportuniza uma conduta ativa do professor no processo de formulação e validação da proposta pedagógica que está sendo construída.

Através da tematização da "prática pedagógica", uma reflexão contextualizada sobre as intervenções realizadas pelo professor, concretiza-se a oportunidade de analisar os problemas que comprometem a realização dos seus objetivos de ensino. O desafio de superá-los exige uma prática reflexiva, ou seja, a compreensão da situação-problema, a concepção de um plano que conduza à meta, a ativação dos seus conhecimentos de referência, a articulação de estratégias para a execução desse plano e uma avaliação que determine se a meta foi ou não alcançada. O saber-fazer do professor é compreendido como algo sobre o qual se pode pensar e reconstruir.

Nessa perspectiva, o professor tem assumido a condução do processo pedagógico refletindo coletivamente, antecipando possíveis hipóteses de resolução, observando a repercussão da nova forma de intervenção e, principalmente, gerando a oportunidade de construção de novos conhecimentos pedagógicos.

As ações formativas devem ter como referência o âmbito da prática pedagógica e a estratégia de problematizar os efeitos que dela decorrem, o que confere ao professor o papel de investigador, sujeito da sua ação profissional. As propostas de formação estão organizadas dentro da rotina de trabalho, acontecendo em diferentes momentos e com propósitos diversos. Por exemplo:

- observação de ações na sala de aula, reunião com coordenação/professores para identificação e discussão coletiva dos aspectos da prática educativa que merecem ser discutidos coletivamente;
- tematização de práticas que representem bons modelos para os professores: ter como referência esses modelos de atuação, não como "receitas prontas", mas para favorecer um contexto de reflexão sobre as hipóteses didáticas que orientam as práticas de ensino (produção de vídeos, oficinas de construção de materiais curriculares, análise de materiais didáticos e produção de alunos e alunas etc.);
- leitura de textos para o aprofundamento teórico necessário, permitindo a construção e o desenvolvimento da capacidade de identificar problemas, investigá-los e propor soluções;
- organização e documentação das dinâmicas de formação;
- organização de uma filmografia (gravações em vídeo de situações de formação): a utilização de situações gravadas em vídeo permite organizar as discussões e, num primeiro momento, significá-las com base nos referenciais à disposição, para, posteriormente, com o avanço das pesquisas, ampliar os modos de investigação, com o reconhecimento de que a mesma situação pode gerar distintas formas de interpretação;
- sistematização e divulgação das intervenções realizadas, tomando como referência conhecimentos que são relevantes para o exercício da profissão do professor;
- avaliação do projeto de formação, considerando os tipos de avaliação, instrumentos e recursos.

Os professores compreendem a importância de participar dos espaços de formação e, pouco a pouco, estão se apropriando dos instrumentos de uma prática reflexiva; elaboram documentos com esse propósito, realizam filmagens de situações em sala de aula, acompanham e discutem o trabalho de outros professores. E, o mais importante: essas oportunidades de desenvolvimento profissional fortalecem o seu compromisso com a qualidade de aprendizagem dos seus alunos. Assim, na nossa realidade, todos os esforços estão dirigidos para que a experiência escolar dos alunos seja significativa e prazerosa.

FAMÍLIA, SAÚDE E FORMAÇÃO

*Casilda Ribeiro**
*Eliane Gomes Rodrigues***
*Vera Leonelli****

O Projeto Axé apresenta-se à sociedade de Salvador, em 1990, como uma proposta político-pedagógica de atendimento a crianças e adolescentes que, por força da situação de extrema pobreza, são compelidos a buscar em atividades econômicas exercidas nas ruas os recursos para sua própria sobrevivência e para a composição de renda familiar mínima. Naquele momento, a infância e a juventude — especialmente a criança e o adolescente pobres — já se constituíam em objeto de atenção científica da comunidade acadêmica de alguns setores políticos e da imprensa. Anteriormente, crianças e adolescentes pobres preocupavam quase que exclusivamente as pessoas de boa vontade, as organizações de caridade e os espaços jornalísticos policiais em notícias sobre abandonados e infratores.

A mudança da qualidade da atenção política e jornalística às questões da infância e juventude pobres deve muito a profissionais como Gilberto Dimenstein e outros, de posição semelhante, que "transportaram" os problemas de meninos e meninas em risco para um outro patamar de comunicação social.

---

* Médica, coordenadora da Área de Saúde do Projeto Axé.
** Assistente Social, coordenadora da Área de Apoio às Ações de Família, Juventude e Comunidade do Projeto Axé.
*** Advogada, assessora para Direitos Humanos do Projeto Axé.

Atender a pessoas em situação de extrema pobreza — como é o caso de meninos e meninas que vivem nas ruas, nos centros urbanos — remete, compulsoriamente, à identificação de carências múltiplas e à necessidade de intervenções de várias ordens, que não podem ser assumidas por uma única organização, tanto menos se for uma ONG. Por maior que seja a articulação de uma organização dessa natureza, ela não integra — como é o caso do organismo público — uma estrutura setorializada capaz de dar conta de situações de carências de bens e serviços, de ordem familiar e comunitária, que, não podendo ser ignoradas, requerem posicionamento e atuação de quem institucionalmente se compromete com o atendimento social.

Assim, o Projeto Axé, ao tempo em que se articula com setores públicos ou da sociedade civil organizada com o objetivo de buscar soluções para as inúmeras necessidades decorrentes da exclusão dos meninos e meninas que atende, amplia gradativamente suas funções. Ou seja, passa a incluir em sua estrutura uma unidade de *atendimento e educação para a saúde* e elege áreas de atuação que alcancem outros sujeitos, cujos direitos e obrigações se relacionem com os das crianças e adolescentes. Dentre essas áreas, a de *atendimento às famílias* e a de *formação de recursos humanos*.

CENTRO DE EDUCAÇÃO PARA A SAÚDE

O *Estatuto da Criança e do Adolescente* determina que toda criança e adolescente tem direito à proteção e à saúde, devendo-se promover políticas sociais públicas que permitam o seu nascimento e desenvolvimento sadio e harmonioso em condições dignas de existência. O atendimento médico e o acesso universal e igualitário às ações e serviços de promoção, proteção e recuperação da saúde deverão ser assegurados pelo Sistema Único de Saúde (SUS).

Em 1992, uma pesquisa intitulada "Meninos de rua, acesso de camadas marginalizadas a serviços de saúde territoriais", realizada em parceria pelo Projeto Axé e pela Coordenação de Projetos Italianos de Saúde no Brasil — *Terra Nuova*, permitiu a análise da oferta e da demanda desses serviços na Bahia. Concluiu-se que havia uma extrema desarticulação entre a oferta e a demanda e que os padrões de acesso aos serviços e a seu uso estavam relacionados à dinâmica da marginalização — na maioria dos casos realiza-se o pronto atendimento de caráter curativo e, muitas vezes, atendem-se pacientes com problemas graves, em estados já avançados de doença.

A questão cultural da não-credibilidade dos serviços de saúde faz com que a busca por serviços de natureza imediatista seja prioritária. Por outro lado, tais serviços reforçam essa tendência, oferecendo um atendimento rápido, de baixa qualidade, sem capacidade para acompanhar o adolescente e promover ações de caráter preventivo.

Esse é o contexto em que, em 1993, o Axé cria o Centro de Educação para a Saúde (C.E.S.), com a proposta de contribuir para a melhoria das condições de saúde dos meninos, através da conscientização do conceito de saúde associado a modo de vida.

A competência e o compromisso da equipe de saúde do Projeto, as atividades adequadas ao perfil da população atendida e a garantia do atendimento nos diversos níveis de complexidade do Sistema de Saúde, através das parcerias estabelecidas, são fatores que consolidaram a proposta. O Centro de Educação para a Saúde é a "porta de entrada" de um processo educativo que alia o atendimento médico-odontológico individual a atividades grupais, desenvolvidas nas diferentes unidades do Projeto, onde se associam informações abrangentes de saúde à construção da cidadania, integrando questões relativas à auto-estima, ao senso de responsabilidade e à confiança na vida.

ATENDIMENTO FAMILIAR

Esse programa foi estruturado com a perspectiva de encontrar um método de trabalho com as famílias que não implicasse apenas apoio e prevenção, mas que as incluísse como protagonistas de uma ação social transformadora de sua consciência e de sua circunstância.

Entre seus objetivos, destacam-se:
- reforçar os vínculos afetivos intrafamiliares;
- esclarecer e qualificar os papéis dos diferentes membros da família;
- identificar os fatores que afetam o equilíbrio emocional/econômico e social das famílias;
- encontrar alternativas de moradia para os educandos impossibilitados de retornar ao seu grupo familiar.

Para o Axé, trabalhar com as famílias dos meninos é sobretudo trabalhar relações, respeitando os mesmos princípios e metodologia com que se atua com as crianças e os adolescentes, ou seja, considerando a família como sujeito de conhecimento, de direitos e de desejo e articulando essas três dimensões na direção da construção de sua cidadania.

Esses princípios são operacionalizados no sentido de:
- conhecer-se a realidade das famílias dos educandos;
- compreender-se o conjunto de fatores que afetam as relações familiares;
- respeitar-se suas crenças e valores éticos, morais e culturais;
- informar a família sobre os serviços existentes na comunidade e orientá-la para o uso crítico dos mesmos e para o exercício de seus direitos e deveres sociais.

FORMAÇÃO DE RECURSOS HUMANOS

Compreendendo que, para "o trabalho social", a boa vontade e o compromisso afetivo e político são elementos importantes, mas insuficientes, o Axé vem investindo, desde sua implantação, na formação técnica e política de seus trabalhadores. O investimento, neste caso, corresponde também ao reconhecimento das várias dimensões humanas mobilizadas para o trabalho, que precisam ser alimentadas, educadas, cuidadas e respeitadas.

É direito do trabalhador o aperfeiçoamento profissional, bem como é sua obrigação atuar a partir dos princípios e normas institucionais, considerando os destinatários de suas ações e os resultados pretendidos: construção da cidadania e efetivação dos Direitos Humanos.

O termo *formação*, ao invés de *treinamento* ou *capacitação*, é aqui utilizado no seu sentido mais amplo, mais completo. Devendo ir além do adestramento para o exercício de atividades específicas, visa estimular o desenvolvimento das potencialidades de cada um e da(s) equipe(s), em processos de construção do saber, para fazer bem. Esses processos pressupõem *humildade* para sempre reconhecer os limites do conhecimento individual e da instituição — e, assim, estar disponível para aprender — e *ousadia* para produzir, com base no fazer cotidiano, conhecimento sistematizado que possa ser útil à própria organização e a outras iniciativas na área social.

Os programas de formação permanente, voltados para os trabalhadores do Axé, partem da reflexão sobre os interesses e objetivos institucionais, tendo em vista a compreensão da realidade em que se insere o Projeto. Por essa razão, as chamadas "formações gerais" — de interesse comum e destinadas ao universo de trabalhadores — envolvem áreas de conhecimento científico (psicologia, antropologia, sociologia, pedagogia, política, economia e direito) que são tratadas por especialistas, de forma articulada e conectada com o espaço de atuação cotidiana. Por outro lado, conteúdos relativos à atuação profissional específica são objeto de programas, de cursos, seminários, assessoramento e estágios oferecidos pelo próprio Axé ou buscados em outras organizações, de forma a atender-se às demandas dos profissionais dos diversos setores ou às necessidades identificadas pelos encarregados dos programas formativos.

Metodologicamente busca-se, cada vez mais, dosar as técnicas de abordagem dos temas de interesse do Projeto, de modo a alcançar um equilíbrio entre as várias dimensões da aprendizagem. Assim, as exposições verbais — sempre com possibilidade de participação — são alternadas com exibição de filmes, trabalhos em grupo, leitura de textos, simulações e outras formas que favoreçam a expressão artística, estética, em suas diversas linguagens: música, teatro, dança, pintura, escultura etc.

Na medida em que a importância atribuída pelo Axé à formação de recursos humanos passou a se constituir em objeto de interesse de outras organizações — públicas ou não-governamentais — a função formativa ganhou força e organicidade, de modo a atender a demandas externas, com apoio do BID e da Secretaria do Planejamento, através do *Centro de Formação em Recursos Humanos e Assistência Técnica*.

Um dos objetivos iniciais do Axé é o de constituir-se em experiência replicável, consideradas as características de cada realidade em que se pretenda atuar com meninos/meninas em situação de exclusão social. Dessa forma, faz parte desse objetivo a abertura, para os interessados, de todos os seus princípios, métodos e práticas, muitos dos quais herdados do Movimento Nacional de Meninos e Meninas de Rua e de outras organizações que o antecederam nesse tipo de iniciativa. Essa é a razão pela qual, dentre os seus programas permanentes, está o de oferecer, com regularidade, a organizações públicas ou de outra natureza, informações sistematizadas sobre fundamentos teóricos, formas de atuação pedagógica, política, jurídica e administrativa, inclusive estratégias e fontes de captação de recursos.

A transparência com que se busca realizar esse tipo de serviço no Axé resulta, também, da consciência do seu caráter público e, conseqüentemente, da obrigatoriedade de tornar acessível o patrimônio de conhecimento/informação que se conseguir acumular.

A disponibilidade de informações sobre o Projeto concretiza-se no acolhimento às visitas técnicas (estagiários, pesquisadores e outros interessados), pelo Centro de Formação, pela Biblioteca Capitães da Areia e pelas áreas de atendimento (educação de rua, cultura e artes, saúde, defesa de direitos, escola). Além disso, anualmente são realizados seminários de até 60 horas para representantes de entidades congêneres que manifestam interesse em conhecer de forma sistematizada o trabalho do Axé, em oportunidade de partilha de experiências com outras organizações.

A socialização de experiências, de maneira geral encorajada e facilitada por organizações que se ocupam de políticas voltadas para a infância e a juventude, tem rendido frutos positivos. Ela enriquece as possibilidades de atuação na medida em que faz circular conceitos e práticas, estimula a reflexão e a discussão e, de certa forma, constitui redes, mais ou menos costuradas, de iniciativas na área social. No entanto, é preciso vigilância para que a "articulação" não se constitua num fim em si mesmo, esgotando os recursos que devem chegar a fins específicos.

A outra linha de ação do Axé na formação de recursos humanos refere-se aos programas de formação em cidadania e Direitos Humanos, oferecidos a categorias de trabalhadores consideradas estratégicas nessa área, tais como policiais, professores e outros agentes sociais vinculados a organismos públicos ou ONGs. Mais recentemente essa clientela foi ampliada, passando a abarcar também profissionais que exercem funções de segurança na iniciativa privada.

Através desses programas, sempre desenvolvidos em parceria com instituições comprometidas com a dignidade humana — UNICEF, Anistia Internacional, OAB/BA, THEMIS, MOC, dentre outros —, o que se pretende é contribuir para a ampliação de uma cultura de afirmação e promoção dos Direitos Humanos.

Sem minimizar a importância das denúncias políticas de violação de direitos, dos processos que resultam na penalização dos violadores, do empenho em erradicar a impunidade, utilizando-se de todos os mecanismos admissíveis num estado de direito, o investimento na formação para os Direitos Humanos já é reconhecido como estratégia eficaz para a promoção da paz e a redução da violência em suas mais variadas expressões e conseqüências.

A educação para a cidadania e os Direitos Humanos, reconhecida como principal mecanismo de realização da democracia, faz-se, principalmente, no próprio exercício da prática democrática, mas pressupõe valores, idéias, fundamentos, conhecimentos, compromissos e organização. Esses elementos, através de cursos, seminários e outras formas de encontro, são postos em discussão com o objetivo de ampliar as possibilidades de difusão do ideário dos Direitos Humanos, de construção de redes e de implantação dos mais variados tipos de serviços, inspirados na solidariedade, na igualdade e na tolerância.

A educação para os Direitos Humanos tem, também, o objetivo de estimular as demandas de justiça, de modo a se cobrar, crescentemente, a democratização do acesso ao Poder Judiciário. A igualdade jurídico-formal de acesso à justiça, prevista na Constituição, é absolutamente negada pelo contexto de desigualdade sócio-econômica da realidade brasileira. A educação jurídica pode ser um caminho que, associado a outros, facilite a superação desse quadro.

Quando se investe, com prioridade e, já se pode dizer, com algum sucesso, na formação de policiais militares, professores da rede pública e trabalhadores de ONGs, em programas de cursos básicos, cursos de especialização (em sentido amplo) e na constituição de grupos de trabalho comunitário e companhia de teatro temático em Direitos Humanos, o que se quer é reduzir o número de homicídios, lesões corporais, abuso de autoridade e outros crimes cometidos em nome da segurança pública. Pretende-se, ainda, mediante a convivência entre esses segmentos, facilitar o desarmamento, nos seus sentidos material e simbólico, e difundir conceitos e práticas compatíveis com os princípios da tolerância e da paz, com o mínimo de harmonia necessária à convivência social.

No investimento, também prioritário, na formação de educadores (monitores e professores) dos Programas de Erradicação do Trabalho Infantil na área rural do Estado da Bahia, o que se pretende é colaborar com as diversas organizações integrantes das instâncias colegiadas — comissão estadual, municipais e grupos gestores — no seu esforço para garantir às crianças a que a infância tem sido cruelmente negada o direito de estudar e de realizar seu potencial criativo em atividades próprias à sua condição de pessoas em desenvolvimento.

Com o objetivo de apoiar os programas formativos, o Centro de Formação do Axé vem, modestamente, investindo na construção de instrumentos didáticos, inclusive na edição de livros, passíveis de serem também utilizados por outras organizações e projetos que acreditem na eficácia dessa via para semear possibilidades de transformação da nossa realidade, na perspectiva de uma democracia social, econômica e étnica.

Parte IV

Origens e travessias

OS MENINOS DO AXÉ... CAMINHOS

Ana Maria Bianchi dos Reis*
Marle de Oliveira Macedo**

Ouvir os meninos sobre sua história de vida e no Axé tem, neste capítulo, o objetivo de facilitar ao leitor o estabelecimento dos nexos entre a missão institucional do Axé, sua proposta pedagógica, o papel dos educadores e a realidade dos educandos.

Trata-se tanto de retomar as questões já tratadas anteriormente, não mais do ponto de vista teórico/analítico, mas a partir do olhar e da vivência dos meninos, como de, através de suas narrativas, identificar para o leitor a fonte dos pressupostos que orientam o trabalho dos educadores nas ruas, nas unidades de atendimento, com as famílias e na formação para os Direitos Humanos desenvolvida com a Polícia Militar.

Para o cumprimento desse objetivo foram realizadas entrevistas com um grupo de 16 educandos do Axé, com base apenas em um roteiro, o que permitiu maior flexibilidade ao entrevistador e ao entrevistado no aprofundamento das questões e percepções que lhes pareciam mais importantes.

Foram abordados temas tais como "a vida de rua antes do Axé"; "percepções/representações/sentimentos, sonhos e desejos"; "a entrada no Axé"; "acolhimento e integração no Axé"; "visibilidade e perten-

---

* Mestra em sociologia, antropóloga, consultora do Projeto Axé.
** Mestra em educação, socióloga, coordenadora de cultura do Projeto Axé.

cimento"; "condição étnico-social"; "relação com a família, sociedade, contexto"; "sonhos atuais; "o Axé na vida" e "sugestões para o Axé".

O critério para a seleção dos educandos (dos dois sexos), na qualidade de informantes, foi o de que eles representassem as diversas situações ou categorias existentes no Projeto: educandos que entraram via Educação de Rua ou via demanda espontânea; que vieram indicados por outros educandos já reintegrados na família; que já participaram de eventos que propiciam visibilidade (desfiles, circo, banda etc.); que estão vinculados às empresas educativas ou ao Canteiro dos Desejos; educandos em vias de sair por estarem completando 18 anos; os do Programa Cultural do Axé em suas várias opções de atividades e educandos que já são aprendizes ou funcionários.

Só não foram entrevistados os da Educação de Rua, por ser esta uma atividade introdutória e o educando, em tal condição, não ter ainda vivenciado o cotidiano da proposta pedagógica no sistema de atendimento das unidades. A Educação de Rua, no entanto, está presente nos relatos dos demais educandos, como parte da história de cada um.

A faixa etária do grupo entrevistado inclui um menino de 9 anos do Canteiro, estando os demais no intervalo de 14 a 17 anos. Participam também dois ex-educandos, com 22 e 23 anos, já contratados como funcionários da Opa e da Modaxé, e dois integrados ao Programa Sebrae com 18 e 19 anos.

Quanto ao tempo no Axé, 11 dos entrevistados têm mais de quatro anos de participação nas atividades do Projeto, 2 educandos tem dois anos, e os 2 restantes, de cinco a dezoito meses.

O texto focaliza a realidade dos meninos com os quais o Axé atua e que se constituem em fonte e meta de seu trabalho — fonte de inesgotáveis desafios e possibilidades, que fazem com que essas metas estejam em permanente transformação.

Com certeza, a leitura dos depoimentos aqui contidos ensejará ao leitor muitas questões, seja com relação a sua própria vida, a sua prática profissional e política ou aos textos anteriores deste livro. Foi esta a nossa experiência ao concluí-lo. Por isso sua localização como texto final — uma forma de partilhar nossas permanentes indagações e os sinais que orientam nossa caminhada...

VIDA DE RUA ANTES DO AXÉ

— Era muito difícil minha vida na rua, tinha que acordar cedo, sem tomar banho. Não tinha alimentação certa, não tinha carinho, não tinha amor.

Agora eu estou sabendo disso tudo. Se não fosse o Axé, eu ficaria na rua até hoje. Pegava drogas, embarreirava na Barra, na Pituba, na Piedade. Minha vida era a droga mesmo. Eu era acabada...

A violência

A história que leva os meninos para a rua e os acompanha neste processo é sempre marcada pela violência — uma violência que se apresenta com diferentes faces, conforme se pode perceber nos depoimentos que se seguem.

A violência da fome e da miséria, que faz com que as crianças precisem conquistar diretamente sua sobrevivência e, muitas vezes, que sejam utilizadas como canal para a manutenção do conjunto da família.

— O dinheiro da sinaleira era pra mim e ela (a mãe). Pra mim eu tirava a merenda, e pra ela dava pra tirar umas comidas pra ajudar em casa. Comprar feijão, arroz, farinha, essas coisas.

— Às vez que mainha saía, eu pegava ia pra rua fazer dinheiro, certo? Que não via nada dentro de casa. Eu pegava e saía pra rua assim e vinha com 10, 15 reais.

— Quando mãe largou o trabalho, ela me chamou pra ir pra rua. Eu e meu irmão, aquele outro. Nós pegava e dava um bocado de dinheiro a ela. Depois que ela começou a ir pra rua, tinha dia que nós não dava dinheiro a ela e ela me batia como quê... Peguei me revoltei, fui pra rua mesmo.

— Eu e F. mesmo, sempre foi batalhando na rua, vendendo picolé, vendendo geladinho. Depois a gente começou a se envolver mais, vendia ficha, procurava negócio. A gente vendia picolé, chovia, a gente trocava, vendia outra coisa... Inventava negócio pra gente vender, aí... A gente ia vivendo.

A violência interna da família, acuada pelo limite em todas as dimensões de sua existência — desemprego, desestruturação do grupo familiar, degradação dos costumes e dos valores.

— Fui para a rua por causa do meu padrasto. Ele tentou me matar.

— Eu tive de fugir pra ele não me matar com um revólver; ele chegou e ainda deu dois tiros no meio da rua e eu corri... Aí eu fugi.

— Tinha umas confusões lá com meu padrasto que não falava nem comigo.

— Sou revoltado, eu não sei que milagre eu não fiz umas besteiras com ele.

— Tinha hora que dava vontade de fazer besteira e tudo lá, tirar onda mesmo... Quem é que gosta de ver o padrasto batendo na mãe, espancando a mãe? Não sei que milagre eu não matei aquele cara.

— Eles brigavam muito. Uma vez até minha mãe pegou uma garrafa e quebrou a ponta da garrafa pra meter em meu pai...

A violência da própria rua como ambiente e nas relações que nela se estabelecem.

— A polícia pegava a gente com uma coisa na mão, batia na gente, dava bolo, dizia que não ia levar a gente pra lugar nenhum, mas que toda vez que encontrasse com a gente, a gente ia apanhar.

— Os policiais ficavam esculhambando a gente, chamava a gente de prostituta, ficava falando um bocado de coisa com a gente, em tudo a gente era discriminado. Na rua, em tudo.

— A polícia pegava, batia, as vez queria ter relação com nós a pulso.

— A gente ia preso direto. Carregava bagagem e ia preso direto. Os vigilante pegava a gente dizendo que a gente tava roubando.

— Porque eles (a polícia) não chegavam pra conversar, chegavam batendo, querendo matar!

A violência que leva à estruturação dos grupos, que, por sua vez, reproduzem-na interna e externamente.

— Se você não tiver amizade na rua, você é espancado, você é "comediado", quer fazer as coisas sem você conseguir, se você não fizer amizade na rua, você não sobrevive na rua.

— Quando eu morava na rua, no centro da cidade, eu me sentia meio assustado, não dormia tranqüilo... os próprios camaradas queriam tocar fogo um no outro, queriam bater... Sentia medo dos policiais, também, quando pegavam a gente, batiam, espancavam muito...

— Quando você está dormindo, alguns fazem a malvadeza de picar a pedra na cabeça dos outros, queimar, cortar, (...) como aconteceu com muitos lá. Era uns meninos às vezes do grupo, às vezes era de outro grupo, tudo adolescente.

— Porque eu tava lá um dia dormindo, aí veio outro cara, pegou uma pedra assim grandona em cima do outro, aí pegou assim e matou.

— Quando eu estava brincando, aí chegavam os camaradas desfazendo a brincadeira; quando recebia um dinheiro, já vinha outro e queria o dinheiro.

A violência que surge do ser acuado pelas pressões de sua circunstância pessoal/familiar e pelas condições e regras de convivência nas "turmas de rua".

— Quando eu sentia fome, às vez outros camaradas saíam para meter a mão no que é dos outros; aí me chamavam... Eu ficava com medo... Nem era muito de meter a mão no que é dos outros... Dizia que não ia; eles ficavam ameaçando brocar de garrafa. Aí eu tinha que ir também, no meio da confusão. A gente ou corria ou então ficava igual.

— Porque, quando eu era pequeno, os cara maior queria tomar meu dinheiro e aí eu fui e corri. Quando eu tava correndo, o cara falou: olha, se você aparecer aqui de novo eu vou dar uma facada em você.

— Quando a barriga pesa... É aquela coisa: "O que é que eu faço? O que é que eu faço?" Pedir dinheiro eu não peço, porque eu tenho vergonha. Então é aquela coisa: puxar um relógio, entrar no Chame-Chame e daqui a pouco, então voltar com o relógio e sair pra vender com ele.
— Sentia muita fome e quando achava tinha que dividir para todos. E então às vezes não dava...

A família

Neste contexto, as figuras do pai e da mãe aparecem com ênfases distintas. O pai e, muito freqüentemente, a figura do padrasto fazem parte de uma memória de conflito, origem, em muitos casos, da saída do menino ou da menina para a rua.

— Meu pai antigamente me espancava demais... Me batia, me batia bastante. Aí eu peguei e me revoltei, né? Eu vi que não dava pra ficar dentro de casa e o jeito foi ver esperança na rua.
— A mãe saía pra trabalhar, que ela trabalhava em casa de família, né? E deixava ele me olhando. Aí ele bebia e queria que eu ainda arranjasse cigarro pra ele. Eu saía pedindo cigarro pra ele nas casa assim. Ninguém dava. Quando eu chegava, ele me espancava.

A memória/representação materna, por sua vez, está impregnada de conteúdos de proteção e acolhimento. A mãe é referida como:

- a provedora

    — Minha mãe trabalhava mesmo, mas ele (o padrasto) só vivia de biscate.
    — Tinha dia que mainha saía e não deixava nada pra nós comer. Nós só ia comer quando ela chegava.

- a que se preocupa com o filho

    — Eu me sentia só ou, "às vez", me lembrava de minha mãe em casa; eu pensava como ela devia estar preocupada comigo... A gente sente quando a mãe está preocupada, não é?

- a que acalma

    — Quando me ameaçavam, eu ficava com medo, aí eu falava pra minha mãe, e minha mãe falava pra eu me controlar. Aí eu ficava calmo...

- a que cuida

    — Minha mãe sempre me levava quando tinha vacina, me levou pro médico pra fazer exames...

— Minha mãe tinha que pagar (a casa), ela lavava roupa também, minha mãe lavou muita roupa pra ajudar a gente.

- a que preserva os valores morais

— Minha mãe nunca soube que eu tivesse roubado alguma coisa, mas eu já roubei até taxeiro...

A imagem materna é muito forte, mesmo quando a realidade nega a representação básica. Expulsos muitas vezes pela própria violência materna, pela usura que vem da miséria, os meninos, hoje, avaliam suas atitudes de violência com as mães e as perdoam:

— Eu não podia bater nela, afinal ela sofreu pra eu nascer...

O cotidiano da rua

O lúdico

Os jogos de bola, macaquinho e amarelinha, a praia, o parque, o passeio de ônibus, o cuidado com o coelhinho ganho de uma freguesa, o gato de rua que acompanha a turma e com quem dividem a comida... Memórias do tempo de rua mescladas pelo medo, pelo aprendizado da cultura grupal e pelas estratégias de defesa e de aceitação social.

O medo

O medo tem uma dimensão concreta, começando pela necessidade de manter-se atento à própria preservação física, tanto no âmbito dos "iguais" quanto com relação aos demais personagens do contexto familiar e social, como já vimos anteriormente.

— Sentia medo dos outros me bulir...

Há um risco direto, físico, razão de tensão/atenção permanente:

— Vez em quando apanhava, aí era perigo... Os maiores querem bater nos menores, comediar. Aí eu tinha medo.

Algumas vezes o risco físico associa-se a perdas:

— Quando dormia na rua achava que a noite demorava muito para passar... Você dorme preocupado... Porque você pode dormir vestido e acordar nu...

— Ah, tinha roupa direto roubada, objeto meu, assim, os outro roubava; tinha que ficar na mão porque senão, deixasse no bairro, os outro levava.

Há um risco resultante da não-adesão total aos valores ou comportamentos do grupo:

— Tinha medo, porque meus colegas, eles usavam drogas, pico na veia, muitos riscos de pegar a AIDS, meus amigos tinham namoradas assim, não sabiam se cuidar, ficavam transando à toa assim, sem camisinha, sem nada. Eu tinha medo até de andar com eles porque eu não usava drogas e tinha medo deles fazerem alguma perversidade comigo por eu estar de junto deles e não gostar do que eles tão fazendo; eles sempre criticavam de mim porque eu era um menino assim, totalmente por fora deles, porque eles andavam envolvidos nas drogas e eu não me envolvia com as drogas não.

Uma outra dimensão do medo está vinculada ao sentimento de impotência com relação ao real, à ausência de perspectivas, o que pode ser percebido no depoimento que se segue:

— Eu tinha medo de ficar na rua, toda vida na rua, e tinha medo do Juizado me pegar, me deixar presa, crescer, ficar toda vida de maior, assim na rua. Eu gostava de ficar na rua porque eu ficava solta demais, mas ao mesmo tempo lá na CAM eu ficava presa demais, aí eu fugia.

As estratégias

Os meninos entrevistados têm uma leitura muito própria da relação da cidade com os meninos de rua e têm consciência dos valores sociais existentes — escolaridade, local e estrutura de habitação. A necessidade de ser aceito, o desejo por um outro real, se mesclam para suportar a existência.

— A gente ia para a praia e não podia ficar tudo junto, pros outros não dizerem que a gente era pivete e que ia roubar. Aí cada metade era um bolinho... [dividiam-se em pequenos grupos]
— Quando a gente ia para praia e conhecia novos amigos, dizia um bocado de mentira, que era de segundo grau, morava em prédio...

A especificidade feminina

A menina na rua vive esta circunstância com o "ônus" adicional de sua condição de mulher.

— Muitos queria pegar a gente à força, a gente corria, batia, fazia alguma coisa pra se defender. Se a gente não queria eles mesmo, os outros de rua que estavam drogados tentavam pegar a gente. Então a gente se libertava, corria.

— Tem uns homens aí que, quando a gente está dormindo, vai e bole na gente. Aí eu tinha medo.

A droga

Como surge o uso da droga nesse contexto?
Segundo X,

— Era porque sempre, vez em quando, ficava apanhando; aí era perigo: os maior quer bater nos menor, comediar, aí eu tinha medo. A gente não pensava em nada, dormia de qualquer jeito. Quando a gente não fumava ou cheirava de noite pra dormir, a gente sentia medo, eu e meus colegas, porque os das outras barreiras podiam passar, fazer alguma coisa à força.

O uso da droga também surge associado à fome:

— Sentia fome, e a única coisa que fazia eu não pensar em nada era a droga...

A droga é também a criadora do "pique para o roubo" — a coragem de roubar, um roubo que não está necessariamente vinculado ao valor do objeto, mas também à beleza, ao "brilho".

E. diz que não tinha coragem de roubar e vivia, no início, do que os outros conseguiam:

— Um dia (ele) me deu um Ropinol...[1] Então aconteceu [o roubo] o meu primeiro relógio. Eu nem preocupei em puxar um relógio caro. A única coisa que eu me preocupei foi com o brilho do relógio, então, aquele brilho que tivesse mais bonito... Entendeu?... Ele podia ser o mais barato que fosse, mas se estivesse mais bonito, fosse mais bonito eu puxava mesmo... Pelo brilho... E eu acabei pegando um relógio bom pra caramba...

Nessas referências, a droga tem um caráter de proteção porque reduz a consciência e, conseqüentemente, o medo; a droga dá coragem para buscar o que falta...

Cria-se assim um vínculo com a droga. Os meninos falam em "amor" pela droga:

— Eu gostava mais de tomar Ropinol, o único tóxico que eu sempre amei, assim, que eu gostei, que acabou e tudo mais agora, que não tem mais, que eu amava assim, era Ropinol.

— Eu amava Ropinol, eu trocava Ropinol por tudo...

---

1. *Rohypnol.*

O roubo

O roubo, nas histórias contadas, associado ou não à droga, embora facilitado por ela, surge das faltas de todos os níveis e não está necessariamente vinculado a um conceito moral:

> — Eu pequeno... Antigamente, pra empinar arraia eu não tinha dinheiro, eu entrava no mercado pra botar tubo de linha dentro das calça, aqueles carretel mesmo, que até hoje sempre tem. Chega tempo de arraia os pessoal empina arraia, eu ficava furioso, ficava maluco, eu ia pro mercado, entrava no mercado, pegava bolacha, chocolate, eu levava mesmo. Agora eu nunca pensava ser um menino de rua não, um ladrão não.

PERCEPÇÕES/REPRESENTAÇÕES/SENTIMENTOS

> — O olhar do outro sobre mim revela a minha cicatriz.
> — Olhe o ladrão ali, tome cuidado para ele não roubar a gente ou vir para cima da gente fazer alguma maldade...

O menino faz a leitura do olhar, dos gestos e do movimento dos outros a respeito dele:

> — Eu me sentia agoniado por causa dos olhares das pessoas, assim, de cima abaixo, das pessoas de dentro do ônibus, eu ficava meio acanhado assim e ia pro fundo meio triste.
> — Escondeu a bolsa, o relógio e andou mais ligeiro...
> — Eram pessoas que passavam pela gente arrumadas e sentiam medo porque viam a gente todo sujo...
> — A polícia me via como um vagabundo, porque um menino que fica na rua, sujo, todos os dias, assusta as pessoas...
> — Tem gente que gosta mesmo dos meninos de rua, quer o bem para a vida deles. Muita gente me dava bom conselho.

No discurso dos meninos é possível reconhecer vários componentes de sua auto-imagem, de sua capacidade de observação, de sua necessidade de aceitação.

Nesse universo, a convivência com a violência e a morte é muito próxima — tiroteios, assassinatos por causa de droga, fazem parte de um cotidiano de tensão e de medo nos bairros de periferia:

> — Morria gente por causa de drogas, tomasse e não pagasse, depois à noite pegavam, levavam para o mato e davam tiro...
> — Quando dava tiroteio eu tinha medo, ia pra casa, fechava porta e janela e ficava.

Os conceitos sobre a polícia incluem-se nesse patamar de violência e degradação:

— Eu não gosto porque eles corrompem, vendem arma, batem nos outros injustamente...
— Polícia tá ali pra cumprir a lei deles.

Uma experiência direta com a polícia permite uma crítica que generaliza o conceito.

A "lei deles", acima mencionada, não é necessariamente a lei socialmente legitimada — pode passar pelo filtro da corrupção e pelos desvios de comportamento que, em muitos casos, testemunhavam.

É este tipo de depoimento que orienta o Axé no trabalho com a Polícia Militar nos programas de formação para os Direitos Humanos, realizado em parceria com a Anistia Internacional e a OAB.

Nas famílias, geralmente com altas taxas de natalidade, a ocorrência da morte tem sua força diluída neste contexto de miséria e tensão.

Conta um menino que seu irmão, "companheiro de sinaleira", morreu no mesmo hospital em que, no dia seguinte, nascia um outro irmão.

— ... aí enterrou ele e veio pra casa com meu irmão que nasceu...

O dado insólito nesse caso, surge com a questão sobre o que mudou com essa morte. Diz o menino:

— Só mudou as escalas nas sinaleiras, que meu irmão ia também...

Os espaços de referência na cidade definem-se a partir de diferentes critérios, que consideram as características dos espaços e do tempo na cidade. Segundo a contagem realizada pelo Axé em 1993, os meninos estão onde a cidade está acordada, em movimento, porque é aí que garantem a satisfação de suas necessidades.

Um critério advindo de um outro tipo de análise, revelada nas entrevistas, refere-se à tentativa de escapar do ambiente de violência que se reproduz na família, no bairro e, especialmente, em alguns locais da cidade.

Um dos depoimentos deixa clara a análise que define a itinerância com essa lógica:

— Os lugares onde eu mais gostava de ficar era na orla. Gostava muito de trabalhar ali.

— O centro da cidade que era muito popular, muita gente, violência demais e as pessoas agridem assim, brigam na rua, os meninos na rua ficavam se drogando, as polícias batem, vem um homem, espanca, atropelamento, muita coisa na rua tem. Os meninos sofrem muito, muitos dormem na rua...

SONHOS E DESEJOS

Nos sonhos dos meninos, dimensões invisíveis da vida, preparam um novo mundo.

Nos sonhos o mundo é outro, o reverso da realidade-limite em que vivem.

São componentes comuns desses sonhos: a casa própria, o trabalho, o estudo, as viagens.

Há uma dimensão artística que está presente nos sonhos de grande parte dos entrevistados, marcas da cultura baiana e da influência de televisão, algo que passa também pela afirmação: "Ah! Eu gostaria de viver sempre alegre..."; "Queria viver num espaço sem violência, sem briga..."; "De viajar... esses lugares assim longe..."; "De dançar..."; "De desfilar...".

Para muitos o sonho resgata as referências positivas da família, confirma os elos ou ainda resolve os problemas familiares.

— Eu sonhava em ser artista ou trabalhar em firma como meu pai trabalhava antes...

— Eu sonhava que a minha vida fosse tudo que eu sonhasse. Ter assim uma mãe, um pai...

— Queria estudar, arranjar um trabalho para ajudar minha mãe, livrar minha mãe das mãos dele... [o padrasto].

Um desejo que atravessa grande parte dos sonhos revelados tem a ver com uma característica comum dos ambientes das favelas e vilas populares e da experiência de vida na rua — a falta de privacidade, a impossibilidade de ter algo seu, a imposição da divisão da cama, do espaço, da comida, do dinheiro ganho com a lavagem do carro ou na sinaleira. O cotidiano socializa no limite os limites.

Essa realidade fraturada e tensa, em que a conjuntura familiar e as regras de convivência na rua impõem uma forma de ser e estar no mundo, cria um desejo forte de privacidade: "Um quarto só pra mim"; "Uma oficina pra mim..."; "Ter minha casa...".

Um desejo que revela, num outro nível, por sua vez, a busca ou a tentativa de preservação da unidade interna, da identidade própria.

É focalizando esse eixo básico da integridade essencial ao ser humano em formação, que o Axé define a sua pedagogia.

— Eu sonhava em ser alguém, só... Eu sonhava, mas tinha esperança...

A ENTRADA NO AXÉ

A presença do educador é constante em determinado espaço da cidade. Segundo L., eles (os educadores) sempre estavam lá, no banco da praça.

— (...) ficam ali desenhando, conversando com os meninos. Com o tempo eles foram me conhecendo, eu conhecendo eles. Aí pedi para entrar no Axé.

Em alguns casos, há uma resistência inicial em razão da analogia da atuação do educador com setores do universo conhecido. Conforme relata C.:

— Estava cuidando da comida... A gente fazia um foguinho pra assar qualquer coisa... Eram 12 horas da noite... E aí, quando a gente olha, vê um carro com os dois faróis da frente acesos; e o carro era preto... A gente queria correr, pensando que era da polícia. Aí a gente falou: "Galera, a polícia! Ói pa li! Aquele carro deve ser do grupo de extermínio!".
— Fiquei com medo que fosse o Juizado, que ele ia levar a gente pro Juizado. Aí eu falei pra meu amigo: "É... ele está dizendo que é do Projeto Axé... acho que eu vou nessa barca dele... essa vida que estou levando não vai dar mais pra mim, se eu continuar nessa vou me tornar um maluco de rua". Aí eu marquei com ele: "Passe aqui outro dia que eu vou acompanhar o senhor". Aí ele foi embora. Os outros camaradas não aceitaram, só quem aceitou foi eu e um amigo que eu gostava.

O encaminhamento através da mãe que também está na rua:

— Porque minha mãe ficava... Ela ia pra Pituba, pra ver se leva alguma coisa pra dentro de casa, aí o educador encontrou com ela. Depois eles vieram visitar lá em casa e aí botou a gente aqui (no Axé). Minha irmã é da Stampa e mais dois irmãos pequenos estão na Casa de Cultura.

O contato com o Axé através de outros meninos:

— Aconteceu que eu tava na sinaleira, aí veio o meu irmão e me convidou pra vir pro circo, aí o educador foi lá na sinaleira, aí foi na minha casa, conversou com minha mãe e meu pai falou como eu tava em casa, se eu tava bem ou tava mal, se eu tava estudando...

Uma teia de comunicação é tecida pelos meninos com relação aos fatos que ocorrem na rua. Por outro lado, a criança que está na rua desenvolve um nível de autonomia geralmente inédito entre os meninos protegidos, da classe média, na articulação de seus interesses. O relato a seguir é um exemplo dessa atitude.

Conta E.:

— Tinha um menino lá que veio pra cá e convidou o meu irmão, aí meu irmão passou um tempo vindo pra cá e conversou com ele [o educador], disse que tinha um irmão que queria vir pra cá, aí ele foi, falou comigo e pronto.

A aproximação entre o educador e o menino na rua, no entanto, é por vezes um processo longo e difícil, no qual estão postas as diferenças individuais, a história e a realidade do grupo com o qual o educador contacta e ainda as pressões familiares.

Diz L. que:

— Antigamente tinha raiva de qualquer coisa, e por isso era agressivo com os educadores que "ficavam dando conselho".
— Levou uns seis meses para eu confiar. Eu não gostava deles...

E. conta que, logo que conheceu o Axé,

— Tinha muitos outros meninos que perguntavam se eu não estava com medo de estar com eles [os educadores] ali, que poderiam ser exterminadores, alguma coisa assim. Depois... Eu peguei amizade com eles e não vi nada disso, simplesmente eram educadores do Projeto Axé.

Segundo C.,

— Muitos não acreditavam, aí um menino falou: "Você está se iludindo vai ficar presa", mas eu decidi que eu ia de frente. Foi aqui que eu fui me afastando das drogas, me apresentando nas atividades, indo pra casa de Oxum.[2] Então, com isso, eu conheci a Moda Axé, conheci a Opa, até que eu escolhi, eu resolvi pela Modaxé.

As famílias também reagiam:

— Ficaram reclamando... Que eu não trazia mais dinheiro para casa, que não estava ajudando em casa todos os dias...

Neste contexto de sofrimento e violência, os educadores que são policiais enfrentam outro tipo de situação. Os meninos, como vivem na rua ou passam nela grande parte de seu tempo, logo descobrem o "duplo papel" vivido pelo educador e transferem para esta relação, inicialmente, os sentimentos e os comportamentos que estruturariam com a polícia.

---

2. Casa de Oxum — Casa de acolhimento feminino, para crianças e adolescentes, da Prefeitura de Salvador.

Conta E.:

— Me meteu medo, porque eu vi ele fardado como policial e ao mesmo tempo, assim, trabalhando no Projeto Axé, com roupa civil, trabalhando de tarde como um homem normal. Já conhecia ele como policial no módulo, e agora trabalhando no Axé como educador. Eu tinha medo por ele ser um policial, podia agredir assim como os outros policiais agredia. Mas não era isso que ele fazia, ele tava fazendo o papel dele, de educador, o serviço dele, e levando os meninos para o Projeto Axé, para tentar ter uma educação melhor.
— Na época, foi um mês pra eu tentar me aproximar do educador, tinha bastante medo.

Essa experiência, especialmente, torna os meninos mais críticos em relação à atuação da polícia, porque sabem que pode ser diferente.

A escuta, como meio para ter-se acesso ao universo do menino, é, nos momentos iniciais do processo de educação de rua, feita da observação dos comportamentos, do movimento dos meninos no espaço e da percepção das diferenças existentes entre esses mesmos meninos, de acordo com o tempo em que já estão na rua, a história familiar etc.

É interessante observar que, enquanto nos relatos anteriores havia a desconfiança inicial, o medo, outros meninos lembram de seu "encontro com o Axé" como uma "esperança realizada" ou como uma "libertação", o que lhes dá força para resistir à pressão contrária do grupo. Vejam-se os exemplos dos relatos a seguir.

Segundo C., ela confiou logo no educador:

— Me deu uma sensação assim... Aí eu disse pra mim mesma que tinha que confiar nele e eu confiei. Os meninos me chamaram de traidora e tudo, mas eu confiei nele. Ele disse que eu podia ser alguém. Ele falou e eu confiei nele bastante...

Diz C.:

— Falavam [os outros meninos] um bocado de coisa. Eu fiquei alegre quando encontrei o Projeto Axé, eu não esperava surgir uma oportunidade dessa pra mim; eu só esperava mesmo, quando estava na rua, violência, muita violência. Graças ao Projeto Axé que eu estou com um ano e meio de saúde. Graças a Deus!

Um outro relato mostra a importância da relação estabelecida pelo educador desde os momentos iniciais:

— Eu senti que ela tinha a expressão assim... Que só queria ver meu bem. Gente boa... Aí eu observei, observei... E fui nas águas do mar!

"Fui nas águas do mar", expressão que fala de entrega, mergulho confiante no desconhecido, abertura para o novo, processo forte, interno, que conta com um acolhimento na mesma dimensão.

Como são operacionalizadas na rua a escuta, o acolhimento, como ações estruturantes da relação entre educador e educando?

Como o menino observa/capta esse processo?

Os depoimentos que se seguem revelam os diferentes ângulos registrados sobre a atuação dos educadores:

— F. sabia antes [sobre o Axé], porque passou um educador lá de ônibus e viu alguns meninos limpando vidro de carro e desceu e conversou com eles..., e "L. [o educador] passou por onde eu estava e me encontrou...

— Na educação de rua eu trabalhava com eles dominó, trabalhava com baralhos, dominó de letras, jornais, recortes de figurinhas, tudo que é ensino a gente está sempre trabalhando ali com o educador, e o educador estava até dando aula de matemática pra gente na rua, eu falei assim: "que estranho tomando aula na rua de matemática, coisa que ninguém faz isso assim pra gente".

— Foi num certo dia que eu, D. e G. estávamos voltando lá do Porto da Barra, horário de nove horas... nove e meia — foi de manhã, não foi meiodia não — até que G. estava lá embaixo do Paes Mendonça, com um bolo super-redondo, cheio de vela... "Hoje é aniversário na rua?", eu perguntei a D., que respondeu: "É, deve ser de algum colega ai!". Fiquei imaginando o que era aquilo e fui perguntar: "Não rapaz, ela é educadora, trabalha com os meninos de rua!". "Como faz pra ir pra lá? Ela cobra quanto?". "Não cobra nada, ela fica aqui batendo papo, vem todos os dias". Então, eu ficava meio tímido de chegar perto.

— Aí eu cheguei perto do bolo, a educadora me chamou e perguntou: "Quer um pedaço de bolo?", aí eu: "Quero sim!". Ela me chamou pra conversar e perguntou se eu tinha pai, mãe, porque vendia picolé — eu não tava querendo dizer que dormia na rua — ela perguntou: — "Você estuda?", e eu: "Estudo!". Mas já tinha deixado o estudo. E ela perguntou: — "Você usa drogas?", eu disse que não, mas eu já tinha experimentado maconha, Ropinol, cola e crack... e cocaína...

— Eu pensei: "Pôxa! Será que ela tá querendo que eu trabalhe pra ela?", por isso que eu comecei a mentir... Depois de dois meses eu entrei no Axé.

— Eu conheci o Projeto Axé na Joana Angélica [centro da cidade]. Já então eu via sempre umas pessoa, os educador, mas nós não sabia pra que era esses educador. Às vezes, tinha até medo. Pô, aquele cara tá na área, tá escoltando, não sei... Talvez seja até um roubo que a gente tenha feito e aquelas pessoa tava ali pra pegar a gente e nós sem saber. Aquelas pessoa vinha se aproximando junto da gente, conversava com a gente. Batia um papo. A gente entendia aquelas pessoa, elas ia entendendo a gente e nós ia trocando conversa e através da conversa nós ia passando a se conhecer.

— Nós não ligava para o Axé. Que nada, véio. Eu vou lá fazer o quê? Comer, pegar vale e sair, nós aí pegava o vale e ficava um mês, aí ia preso, sem ir lá no Axé. Nós roubava, continuava roubando, os educadores dando conselho pra gente, muitas vez nós tava pra ir preso e os educador tava lá, pra ajudar a gente.

— Bem, no começo, o educador vindo assim... MR conversava com a gente, ele dava idéia, assim a gente, a gente nem botava fé a ele, ele foi se aproximando junto da gente, querendo saber a nosso respeito, trocando conversa. Foi aí, que a gente foi percebendo o que era o Axé.

Nestes relatos percebe-se a identificação clara, pelo menino, das características do processo de educação de rua desenvolvido pelo Axé e o impacto, em sua cultura, das estratégias pedagógicas adotadas:

- *"Me encontrou..."* — ser reconhecido pelo outro;
- *"Desceu do ônibus e conversou com eles."* — o interesse do educador;
- *"Como fazer pra ir lá? Ela cobra quanto?"* — é só chegar/não cobra nada;
- *"Me chamou pra conversar..."* — inclusão, acolhimento;
- *"A gente entendia aquelas pessoa, elas ia entendendo a gente..."*
- *"A gente ia trocando conversa e através da conversa ia passando a se conhecer."* — interesse, escuta;
- *"nós tava pra ir preso, e os educador tava lá, pra ajudar a gente."* — aceitação, presença.

O processo pedagógico faz um contraponto com a experiência de abandono e de exclusão vivenciada pelos meninos com os adultos da família e da rua. Esse contraponto é uma das chaves para um salto a uma outra dimensão de vida.

Essa outra dimensão de vida é sempre um processo de resgate e de construção. Resgate dos elos rompidos, construção da identidade pessoal e social, do projeto de mobilização interna para a superação das limitações existentes.

O Axé atua na regularização dos documentos e no retorno para casa ou na solução do problema de moradia, como bases materiais desse processo de construção da identidade dos educandos, que, sendo mais vasto e complexo em outras dimensões, começa a ser trabalhado no interior de cada ação/decisão realizada.

Diz C.:

— L. ficava conversando comigo. Tinha vezes que D. marcava comigo também... Diziam que eu tinha futuro... Aí eu resolvi meus problemas, meus documentos, até chegar a época da escola. Fui para a Casa de Oxum (Casa de Acolhimento do Projeto Cidade Mãe). Eu fiquei lá três meses, aí ele me encaminhou pra casa de minha tia, eu falei que tinha uma tia, aí ele me encaminhou. Eu já conhecia essa minha tia, através dessa minha irmã que ela me trouxe. Aí eu conheci ela, então eu disse a RNA que eu tinha uma tia aqui, aí ela me levou, aí ele conversou com minha tia, aí minha tia concordou em eu ficar na casa dela, aí até hoje eu estou lá.

A referência afetiva básica dos meninos é a família, embora, nesta, as relações sejam conflituadas. Na família, a figura da mãe é central — não falam quase do pai, geralmente ausente, substituído por um padrasto com o qual, quase sempre, existem problemas sérios de relação.

Um irmão, a avó, um amigo ou amiga mais próximo no grupo de rua, a namorada, compõem esse universo, do qual, hoje, alguns educadores do Axé fazem parte.

ACOLHIMENTO E INTEGRAÇÃO NO AXÉ

O processo de acolhimento cria e fortalece o vínculo do menino com os educadores, com os outros meninos, com as demais pessoas do contexto do Axé e, internamente, consigo mesmo, na medida em que, sendo reconhecido, passa a se reconhecer de outra maneira.

A atenção com o acolhimento acompanha, no Axé, a trajetória do menino, desde a Educação de Rua, e se expressa no discurso, nos gestos, nas práticas gerais do cotidiano da rua e das unidades de atendimento. Não pode ser parcial e precisa ser extremamente autêntica. A experiência de vida dos meninos é muito concreta e sua capacidade de observação e de criticidade, "afiada", para detectar aquilo de que precisam se defender. Por isso, um novo elo consigo mesmo e com o mundo depende do somatório de situações que mantenham a sintonia com uma lógica coerente de relações.

Alguns depoimentos revelam diferentes ângulos do processo de acolhimento vivenciado pelos meninos no Axé, seu significado e as representações a que dão origem:

> — Eu tava com pneumonia, fiquei de cama, mas eu tinha que sair da cama porque minha mãe estava precisando mais do que nunca, aí minha mãe disse: "Você vai sair da cama do jeito que está?" Eu saía de manhã e só voltava à noite. G. se bateu comigo e perguntou o que é que eu tinha, aí ela me levou pro Pronto-Socorro, invadiu fila, chegou a discutir com os outros pra eu ser atendido... Eu fiquei pensando: "Como é que uma pessoa fica discutindo com outra só pra ganhar uma vaga pra mim?" Eu observava isso. Eu fiquei sentido com aquilo... Ela então disse assim: "Tome o medicamento, vá pra casa, me dê o endereço que depois de amanhã eu vou lá!". Quando ela foi lá, ela levou o dinheiro de duas bolsas pra mim e levou uma cesta básica. Eu já queria sumir de novo, tava esperando me recuperar pra me

— mandar, mas depois do que G. fez por mim, aquilo mexeu comigo, ali eu vi que poderia crescer, me preparar para o mercado de trabalho...
— Todos me tratavam bem, dos empregados ao coordenador.
— A educadora me recebeu bem, mandou eu sentar, me apresentou às meninas...
— A gente chegou, eu fiquei assim, admirada, um bocado de meninas sentadas numa mesa, porque foi na hora da reunião. Aí a educadora levantou e foi mostrar a Unidade, o que podia e o que não podia na Unidade, falar como era a Unidade. Mas eu já conhecia as meninas, aí não foi muito difícil eu me integrar com o grupo não...
— Lembro do educador, ele tratou a gente bem, chamava a gente pra conversar, como é que eles ia trabalhar com a gente e como era que a gente ia trabalhar com eles, pra nós não ter medo de conversar com eles, que não existia negócio de sujeira, negócio de polícia, era um negócio de jogo aberto com eles: "O que vocês tiverem sentindo, vocês podem conversar, não adianta vocês ter medo". Então, nós ia lá pras Unidades, tomava banho, nós ia pro banheiro que nós tinha que tomar banho, que muitos ficava na rua mesmo e não tomava banho. Nós fazia nossas atividades, eu também adorava, eu gostava porque tinha meu almoço. Na hora de comer mesmo eu achava uma maravilha.

A chegada do menino nas unidades de atendimento não é, no entanto, um processo fácil, que se faça sem conflitos internos e externos. Ele leva para as unidades a densidade de sua história e seus conflitos anteriores, seus hábitos e comportamentos, encontrando-se ainda em transição.

Esse rito de passagem se compõe de diferentes desafios, entre os quais:

- contato com o novo ambiente (fechado) e com novos educadores e funcionários;
- encontro com outros meninos, alguns, conhecidos, com os quais já tiveram uma história positiva ou negativa, e também com meninos desconhecidos;
- início de uma nova rotina — a redefinição do cotidiano;
- desafio de uma nova atividade e novas oportunidades de aprendizagem;
- regras a serem cumpridas.

Os relatos que se seguem exemplificam esse processo.

Com relação ao encontro com outros meninos:

— Eu achei bonito mas fiquei muito desconfiado, porque tinha gente que gostava de tomar o dinheiro, a bolsa, e os meninos grandes gostavam de bater. Aí eu fiquei um pouco desconfiado e eles também. Aí, depois de uma semana e meia, eu fui fazendo amizade, pegando o espírito do grupo.

— Nos primeiros dias eu fiquei quieto, fiquei lá quietando, no segundo dia eu comecei a ficar falando com eles, sentado na mesa, conversando com todo mundo.

— Eu era o único de Cajazeira, tinha aquela coisa de tomarem o vale na saída, nunca tomaram o meu, eu saía na mão com os meninos de Sussuarana, Mussurunga...

Em um depoimento emocionante, E. revela o sentimento que marcou seu encontro com os demais meninos na unidade.

— A primeira impressão foi um monte de D. e de G. [amigos que o acompanhavam sempre] sentados na escada, de mim mesmo, eles todos estavam na mesma situação que eu.

Quanto aos ritmos do dia:

— Eu chego lá doze horas, espero uma hora, eu entro, tomo meu banho, escovo meus dentes, vou pro diálogo, no diálogo nós conversa sobre as coisas, o tema aí, depois saio do diálogo, vou desenhar, quando é desenho a gente faz desenho, quando é bordado a gente faz bordado, quando é S. a gente faz atividade de dança. Teve um dia mesmo que a gente fez biodança lá, a gente estampa, a gente imprime, a gente faz tela, faz um bocado de coisa lá, depois eu vou pra escola e da escola vou pra casa.
— Cada um tinha sua etapa. Como eu desenhava mais, eu trabalhava na arte final, com desenho na parte de estamparia. Os outros meninos trabalhavam na parte de impressão, cada um era separado por grupo pra não misturar as coisas. Depois das atividades do trabalho a gente sentava de novo na mesa, e o instrutor, junto com o educador, perguntava como foi o trabalho, o que sentiu, o que faltou no trabalho, se faltou terminar alguma coisa, continuar no outro dia. Daí a gente se organizava pra janta; naquele mesmo tempo ali, a gente recebia vale-transporte.

Quanto à aprendizagem, aos desafios e à gratificação pelo conhecimento adquirido, pela dificuldade superada:

— ...Tem dificuldade de aprender algumas coisas, porque costurar uma peça de roupa dá muito trabalho, a gente tem que ter paciência. Se a gente errou, se passou a costurar mais, a gente tem que desmanchar, tem que ter muita paciência.
— Ah, eles me ensinava... você tem que fazer isso aqui; aí, se eu não sabia, ia perguntar a ela, se eu tivesse qualquer dúvida, porque se eu não perguntasse tinha que desmanchar tudo de novo...
— Eu aprendi a falar, a andar, porque eu gritava muito, aprendi a me comportar melhor, no modo de falar com a pessoa, o jeito que tiver conversando, me comportar na rua, o modo de me vestir. Eu me vestia com roupa curtinha, parecendo uma prostituta, aprendi a me vestir com roupa mais adequada.

— Eu não sabia quase nada, agora eu tô quase por dentro de tudo. Aprendi aqui como é a vida lá fora, como chegar lá e me comportar.

— Hoje eu fiz um carro de brinquedo. Tirei uma fita que quebrou do meu irmão, e fiz um brinquedo de plástico; reciclei e aí fiz andar sozinho, sem bateria, só com os materiais do rádio que quebrou. Se eu não estivesse no Axé eu não saberia fazer um carro e nem ia ter uma idéia assim.

Quanto às regras e normas:

— Logo quando cheguei achei a disciplina muito dura, mas agora eu acho o máximo.

— Fiz o contrato de me dedicar, de aprender as coisas, de obedecer às normas, de escovar os dentes, de quando chegar tomar banho, um bocado de coisas...

— Acho as regras importantes porque se não fosse as regras eu não tinha deixado as drogas.

— Ele [o educador] falou: "Você só fica na unidade se você deixar as drogas, se você não conseguir, você não pode ficar". Eu dei minha palavra: "De hoje em diante eu não fumo mais", mas mesmo assim, de vez em quando, quando eu ia pra casa de minha irmã, eu fumava; minha mãe retava quando eu ia pra lá de noite drogada, chegava pra mim e dizia pra eu não fumar, aí fui deixando, deixando... Às vezes quando eu encontrava um colega assim de rua eu fumava, às vezes quando eu encontrava um menino assim de rua...

— Foi assim... Se não tivesse essa regra ninguém ia conseguir deixar a droga.

Esse desafio permanente, que é o processo educativo desenvolvido no Axé, integra os educadores e os meninos numa mesma busca, a busca de si mesmo, a busca de condições mais dignas de existência, a busca por uma pedagogia mais adequada ao desenvolvimento integral do ser humano.

Os depoimentos dos meninos dão muitas pistas quanto à estruturação de uma proposta educativa capaz de atingir todas essas dimensões — uma alquimia feita de firmeza e ternura, beleza e disciplina, atenção individual e grupal, construção e desconstrução permanente de conceitos, valores e comportamentos, crítica e compromisso com relação à sociedade mais ampla.

Um saber essencial à espécie humana faz com que os meninos, mesmo nas situações-limite em que vivem, saibam, por mais profundas que sejam as suas fraturas, discernir e escolher, desde que lhes sejam dadas condições para isso. Por trás da rebeldia e da marginalização há um pano de fundo com a visão de uma realidade que é necessário transformar, a busca de uma condição individual e social diferente, de uma vida diferente.

O grande desafio que, inevitavelmente, articula as opções pedagógicas do Axé com suas opções políticas, é a consciência dos limites conjunturais de seu trabalho de atendimento, no contexto social em que vivemos.

Por isso, o Axé também atua e investe numa "pedagogia política" e busca ser um instrumento de conscientização da sociedade com relação às suas contradições e a seu potencial para transformar seu próprio destino.

VISIBILIDADE E PERTENCIMENTO

O universo que abriga os meninos entrevistados é, fundamentalmente, o mesmo. Ou seja, apesar das diferenças de situações e idades dos entrevistados, educandos, aprendizes e ex-educandos/funcionários vêem a vida sob ângulos muito parecidos, situam-se no mundo quase do mesmo modo, têm aspirações convergentes. Seu discurso é marcado pelas restrições vivenciadas, pelas faltas experimentadas, pela convivência com o não ter e o ir buscar. Sabem o gosto ruim da discriminação e do preconceito. Conhecem o olhar da indiferença e do medo. *Passam* uma sensação de injustiça sem endereço, mas sabem que são injustiçados, com maior ou menor consciência dos "porquês". Transmitem a convicção do "risco" que correram na vida, o tipo de vida que levaram. É como se estivessem pulando de um trem em alta velocidade e o Axé fosse seu pára-choque. Alguns ainda não estão muito seguros do seu desembarque. Ainda vêem o risco de não chegar lá.

Seu universo real é restrito pelas condições objetivas da vida, sua situação de pobreza. Seu imaginário, no entanto, o amplia e lhe permite sonhar e viver com alegria. São jovens, podem ter o mundo nas mãos. Acreditam que, lutando, alcançam seus objetivos. Mas esperam ... E acham que precisam de ajuda.

Passam perplexidade em relação à injustiça, ao Brasil — por que uns têm tanto e outros não tem nada? É como se perguntassem: Que mãe-pátria é essa? Têm sentimentos de solidariedade para com seus iguais, para com os que não deram a volta por cima, os que, como dizem, não tiveram "oportunidade". Os que ficaram na rua, com o perigo, com a droga, com a morte.

E como o Axé entra em suas vidas? O Axé é essa "oportunidade", é o apoio que estimula a saltar do trem e garante a chegada na estação. Uma estação calma, aconchegante, acolhedora. Que vai preenchendo exatamente aquele persistente não ter, não poder, não ser, especialmente da mãe, da família. Que os faz experimentar outros "baratos", que não o da cola, do *crack*, da maconha... Que os leva a uma outra "viagem" — da beleza, das luzes, da arte, da festa, do reconhecimento social e do sentido de pertencimento, expressos nas suas falas:

> — O que eu gosto mesmo é ser artista. Artista é isso mesmo, quando tô fazendo um show, aí eu sinto que sou o artista principal; teve um filme mesmo que eu fiz aí, que eu fui artista principal do filme, né? Então fico assim imaginando. Quando eu salto, eu sinto que sou o único que está ali fazendo isso, que as pessoas estão ali só pra mim, aí eu faço minhas coisas, elas me aplaudem. Aplauso é gostoso...

F., de 17 anos, diz sobre ter ido à Itália com a Bandaxé:

> — Eu me sinto muito orgulhoso com uma viagem dessa aí.

O sentido de pertencimento ao Axé é, de modo geral, positivo e, às vezes, contraditório, quando se expressa como representação para a sociedade. Mas, na perspectiva interna do entrevistado, fica clara a existência de um vínculo muito forte, construído no processo educativo, na relação educador/educando. Aliás, nas entrevistas é relevante o papel fundamental do educador na constituição dos entrevistados em educandos/cidadãos.

> — Ser do Axé é um símbolo pra mim, eu tenho orgulho de ser do Axé, é como se fosse um símbolo pra mim. Eu tenho orgulho de sair de Modaxé. Quando a gente passa na rua, a pessoa fala, "Modaxé"; eu tenho orgulho de vestir essa roupa.

Diz C., em relação às dificuldades que possam ocorrer pelo fato de ser público que o Axé trabalha com "meninos de rua", numa sociedade preconceituosa:

> — A mim, não atrapalha em nada, não atrapalha mesmo. Às vezes facilita, às vezes não. Porque se a gente contar que é do Axé [pensam] que a gente tem hábito de ser menina de rua, mas a mesma coisa é a gente ter aquilo, uma ficha, e preencher. Eu sou profissional, porque eu vim aqui e quero um emprego. E não, chegar aqui e dizer que sou do Axé.

L. revela:

> — Rapaz... Pra mim, tá no Axé...? É bom; se não fosse o Axé nem sei se eu estaria aqui hoje, né, tendo essa oportunidade...

E. diz:

> — Pertencer ao Axé, pra mim, é a mesma coisa de eu ter um carro, se eu quero andar com ele, eu não posso só pôr água, nem ele é movido à água, é

movido à gasolina. A mesma coisa é o Axé pra mim; se eu não tiver o Axé, eu vou fazer papel aonde? A menos que eu faça em casa. Eu tenho um sonho. É montar um ateliê e trabalhar pra mim mesmo.

Quanto à possibilidade de o preconceito, relativamente a ter sido "menino" do Axé, poder atrapalhar sua vida, ele fala:

— Há preconceito pra quem não sabe. Eu sou do Axé, então uma pessoa inteligente vai imaginar que ele é um menino de rua também, vai olhar sua idade, vai olhar como você se expressa, que você fala que é do Axé, o que você desenvolve, quais são suas propostas de trabalho, de produtividade, o que você produz.

Ou seja, você foi menino de rua, mas quem for inteligente vai querer saber quem você é, o que sabe, o que faz e como faz. Esse jovem, de 23 anos, demonstra um sentido saudável de independência relativamente ao Axé, reforçando seu desempenho como pessoa e profissional hoje. Mas ele também tem consciência do preconceito que paira sobre as pessoas como ele, como aconteceu com outros, quando ainda era educando:

— Na minha época, se eu viesse me matricular, e dissesse assim, "eu sou do Axé", existiria até uma discriminação da parte da diretoria, como aconteceu.

A fala de cada menino, a partir de sua experiência, vai desvelando o papel do Axé em sua vida, como releva C.:

— Eu ficava só na dança. Só na dança. Aí V. disse que ia conseguir outra atividade pra mim. Aí, a dança acabou (...) Aí tinha esse negócio de Bandaxé, que formou logo, no Apache. Aí, como a dança tinha acabado e o Apache era um espaço maior, aí colocou menino da dança pro Apache; aí chegou na banda, eu me dediquei pela banda, gostei da banda; aí foi quando eu comecei a ter um processo bom, ter um bom desempenho, foi que eu fui ter mais estrutura, foi que eu fui tendo mais noção das coisas... A idade vinha chegando, eu ia botando a cabeça no lugar, parei de "meter mão" mesmo, parei de usar Ropinol, aí fui botando a cabeça no lugar, tava com 17 anos já, tava num processo bom... Aí eu tinha feito um negócio errado (...) lá na Banda. Aí nós veio pra cá, teve uma reunião aqui — eu, os educadores, todo mundo. Um educador queria me tirar, aí V. falou assim: "Não, como é que vai tirar o menino? Como é que ele vai ficar, ele vai ficar na rua? Num processo assim? Não pode fazer assim não". Aí, o educador me perguntou que atividade eu queria, se era Banda, ou o circo, aí eu disse que queria ficar na Banda. Aí eu fiquei na Banda, fiquei bom, bom mesmo, bem comportado, aí foi surgindo apresentação, eu tava indo, aí teve uma viagem pra Brasília, eu fui; aí teve uma viagem pra S. Paulo, eu viajei pra S. Paulo também; enfim, todas as apresentações que tinha por aqui eu ia, no Hotel 5 estrelas que tem ali em Ondina, e vários eventos que teve aí, eu fui. Então surgiu esse trabalho do curso e até hoje tô aí.

Há uma relação entre pertencer ao Axé e adquirir visibilidade.

O fato de o Axé ser uma instituição conhecida publicamente confere-lhe visibilidade, faz com que ocupe espaço na mídia, alcance reconhecimento técnico e veja seu trabalho ter uma repercussão política. Nesse sentido, pertencer ao Axé ultrapassa a condição de pertencimento em si, para incorporar status/representatividade à população que atende. Ao mesmo tempo, pode implicar estigma e preconceito, como referido anteriormente, relacionando educando do Axé à representação negativa de "menino de rua". A seguir, a fala de um menino sobre a reação de algumas pessoas ao saberem que ele é do Axé:

> — Tem uns que ficam gozando da nossa cara: "Ali! Você é ladrão, é batedor de carteira!".

Essa questão existe, há uma consciência dela, mas o processo vivido dentro do Axé é de tal forma útil à vida deles que os aspectos positivos acabam sendo os mais relevantes.

Além da questão da visibilidade institucional, há a visibilidade dos educandos, prevista pelo processo educativo em si. Todas as atividades oferecidas nas unidades do Axé estão imersas na cultura e se expressam em celebrações, eventos, espetáculos, que, por sua natureza, propiciam visibilidade a seus participantes.

Para esses meninos e meninas que conheceram a vida sob o signo do não, do vidro do carro fechado, do desvio do olhar, do descaso, da negligência, da negação de sua existência, a visibilidade decorrente da exposição pública de um saber adquirido, seja tocando, dançando, fazendo artes de circo ou desfilando, reafirma fundamentalmente suas existências. É a sensação de se ver sendo visto, não há mais dúvida quanto a sua realidade. E existem sob intensa luminosidade e brilho, com aplauso e admiração. O significado dessa experiência para esses educandos, só eles podem avaliar. Eles falam de alegria e emoção; de nunca, antes, poder imaginar vivê-las. Eles são invadidos por sentimentos positivos, sentem-se motivados para a vida, para crescer, desabrochar.

Um momento simbólico e especial desse processo é o do desfile da Modaxé. Trata-se de um evento concebido para apresentar a produção profissional de moda realizada na Empresa Educativa Modaxé, pelo grupo de produção. A participação dos educandos dá-se através de atividades pedagógicas que precedem, acompanham e sucedem a apresentação da coleção. O ponto alto do processo, entretanto, é o desfile de modas, tendo os educandos e funcionários do Axé como modelos. A festa, que é o desfile, incorpora e apresenta todas as atividades existentes nas unidades, tanto das empresas educativas quanto do Programa Cultural. Tudo vai estar na passarela. Os educandos modelos são de todas as unidades e, evidentemente, esse é um acontecimento que mexe com todo o universo do Axé, inclusive com os menores, do Canteiro dos Desejos.

Recebendo um tratamento profissional, o evento apresenta um alto nível. Sua qualidade técnica é reconhecida e atende aos requisitos de produção exigidos no mundo *fashion*, isto é, muitas luzes, muito brilho, beleza, passarela, sofisticação etc. Evidentemente ocupa um grande espaço na mídia, seja pela beleza das roupas em si, seja pela peculiaridade dos "modelos", seja por ser um projeto que trabalha com a educação para a cidadania, incorporando beleza e bom gosto.

De todo modo, o desfile Modaxé desencadeia reflexões e emoções em todos os níveis do Axé. Alguns dos entrevistados participaram dos dois desfiles já realizados e outros, apenas de um. É sobre a sensação de desfilar que a maioria fala. Outros depoimentos referem-se à exposição no palco e no picadeiro e às sensações aí percebidas como "artistas". Conta C.:

— No desfile, quando fui aplaudido, fiquei emocionado, chorei; quando fiquei ao lado de Luiza Brunet, eu chorei. A. deu um buquê de flor a ela, ela me deu. Fiquei emocionado. Chorei muito.

Ele diz que acha isso importante para sua vida e fala da emoção que é subir na passarela:

— É, eu gosto, fico emocionado também, fico com problema nervoso, tremendo todo.

Comenta que percebia na platéia as pessoas conhecidas e gostava porque elas estavam lá, inclusive que se achou bonito desfilando, e fala de como se controlava para não errar:

— A gente treinava; na hora que as pessoas estavam lá pra aplaudir, a gente olhava.

Uma menina, de 16 anos, que é da Modaxé e do balé, fala, em relação ao desfile:

— Eu me sinto muito orgulhosa de estar ali; tem muitos que não estavam lá e eu estou. Eu nunca imaginava na minha vida que eu ia desfilar com Caetano Veloso, Daniela Mercury, Paulo Coelho, nem sonhava em ver isso. Em cinco meses já passou no balé muita coisa pelo meu corpo, é incrível. Na minha turma, a que tem o corpo mais "mole", sou eu. Tem muitas que já tem dois anos de dança e não fazem o que eu faço.

Quanto à visibilidade:

— Eu me sinto muito orgulhosa de estar ali, eu me senti bem mesmo, quando eu saí na *Carícia* [revista], eu me senti muito orgulhosa quando cheguei nas bancas, tinha o meu nome lá. Eu nunca ia imaginar que meu nome estava ali. Eu me sinto muito feliz, porque antes eu não tinha nada e agora estou tendo. Isso me ajuda porque me dá mais felicidade para viver o mundo.

L. expressa auto-afirmação, quando diz:

— Ah! Eu tava me sentindo a própria aquele dia que eu desfilei, tava mesmo! Tava me sentindo muito boa!

L. diz o que sentiu:

— Sentimento... É... Bate o peito forte... Uma emoção...

E essa ex-educanda, hoje encaminhada para um projeto profissionalizante, em parceria com o Axé, comenta sobre o desfile:

— O primeiro dia que eu desfilei, eu não fiquei com medo não, só fiquei com um pouco de vergonha, assim né, todo mundo vendo, mas na hora que eu entrei no palco, olhei pra frente e não quis saber de mais nada, fui seguindo, desfilei, adorei! Pra mim significou muito, porque era uma coisa que eu sempre sonhei e consegui, né!

R. fala assim sobre o que sentiu no desfile:

— O que eu senti? Eu me senti muito assim, sabe? Tava todo mundo me olhando, batendo palmas. Eu me senti muito orgulhosa da primeira vez. Da primeira vez que eu entrei. Mas... na segunda vez, não; eu queria desfilar mais, mais, mais e mais. Eu tava me sentindo uma pessoa famosa, uma pessoa assim, no palco, todo mundo batendo palma, tirando bastante retrato, desfilando. Fiquei muito orgulhosa. No outro dia, quando eu tava na atividade, todo mundo perguntando: "B., te vi na televisão". Eu digo: "Foi?", "Foi. Tu te sentiu como?". "Eu me senti muito linda, né?"

E dá um depoimento sobre o significado de ter sido entrevistada por revistas e televisão:

— Quando é a revista *Vogue*, a revista *Veja*, isso serve de exemplo para os outros, para o que são hoje. Isso é para mim também uma relíquia. Essa coisa de você ir ao ponto de manhã cedo e ser parado por pessoas que falam: "Pô, eu vi aquela entrevista sua, achei muito bonita". Eu nunca tive oportunidade de me assistir, eu fico muito grato, eu gosto muito, acho que é positivo.

E., também funcionário como o anterior, que trabalha com desenho e arte, diz:

— Hoje minha profissão é auxiliar de produção, mas eu trabalho com desenho, faço arte final da coleção do desfile.

Referindo-se à possibilidade de aplicar na vida prática o que aprendeu no Axé, ele se posiciona positivamente e exemplifica:

— Quando eu tava na dança eu tive possibilidade de ensinar aos meninos do colégio na Vitória, ensinar eles a dançar.

E sobre as sensações experimentadas no palco, com a arte:

— Depois, quando desce do palco, é aquela alegria assim, muito abraço assim, as pessoas me aplaudindo muito, ótimo. Na hora que eu tava no palco eu esquecia de outras coisas, só queria fazer minha parte. Ficava orgulhoso de ter oportunidade de subir no palco e apresentar meu trabalho, eu trabalho assim, é ótimo. Depois de acabar o espetáculo dá vontade de você... Não sei, a música ali acabando e você continuando... Não dá vontade de sair mais... O aplauso é ótimo, as pessoas aplaudem com gosto, pra mim fica ótimo, eu acho muito bonito. Os elogios também, as pessoas chamam no camarim. Você dança muito bem, convida pra ir na casa, pra ensinar e tal.

Mas é este depoimento que mais revela a propriedade que tem a arte de mobilizar as melhores energias, despertar sensações antes não percebidas e fazer emergir uma vontade de viver, crescer, encontrar um caminho:

— Rapaz, eu me sentia o próprio, cheio de gosto, cheio de carinho, com vontade mesmo, e até hoje eu gosto da Banda, apesar de que eu não tô lá, eu gosto da Banda; foi um negócio que me ajudou muito, que fez minha cabeça crescer, me deu nova experiência, um negócio que eu nunca liguei pra tocar; depois eu passei a gostar da Banda, me dediquei mesmo. Muito educador bom, tem ali na Banda. Souberam me incentivar bem, tava sempre do meu lado me ajudando, o educador, me dando conselho: "Não vá na onda desses caras". Muito cara fumava maconha, tomava "flagrante", aí deixava de ir pra apresentação; aí, vendo isso, os educadores me davam conselho: "C., oh lá sua vida e tal"... Eu disse, :"Sim!" É bom, porque se vacilar o educador tava cortando...

E continua:

— Aí, nesse dia fizeram avaliação de todo mundo, C. e tal... Aí botou meu nome, eu pulei de alegria, não vou mentir; aí M. [o instrutor] explicou:

"Só pode ir menino pequeno e tal, mas C. vai porque ele teve bom comportamento lá em Brasília e umas pessoas avaliaram ele e gostariam de ele estar nessa também". Aí eu disse: "Oh, que beleza!". Aí, nós dentro do avião, aí C. falou assim: "C., e se eu tivesse te tirado do Axé, com aquelas besteiras que você tinha feito?" Aí eu dizia pra ele assim: "É, se você tivesse me tirado do Axé eu não sei o que seria de mim, eu podia tá na Detenção, eu podia tá morto, porque, naquele tempo, a situação era pecuária [precária] mesmo..."; e eu disse também: "Não, com fé em Deus vocês acreditaram em mim, soube que eu tinha bom desempenho, aí eu me desempenhei...".

E fala da emoção do espetáculo em S. Paulo:

— Rapaz, eu me senti, eu me senti um cara próprio, todo mundo me vendo ali, cheio de energia assim, quando eu vi tanta gente assim, na minha frente assim, me deu aquele medo, p., eu nunca subi num palco, com mais de não sei quantas pessoas assim, todo mundo me olhando, e também, que foi com uma pessoa famosa que era Caetano Veloso, nunca tinha subido... Eu fiquei todo emocionado, chegava me arrepiei todo, cheio de gosto, ó pra aí... Dando risada à toa, foi [risos], eu dava risada à toa, já pensou, rei?

E sobre o dia seguinte:

— Quando eu acordei, no outro dia, eu me senti um cara assim porreta, eu disse: p. véio, subi no palco aí, com Caetano Veloso tocando, tanta pessoa, artista de novela, outros atores, tantas pessoas, véio, tanta pessoa importante, a gente passando a conhecer. Acordei no outro dia assim, comecei a conversar com os caras: "Pô, a Banda tava no clima, a Banda tava massa, tava uma maravilha, pois, na moral, nós nunca teve um apresentação igual a essa não"; outro, dizia assim: "Hotel massa, hotel mais chique do Brasil véio! Hotel Maximis Praza"; nós se sentiu o próprio, véio, p. véio, nunca mais vai surgir uma dessa assim não (...) Na nossa despedida nós deu uma "canja" em frente ao hotel. Nós parou o trânsito, véio, em S. Paulo, todo mundo olhando, aí eles pediram de novo pra gente voltar de novo (...) Mas, na moral, até hoje eu tenho uma foto lá no aeroporto. Rapaz, eu não vou mentir não, eu me senti o próprio.

Esses depoimentos, por si só, são muito eloqüentes sobre o que significa essa experiência na vida dos educandos. Percebe-se a profunda alegria vivida nesses momentos e sua irradiação no percurso de cada um.

Nesse sentido, o Axé desempenha um papel fundamental em suas vidas, propiciando-lhes alegria e estimulando a capacidade de enfrentar desafios e vencê-los, seja desfilando sob aplausos e holofotes numa passarela, seja subindo num palco de teatro, em S. Paulo, com Caetano Veloso. Alimenta o sonho, atiça a curiosidade pela vida, desperta a vontade de ter futuro, de fazer planos, pois demonstra que viver é possível. Mas que é preciso lutar, uma vez que comportamento e competência são critérios aceitos de modo geral e inquestionável. Coloca-os como centro da atenção, a eles que sempre foram rejeitados ou invisíveis.

Uma coisa que marca a relação do educando com o Axé é a presença do educador a seu lado. Todas as atividades que envolvem a vertente da visibilidade exigem disciplina e persistência para se alcançar qualidade. Isso é reconhecido pelos educandos e aceito como certo.

A presença do educador reforçando, questionando, chamando a atenção, repreendendo, negando, aplaudindo, aconselhando ou desaconselhando, acompanhando o processo de cada um, é a chave para viabilizar sua participação. O carinho, a atenção com que é tratado o educando, fazem-no confiar em si mesmo e ir em frente. É emblemática a fala desta adolescente, ao se referir ao fato de que as pessoas no Axé importam-se com ela:

— Ah, é bom, pelo menos a gente sabe que existe, né?

Na sociedade de massa, ter visibilidade é um predicado inestimável, porque é prova de reconhecimento. Os meios de comunicação, que difundem a imagem, são extremamente seletivos com seus produtos. Alimentam-se e alimentam as elites. O estrato social dos educandos do Axé está simbolizado pelas imagens dos "pivetes" e "trombadinhas" das grandes cidades, mendigando, usando drogas, assaltando. Esse espelho não mobiliza para a superação, até porque ele é produzido para a classe média defender-se dos seus protagonistas, "os meninos de rua".

CONDIÇÃO ÉTNICO-SOCIAL

Como já foi referido, o contexto histórico e social dos educandos do Axé inclui pobreza extrema, discriminação racial e social. Ou seja, rejeição e negação. Tudo isso compõe um quadro do imaginário social que vincula a imagem desses meninos à violência urbana e os estigmatiza.

É muito revelador o depoimento desse menino do Canteiro dos Desejos, de apenas 9 anos, sobre a sua condição étnica:

— Índio, preto, mistura com branco. Cor preta, não gosto de minha cor. Preto é ruim, é cor feia, por isso que eu não faço meu desenho de preto. Porque ninguém... Porque as pessoas brancas não misturam com preto. Eu não me misturo com branco, mas melhor é branco, porque a cor é bonita. Eu queria ser branco, porque é bonito.

Essa é uma realidade do universo dos meninos do Axé. É assim que a história do Brasil os tratou e a sociedade brasileira os mantém. É contra essa visão negativa de si mesmo que esse menino terá que lutar — cabe ao Axé instrumentá-lo para essa luta. Uma parte já está assegurada: a convivência com um clima de afirmação e valorização, através das atividades culturais já descritas.

Mas é necessária uma ação pedagógica profunda, direcionada para essas questões, nas três dimensões do sujeito com que o Axé se propõe a trabalhar. A discriminação é parte da experiência desses educandos: por serem pobres, por serem negros, por serem considerados "feios", por serem, enfim, excluídos.

G. diz, sobre ser negro:

— Eu acho que o pessoal diz assim: "Sai de junto de mim porque você é preto, não quero ficar perto de você", mas eu não ligo não... Dessa forma de cabelo, eu não ligo pra isso não...

E dá o seu conceito de discriminação:

— Discriminação é aquilo quando a gente tá em algum lugar e manda sair, no shopping mesmo, quando entra negro, quer que o negro saia logo, porque negro na escravidão roubava muito pra sobreviver, agora eles estão pensando que os negros querem só roubar, mas não é isso não, os negros querem é crescer.

É interessante, nesse discurso, a justificativa que o educando desenvolveu para "entender" o absurdo da relação posta em alguns espaços sociais entre negro e roubo. Mas nela estão contidos séculos de injustiça para com os negros escravos e seus descendentes.

Sobre a relação brancos e negros, ele fala:

— Eu acho que branco quer ser mais que os pretos, quer ser mais bonzão. Tem poucos brancos que são pobres e alguns são ricos. (...) Acho tudo isso errado, eu acho que as pessoas são tudo a mesma coisa, tudo tem que ser amigo, não discriminar outros...

Ele diz ainda:

— Ser negro é pessoa normal, comum mesmo, normal com os outros.

E fala da sua experiência:

— As branconas me viam com a bermudinha assim, de brinco, e jogavam logo a bolsa assim, tiravam o relógio, colocavam logo na bolsa.

Já C., diz, sobre o assunto:

— Eu me sinto negra. Sei lá, tenho orgulho de ser negra. Pra mim não é problema pela minha cor.

A possibilidade de se ver com outra imagem, desta vez positiva, é fundamental para um salto de qualidade. Porque, sem esperança de alcançar outro patamar, não se tem por que lutar. Sem reconhecimento social, é quase impossível ter motivação para enfrentar uma mudança de vida. E é aí que está a importância da visibilidade social no processo pedagógico que se propõe a ver o educando como sujeito de direito, de desejo e de conhecimento, como preconiza o Axé. Essas questões articulam valores culturais e a produção midiática, numa aliança típica do final do século XX, criando o que Guattari chamou valores "infra-humanos". Isto é, valores e sentimentos que percorrem a sociedade.

Nesse sentido, um fator de grande importância para o processo de afirmação pessoal nesse universo e, por isso, no processo de crescimento dos educandos, é a estética pessoal. Vivendo num país multirracial e racista, o padrão de beleza e o senso de estética predominantes são ditados pelas classes hegemônicas da sociedade, as quais excluem completamente o padrão dos educandos do Axé, descendentes das etnias africanas. O desfile atua nesse ponto, permitindo-lhes reconstruir a noção de beleza, ter a sensação de ser bonito ou bonita. Essa afirmação é geral nos depoimentos. A beleza é um valor fundamental na sociedade contemporânea, e o ser feio é um fator de rejeição, de exclusão. Na passarela do Axé, os que desfilam são os portadores daquele padrão negado e, naquele momento, são afirmados e reconhecidos. Por isso, eles podem "mostrar a cara" e assumir seu tipo físico, seu padrão de beleza, sua estética.

Um outro aspecto a ser ressaltado nessas falas é a profunda alegria e emoção que essas experiências provocam nos educandos. Essas sensações que as atividades do Axé propiciam, reafirmando seus propósitos pedagógicos, permitem momentos de intensa felicidade. Isso acontece de tal modo que, aconteça o que acontecer na vida desses sujeitos, eles já terão tido a suprema alegria de vivenciar aqueles momentos de emoção. E isso é inexorável: nada mais poderá removê-los de sua vida. Isso é definitivo. Alcancem ou não a estação sonhada para o desembarque.

Sobre discriminação:

— Já vi sim, num ônibus que eu peguei, ele tava suado, aí encostou de junto de mim um rapaz branco, aí falou bem assim: "Chegue pra lá aí, que o senhor está incomodando; a pior coisa é negro, o seu mau cheiro, suado, trabalhou e nem tomou banho pra vim pegar o ônibus". Aí o rapaz falou: "Se você estiver incomodado, compre um carro ou pegue um táxi". Só falou isso, não falou mais nada pra ele.

Sobre as causas da discriminação, ela diz:

— Porque naqueles tempos foi escravo, trabalhava no sisal, trabalhava pros brancos na escravidão, por isso eu acho que tem muita discriminação; não daquele jeito, mas trabalha, trabalha e nem um salário recebe, tanto pai de família, eu acho que ainda tem escravidão.

Nesse universo, poucas pessoas conseguem discernir as causas da situação em si e, não tendo como a explicar, culpam as vítimas como responsáveis.

Outro jovem, assim se refere à questão, afirmando, apesar da discriminação existente contra o negro e sendo, ele próprio, negro: "Não posso me discriminar". Diz achar excelente sua condição de negro e tenta explicar por que os negros são mais pobres:

— Entendo, porque são as pessoas mais analfabetas que não procuram a escola. As pessoas que não têm oportunidade de trabalho, de ensino... Por que isso? Eu não sei explicar ...

E prossegue:

— Isso me causa um sentimento muito triste, eles se jogando fora, eles não lutam pelo direito deles, se ninguém lutar pelo direito dele, ninguém vai lutar por eles. Ele tem que se formar, estudar, trabalhar, se formar, fazer vestibular e ser alguém na vida. A relação entre negro e branco, eu, por exemplo, tenho ótimas relações com pessoas brancas agora, porque antes não era assim [refere-se ao tempo em que vivia na rua]. Porque antes eu via muita discriminação, o branco discriminando o negro.

J. posiciona-se:

— Acho que todos os brasileiros são negros, apesar que têm a cor mais clara... Ah! eu me sinto ótima! Porque cada um tem seu sentimento... O meu é negro, já nasci com isso, não posso tirar.

Ela diz que a maioria das pessoas pobres que vive na rua é negra,

— Porque não acham trabalho, por causa da discriminação. Eu fico sentida porque se aquela pessoa pudesse trabalhar, manter a família, o filho não ia pra rua...

Sobre a mudança dessa situação:

— Eu acho que não tem jeito não... Tem jeito, quando a pessoa tem oportunidade, quando não tem...

Essas falas demostram um sentimento de impotência diante desse fato. A discriminação é um peso social tão grande que eles não vêem como mudar isso na sociedade. Só vêem uma saída individual para a questão.

Sobre como percebe sua condição social hoje, a relação com os meninos de classe média, o que evidencia a mudança de percepção desde a saída da rua, E. fala:

> — Hoje eu tô me valorizando, porque antigamente eu tinha nojo, tinha pavor, eu tinha raiva, achava que eles fossem mais inteligentes do que eu; só que depois dessa estrutura que eu tô hoje, eu posso ir adiante ainda mais, eu posso vencer ainda mais, então eu me sinto muito valorizado, estou me valorizando muito e estou precisando ainda mais.

O conhecimento e o estudo estão sempre associados ao sucesso e sua falta, ao fracasso, que, por sua vez, atribuem à falta da família:

> — Eu acho que acontece essa diferença assim, porque uma teve... Porque aquela pessoa assim tem estudo, tem... Teve união da família. Não teve separação, não teve nada disso não. Todo mundo da família dela ajudando, conversando, explicando a ela como são as coisas. Outras pessoas não têm isso.

A fala de C. sobre discriminação é reveladora da tensão racial que permeia as relações sociais:

> — Discrimina porque é tudo pobre. Os meninos que você vê na rua, a maior parte é o quê? Tudo preto, moreno e de rua. Quando você vê um ladrão branco é nas "encubada", filhinho de papai, que ninguém diz nada, é o que mais rouba nos shopping, esses locais assim, é o que mais rouba... Mas eles não vê, só vê os f. aí, sofrendo.

E continua:

> — É por isso que o Brasil não vai pra frente, por causa dessas coisas, porque se o Brasil soubesse cooperar, ajudar aquelas pessoas que precisam, o Brasil não tinha muitas pessoas desempregadas, muitas famílias... Então, eles não ajuda, eles só querem pra eles, então, cada vez que eles têm, eles querem mais.

E dá sua explicação para isso, centrada na distribuição de renda brasileira:

> — Rapaz, eu acho que isso acontece, através deles mesmos aí, do governo, porque não sabe tratar o Brasil. Um ganha mais, outros ganha isso aqui, que nem dá pra pagar o salário dos filhos. Então, aquele que ganha mais, já tá

com vida boa, só quer curtir·e não pensa nos outros. Como existe país aí, que todos ganham igual. Se todo mundo no Brasil... Se aqui no Brasil fosse assim; não existisse isso, de uns ganhar 100 reais e outros, milhão (...), o Brasil ia pra frente. Se todos recebesse igual por igual, um cooperando com o outro, um ajudando o outro, o Brasil ia ser um lugar bom.

A. *passa-nos* muita dor na sua fala sobre discriminação e revela muito sobre as relações raciais no Brasil e na Bahia:

— Porque, eu sei lá... Discriminando a pessoa só porque eu sou preto, não sei o que é... Sei lá... Aí, ladrão, ela não olha, só eu. Pela passarela mesmo, tem hora que eu passo, aí os outros me olha assim, segura a mochila assim, ou senão fica assim... Aí eu olho assim... Falo: "É, eu não posso fazer nada".

A respeito da condição de pobreza, E., educando, depois de se autodenominar pobre, diz o que isso significa para ele:

— Pobre é assim, quando ele quer comprar alguma coisa ele precisa juntar pra comprar; o rico não, quando ele quer comprar alguma coisa, tá com o dinheiro na mão, ele compra na hora, o que eles querem eles tem.

Quanto a mudar essa situação, ele diz:

— Pode mudar um ajudando o outro, ajudando a quem precisa, como o Axé, mesmo agora que tá sem verba e algumas pessoas ajudam para não parar o Axé, porque eles querem o bem da gente.

Esse tema é extremamente delicado por suas implicações psicológicas, políticas, sociais e culturais. Especialmente no Brasil/Bahia, que difundiu um mito de democracia racial e só agora admite, oficialmente, como nação, que há racismo no país. Mas as falas desse grupo de jovens são por demais eloqüentes relativamente a essa questão. Há racismo e eles são vítimas. Há pobreza e eles são pobres.

No campo social, essas são variáveis estruturais com as quais o Axé tem que conviver e se confrontar.

RELAÇÃO COM A FAMÍLIA/SOCIEDADE/CONTEXTO

Através dos fragmentos dos discursos dos meninos é possível captar sua visão de mundo, perceber as relações sociais e familiares, conhecer o contexto em que se movem os educandos fora do Axé, o que pensam e suas opiniões sobre a vida que os circunda, seja em relação à amizade, à vida afetiva, à família, à cidade e ao próprio País.

É nítida a importância fundamental da família, sendo a fratura nas relações familiares uma das principais razões para que seja abandonada e para que os meninos saiam para a rua. O Axé faz um investimento especial na retomada dessas relações como suporte básico para a reestruturação do educando, objetivando, sempre que possível, reintegrá-lo à família.

Mesmo os educandos cuja chegada ao Axé é fruto de "demanda espontânea", em geral morando com suas famílias, não estão infensos às questões externas que podem interferir nessa relação, em que a mãe, como já foi visto, é a figura-chave, o símbolo, a proteção e o fundamento.

Com base em suas próprias experiências, os meninos-homens esperam construir, no futuro, uma relação estável e tranqüila, visando constituir uma família. Para as meninas, livrar-se da rua e das suas mazelas, dentre elas a prostituição e as drogas, inclui a idealização de uma vida também tranqüila e segura e a consciência de que cada coisa deve acontecer a seu tempo, especialmente os filhos.

Os meninos do Axé têm, em geral, uma visão negativa de Brasil, das condições de vida nas cidades e de política, sem, no entanto, terem clareza das razões pelas quais a realidade se constitui da forma atual. São impressões, sensações de quem sofre na pele as dificuldades e as injustiças e não entende porque é vítima e porque são tão poucas as saídas para uma vida melhor, mais segura e em paz.

Vida afetiva

Uma família estruturada é o ideal de referência que define as metas e orienta as relações, resgatando do passado o que foi perdido ou jamais vivenciado e ficou como desejo.

E. expressa seu objetivo sobre essa questão:

> — Uma coisa que eu quero ter com ela é uma relação, tudo bem, que corra bem, que eu esteja com meus filhos, com ela junto. Na doença mesmo, quando eu ou ela tiver um problema, sempre estar juntos, os filhos, mesmo quando tiver problema, sempre estar junto, ser família unida.

Não é fácil, no entanto, construir uma relação com essa qualidade, quando um dos parceiros tem necessidade de vivê-la num padrão mais estruturado, e o outro, que vive as mesmas circunstâncias do ponto de vista familiar e social, vê nesse encontro uma forma de mudar imediatamente sua vida, sem que tenham sido construídas as condições pessoais e materiais para isso.

— Tem umas meninas assim, que quando a gente começa a namorar, elas quer abandonar o colégio, quer abandonar a casa, sair pra rua... Até isso. Ela falou: "C., tô querendo sair de dentro de casa". Eu falei assim: "G., não pense uma coisa dessa! Você acha que você precisa de uma coisa dessa? Vai ser melhor pra você? Só vai ser ruim pra você e pra mim, se eu tô namorando com você..." Uma pessoa que tá freqüentando a rua... Tem que ficar dentro de casa, ir pro colégio, certinho! Eu não sei se falei isso e ela se aborreceu (...) Aí ela falou: "C., eu tenho uma coisa pra lhe falar...". Aí ela disse que não dava mais... Aí ela só falou isso.

Sobre namoro e fidelidade, L. revela, com emoção, seus conceitos e valores:

— Eu sou fiel com ele, ele precisa ser fiel comigo, com ele eu sou fiel. Aí, quando estou aqui no balé, eu sempre fico pensando nele. Ontem mesmo eu estava na aula, o professor falando, e eu viajando; aí o professor falou: "Cadê seu dever que você não está fazendo nada?". E eu pensando nele, eu fico louca pra encontrar ele quando eu vou no colégio, pra assistir minha aula.

E, sobre filhos, faz uma reflexão madura:

— Não, eu acho que está muito cedo, que se eu tiver filho agora, vai estragar minha vida toda; então agora eu acho que não quero ter filho não. Quando eu estiver com minha casa, com minha vida feita, já um emprego certo, aí é que eu acho que vou ter um filho, eu acho que tenho que dar o melhor pra ele, pra ele não ter uma vida igual à minha. [Ela diz ainda que mantém relações sexuais com o namorado e que usa camisinha, desde que assistiu as palestras sobre o assunto.]

Alguns vivem na fronteira, como J., que é namorada de um traficante preso. É dela este depoimento:

— Eu tava querendo apagar [morrer], depois voltei a mim porque eu me achei aqui com a moda... Aí parei de usar droga. Talvez eu consiga alguma coisa no Axé, se eu não conseguir, eu posso tomar de novo...

Sobre amizade, duas definições:
Menina, 16 anos

— Amizade pra mim é ter consideração, ter aproximação com a pessoa, ter amor, porque se a gente não gostar da gente, a gente não gosta do próximo. Pra mim é isso.

Menino, 16 anos

— Amizade é a pessoa que sempre quer bem ao outro, né? Não deseja mal, né? E. nunca desejou mal pra mim, fala comigo, respeito ele, ele me respeita...

Família

Nas referências à família, ficam nítidos os valores, as contradições, as expectativas e, também, a insegurança, em parte já perceptíveis nos trechos de entrevistas relativos à "vida antes do Axé" e à "vida afetiva".

E., que foi de rua, e hoje já se sente integrado à sociedade, fala sobre sua relação familiar:

> — Minha família, eu me dou superbem, por isso eu tenho assim... Tenho que terminar essa casa porque sou eu que estou fazendo (...) então esses tempos eu estou apertado.

É de C. essa declaração, que amplia a noção de família:

> — As pessoas que eu mais gosto é da minha família, dos meus irmãos, da minha mãe, do meu pai, *dos educadores e de meus camaradas*.

Essa adolescente, que o Axé tirou das ruas, articulando sua ida para a casa de uma tia que a acolheu, ressalta a necessidade/importância do estímulo familiar para o processo que desenvolvem:

> — Às vezes reclamam comigo, mas eu não tenho o que dizer da minha família. Ficaram muitos felizes [refere-se à sua participação no desfile], comentaram bastante e me deram muita força.

C. ressalta a falta da presença efetiva da família, diz que o Axé o encaminhou para morar numa pensão. Fala ainda do relacionamento conflituoso com a mãe e da necessidade que ele tem dela:

> — Ela foi lá, porque eu levei minha outra irmã lá... Pra eu trazer ela aqui pra ver um negócio de uma carta (...) Só me procura assim [quando há algum interesse], agora... Cadê vir aqui, "como é que tá C.?". É isso que eu digo, que uma mãe é mãe, o filho pode ser o que for, quando é mãe, é mãe. Eu já fiz muita coisa errada, eu sei que errei, não vou errar mais, mas cadê isso dela? Essa parte de me ajudar?

E há o medo da perda... Um menino pequeno, 9 anos, expressa seu amor através de uma referência a um fato peculiar ao contexto familiar e da mulher pobre:

> — Medo que minha mãe seja ferida, porque ela foi ferida por meu padrasto carniceiro que pega cigarro no bozó: "Vou matar ele".

Pobreza, solidariedade e consciência crítica

A pobreza é vivenciada, mas não compreendida. Os meninos que a ela se referiram, o fizeram revelando medo, revolta, criticidade e, acima de tudo, perplexidade:

— Meu bairro está muito quieto, as pessoas se escondem muito, parece que têm medo de alguma coisa. Às vezes, quando eu chego da escola, eu vejo já tudo quieto, acho que está acontecendo alguma coisa, aí minha mãe diz que não.

— Às vezes me dá revolta por ser pobre. Às vezes dá. Porque às vezes eu tô assim em casa, sem nada pra comer, eu olho assim... Saio. Saio, arranjo dinheiro emprestado, ou vendo uma roupa minha... porque lá é assim, ninguém lá em casa trabalha, né? Me dá até assim, sabe... Então me dá um ódio assim. Às vezes eu choro como que, porque eu vejo tanta coisa errada em minha casa.

— Aqui em Salvador, aqui na Bahia... O Brasil, os colarinhos brancos, os políticos, os riquinhos, os marajás, eles deveriam tomar um pouco de vergonha na cara e prestar contas dos seus meninos. (E continua, indignado.) Como é que a pessoa sai lá da Itália... [referência ao presidente do Projeto Axé] Não há precisão disso, já que temos governo, já que temos prefeitura. Eu acho que o governador deveria prestar mais atenção nos meninos.

Sobre o mesmo tema, C. fala:

— Eu acho que podia ter muita coisa além do Juizado, o Axé tira só os adolescentes, as crianças e os de menor. E o de maior que vive na rua, que não tem casa e fica lá bebendo e se drogando também? Eu acho que poderia tirar também, porque eles tiram a gente... E os outros, que ficam lá se drogando? Eu acho que poderia ter um acolhimento pra colocarem eles dentro de casa. Porque não adianta nada tirarem a gente e eles ficarem lá se acabando do mesmo jeito. Eu queria ajudar as pessoas, mas não posso.

E em relação aos meninos que continuam na rua, diz:

— Eu sinto pena deles porque eles ainda estão naquele processo, mas se eu puder ajudar, convencer a saírem da rua, com o pessoal do Axé, qualquer coisa assim, se eu pudesse ajudava eles, só que eu não posso.

Sobre a possibilidade de o Axé ir trabalhar nas favelas, é ainda C. quem afirma:

— Eu toparia, com muito orgulho, tentar convencer as pessoas, ajudar, alguma coisa assim.

Na tentativa de encontrar soluções, os meninos avaliam as alternativas existentes na cidade.

C. refere-se ao programa Cidade Mãe da Prefeitura de Salvador, como a um acerto da ex-prefeita Lídice da Mata:

— Ela desenvolveu esse trabalho de moradia, de acolhimento, eu acho que foi a primeira coisa que passou na mente dela (...) talvez porque ela foi coordenadora do Axé também.

Quanto ao Brasil, ela diz que às vezes tem esperança de que melhore, às vezes não. Para ela, só melhora com todo mundo "se ajudando".

Prosseguindo nessa abordagem, C. expõe sua opinião, com uma visão ampliada e politizada a partir de sua própria história:

— Esse prefeito, o governador, essas pessoas aí que têm condição, empresários daqui da Barra, invés de fazer o carnaval, por que eles não pegam e ajudam outras pessoas, que é mais vantagem do que estar fazendo carnaval? Ele devia tá ajudando as pessoas que tão precisando; sabe por que eu digo isso? Eu digo por mim, porque eu achava que não ia conseguir sair não. Tem meninos que conseguem, que sai daquela vida, mas eles tão precisando de uma pessoa pra tá ali sempre ao lado deles. Tem muitos que vem de família, que cada um tem uma situação precária. Ninguém é igual. Cada um sofre mais. Sempre tem um que sofre mais. Tem um que tá naquela vida porque quer. Tem um porque tem problema com a mãe, problema familiar. A mãe bota pra fora. Sempre, no Brasil, tem uma coisa que é difícil pra uma pessoa; então, por isso, eu acho que uma pessoa ajudando a outra fica mais fácil. Quem sabe se amanhã ou depois aquela pessoa pode ser uma pessoa de classe alta e aí ajudar a outra. É isso que eu queria ver... Assim...

E na seqüência dessa análise, revela que não pensa em votar:

— Não. Eu acho que quando eu votar, vou votar branco ou nulo. Eu não acredito porque na hora que está perto da eleição prometem mil coisas, os mundos e os fundos; e na hora não faz nada...

Negligência

Além da pobreza em todas as suas dimensões, o desamparo é uma experiência que os pobres acumulam, porque se faz presente em cada situação de seu cotidiano, especialmente na relação com as instâncias da sociedade das quais esperam algum suporte.

Uma situação que revela com nitidez o descaso e a negligência, é referida por A.:

— Foi só porque ele [o vigilante da rodoviária] me deu um murro e puxou uma arma pra mim... Eu fiquei com uma raiva... E eu tava trabalhando. Se eu tivesse errado, tudo bem. Agora eu não tava errado, eu tava lá junto de todo mundo, mas... Só porque eu discuti com ele, ele me deu um murro e aí puxou a arma pra mim. E disse que, qualquer coisinha, ele metia-lhe bala em mim. Aí eu disse: "Tá certo, esse cara fazendo assim, ou ele tá procurando morrer ou tá procurando matar alguém". Aí eu fiquei naquela dúvida, aí eu fui logo no módulo e falei: "Ó, o cara tá puxando a arma ali e tal". O cara aí: "Quem é que tá com arma?". Eu falei: "O vigilante, ele tá falando que quer matar ali". O cara: "Ah, tá, vá na DEPOM, é caso da DEPOM". Eu cheguei lá na DEPOM, tava todo mundo na porta. Era na rodoviária mesmo. Junto do juizado. Aí eu fui lá, bati, bati. Fui no juizado, o juizado não quis abrir. Fui na DEPOM, a DEPOM mandou eu ir lá pro módulo. Cheguei lá no módulo: "Rapaz, o cara da DEPOM disse que era pra você ver isso". O cara aí: "Ah, não é daqui não, se vire lá na DEPOM, se vire!". Eu: "Tá certo...".

— Aí eu deixei quieto, pra lá, deixei de mão... Por isso que eu mais ou menos saí da rua, procurei um ponto por causa disso aí, pra evitar uma besteira dentro daquela rodoviária. Por isso que eu queria trabalhar num trabalho fixo, mas o que eu achei foi provisório...

Essa sensação de falta de alternativas, expressa em diferentes momentos pelos meninos, é a realidade dos segmentos excluídos dos benefícios sociais do Brasil. É esse o mundo real dos educandos do Axé, para o qual eles procuram uma saída individual ou coletiva. O Axé aparece como uma delas ou um suporte para que eles as encontrem.

Por outro lado, esses discursos explicitam um sentimento de solidariedade e disponibilidade para a ação, que identificamos como uma perspectiva que poderia ser mais aprofundada pelo Axé — uma possibilidade de trabalho a ser desenvolvida com os educandos que se propusessem a isso, canalizando esse potencial para novas formas de atuação na sociedade.

Já existem alguns meninos do Axé que começaram a desenvolver atividades com crianças nos bairros em que moram, prevenindo sua saída para as ruas. As questões mais complexas são trazidas para serem analisadas com os educadores de suas unidades.

Direitos

Nesse contexto, a referência dos meninos à questão dos seus direitos se dá a partir de uma abordagem pessoal e específica, vinculada à condição de serem adolescentes ou jovens em uma sociedade marcada por tantas contradições.

Nessa direção, encontram-se afirmações tais como:

— Meu direito é viver, crescer e trabalhar.
— Às vezes eu sinto que sim, às vezes não. Eu não me sinto com muito direito, não.
— Meu direito como brasileiro é a questão do direito ao trabalho, direito à escola, muitas coisas...
— Ah, se alguém fizer alguma coisa errada comigo, eu vou buscar meus direitos...

— Tem; eu tenho direito de estudar, direito de ser livre, direito de ir ao posto de saúde.

R. refere-se ao ECA, com a percepção clara da distinção entre a lei e sua aplicação:

— O Estatuto das Crianças e dos Adolescentes... Eles estão lutando pra conseguir o que eles querem, mas ainda não estão conseguindo proteger as crianças e os adolescentes, né? Eu queria que as pessoas fizessem a sua parte, que o Estatuto faz a parte dele...

Uma menina associa a conquista da cidadania a seu progresso pessoal, e diz:

— Eu era piveta. Agora eu me sinto melhor, como cidadã.
— Direito, inda não tenho, eu vou aos poucos.

E um jovem de 16 anos sinaliza a importância da participação popular e identifica o papel da administração pública:

— Eu acho que as pessoas deviam se organizar e fazer por elas mesmas, porque a prefeitura não está fazendo muita coisa não.

Quanto à obrigação de fazer, ele responde:

— Depende, se for um bairro, a prefeitura tem obrigação de colocar poste, esgoto... Essas coisas...

Nessas afirmações, pode-se perceber o potencial que se faz consciência e que se explicita no comportamento e nas motivações do cotidiano das unidades de atendimento. Essa é a matéria-prima para o trabalho de desenvolvimento pessoal e social desenvolvido pelos educadores.

Imagem

A questão dos direitos se relaciona diretamente com a forma de os educandos perceberem e lidarem com os sentimentos que provocam nas outras pessoas, depois de sua caminhada no Axé.

— Hoje é diferente porque eu não ando mais com a mesma roupa todo dia, ando mais limpa, não ando com um bocado de gente suja.

C. afirma que já percebe mudanças na sua relação com a polícia que, antes (na rua), a desrespeitava, e com as crianças de classe média que a hostilizavam, afastando-se dela com olhar de medo:

— Hoje é totalmente diferente, hoje não é igual a antes; hoje eu me sinto, sei lá, tão diferente... Eu passo na rua com a cabeça mais erguida, não ando na rua como antes. As pessoas olham pra mim diferente. Olham pra mim como olham pros outros...

E. fala sobre a dificuldade de assumir sua história em determinadas situações:

— Logo no começo, tive de passar pra ela que eu era um menino de rua... Ela se sentiu assim... Ficou bastante fria, porque ela era de família de classe média.

Fala também da reação das pessoas relativamente ao trabalho do Axé:

— Isso tá sendo reconhecido, a gente passa na televisão, mostra as coisas que faz pra fora e aqui pro Brasil, então as pessoas estão aos poucos aprendendo. Meus colegas quando me viram na passarela me aplaudiram e gostaram muito, depois falaram comigo no camarim. As pessoas que me viam antes, hoje me pedem desculpa e tudo.

Ainda quanto à auto-imagem, um dos aspectos importantes desenvolvidos nas unidades, na linha de educação sexual de adolescentes, é a reflexão sobre a questão de gênero e sobre os papéis do homem e da mulher na sociedade. Nesse percurso, são desconstruídos preconceitos e abertos caminhos para novas experiências e novos espaços de criatividade.

O depoimento que se segue, de um adolescente de 16 anos, da Modaxé, é um exemplo que dá conta do que se diz acima, aqui referido ao preconceito machista de que "bordado não é atividade para homem":

— A educadora mandou eu fazer um bordado em casa; aí chegou lá, pô, dia de sábado e domingo! Fiquei lá em casa fazendo... Aí eu peguei e trouxe pra ela olhar as coisas. Ela falou que tava lindo, começou a elogiar, a elogiar, aí eu fiquei feliz, né?

No conjunto desses depoimentos, é possível perceber que, aos poucos, no percurso do processo pedagógico, vão se delineando mudanças no plano pessoal que começam a repercutir na relação do menino com seu universo mais próximo. Estas mudanças dão-se desde o âmbito da representação e da receptividade social, no próprio olhar da cidade para eles, até o da própria postura do menino diante de fatos, situações e sentimentos. Essa é uma estrada que pode desaguar na consciência da cidadania e no protagonismo de cada um.

SONHOS ATUAIS

No início deste capítulo, abordou-se o sonho que os meninos entrevistados tinham, antes de participarem do Axé.

Agora, busca-se saber com o que sonham hoje, depois de vivenciarem o conjunto de experiências propiciado pelo processo educativo desenvolvido nas diferentes unidades.

Observando as respostas, vê-se que seus projetos são "utopias possíveis". Sonham com coisas que, na realidade, são potencialmente alcançáveis. Não são apenas sonhos "românticos impossíveis". Seus sonhos estão no âmbito de suas vidas, de seu universo.

Com isso não se quer dizer que sejam manifestações precisas da racionalidade. Evidentemente, são projeções de vida, são desejos, representações da vontade de vir a ser. No entanto, não se manifestam como uma utopia inatingível para suas condições reais de vida. Considerando alguns aspectos luminosos do mundo que o Axé lhes propiciou conhecer com sua participação em eventos, viagens etc., suas aspirações manifestas não se direcionam nessa perspectiva, ainda que se perceba a presença de alguma influência desse brilho, neste sentido, positiva.

Esses sonhos deixam transparecer as mudanças que ocorreram com esses educandos no processo pedagógico vivido no Axé.

No caso específico desses educandos, tem-se que considerar suas peculiaridades e o processo de socialização alcançado, fundamental para sua inserção num processo educativo convencional.

Nesse sentido, as informações apresentadas ao longo desse texto apontam mudanças e até saltos de qualidade, protagonizados por alguns dos educandos no percurso que vêm trilhando.

Alguns valores distanciados do seu mundo anterior foram incorporados e aparecem em suas falas, dentre os quais se destaca a valorização do saber, da escolarização ou do "estudo", como dizem, que passa a ser apontado como o instrumento fundamental para viabilizar o sonho de crescimento pessoal, de qualidade de vida, de sucesso profissional ou de, simplesmente, arrumar um emprego.

Comprar a casa para a mãe, ter conforto material, ter sua própria casa, aparelhos eletrodomésticos, dentre outras, são aspirações que perpassam o sonho de milhares de pessoas neste País, inclusive o desses educandos.

Há, também, como se viu anteriormente, o desejo de socializar os "benefícios" adquiridos no Axé e o de ter reconhecimento social, substituindo a imagem de marginalidade anterior.

Exemplos de sonhos "recolhidos":

— (...) fazer parte de uma banda, tocar, cantar... E queria ter um quarto só pra mim só...

— Eu vejo na minha vida, é que ela seja bem, que eu cresça mais, que eu ajude a quem precisa, como os educadores me ajudaram muito. Eu quero aprender mesmo, pra eu ensinar às pessoas o que eu aprendi com os educadores. Meu sonho é virar professor ou artista mesmo, de circo, novela, de filme.

— Tenho vontade de aprender baixo, guitarra, bateria. Ser aprendiz do Axé, funcionário. Comprar uma casa boa pra minha mãe. Eu gostaria de ser músico.

— Fazer um curso de azulejaria. Eu quero ser médico e vou estudar pra isso.

Perguntado sobre de quem dependia para alcançar esse sonho, o mesmo menino responde:

— De mim, de me esforçar, passar de série, passar de ano.

— Eu sonho ter minha casa, um trabalho certo, ser muito feliz e continuar meu estudo.

E sobre o que quer ser:

— Sei lá, pode ser assim, costureira, eu não queria ser professora de dança, mas que eu pudesse continuar a carreira de dança. Ser dançarina, não é professora de dança, ou costurar.

— Ah eu quero é estudar, é trabalhar. Eu queria ser... Entendeu? Adoro costurar, eu tô costurando aqui e eu gosto muito também! Ah, que as pessoas não me olhassem mais como piveta, porque eu já saí da rua, que falassem normal comigo.

— O que eu preciso é de escolaridade, aprender mais... Ah, pra ter uma vida melhor, ter uma condição financeira melhor, não depender mais do Axé, essas ondas... Rapaz... Se eu não tenho nada pra fazer, se eu tiver uma grana pra comprar uma máquina e peça e lona, eu acho que... Posso ir pra outra banda, eu aprendi aquela letra, vou aprender mais... Posso sair daquela e ir pra outra... Olodum e outras mais. Como eu quero viver? Com minha mulher, com meus filhos, minha casa.

— Acho que eu sonho em ter meu próprio trabalho, um de costura, minha própria confecção e comprar uma casa pra minha mãe.

— Hoje eu sonho em comprar uma casa pra mim e ser figurinista, trabalhar com moda. Não no Axé. Com certeza eu quero ter meu projeto de vida e seguir minha vida adiante. O Axé foi pra mim que nem uma fada madrinha e me pediu pra seguir meu caminho.

— Se eu fosse um jogador, famoso assim, ganhando tanto de dinheiro, eu ia ajudar o Axé, ia ajudar as pessoas, que sempre precisa, ia arrumar uma pensão pra aquelas pessoas que precisa. Pra mim, eu queria ter um carro, uma casa toda confortada, queria ter minha esposa, minha namorada, pra ter meu filho, amanhã ou depois eu dar uma educação boa pra ele, certo?(...) Mas sempre ajudar, porque eu vou ser sincero, eu não gosto de barão, entendeu? Eu não gosto porque eu acho que é assim, ele é muito egoísta, assim, porque eles não ajudam.

O que eu sonho pra mim é eu ter minha casa, ter minha família, ter meu filho, um dia ter um filho, ter minha moradia, ter meu som, ter minha televisão, ter meus negócios, tudo que eu gosto, ter minhas roupas de marca, que eu gosto sempre de ter é roupa...

Eu vou botar meu dinheiro no banco, abrir logo uma caderneta, porque eu vou pensar assim: eu tenho 18 anos... Eu botando dinheiro no banco, trabalhando... Com 21 anos eu vou ter minha casa. Eu penso que de pouquinho em pouquinho vai, compro um terrenozinho, procuro um casa boa que tenha alugado, que dê pra eu pagar e ir botando meu dinheiro na caderneta, porque eu não tenho filho, e o que mais pega é que tem que botar o filho no colégio, tem que botar. Uma pessoa que tem filho, se não tiver um salário bom, não vai pra frente...

R., encaminhada ao programa de profissionalização da UFBA, fala de seus planos:

— Eu acho, né, que de minha parte eu não preciso aprender mais nada no Axé. Eu já aprendi demais. Agora tenho outra caminhada. O plano que eu tô, é de quando eu sair da UFBA, botar uma lojinha pra mim. Pra não ficar parada. Eu não quero voltar pra rua. Eu sonho ter um trabalho, né? Ter um trabalho assim pra eu ficar. Ter minha casa, construir minha família. Meu sonho... Quero construir minha família, quero ter assim um trabalho certo, né? Que eu possa sobreviver, pra não dar o que falar a minha mãe e a meu pai nem a ninguém.

D., encaminhado para um curso profissionalizante com o acompanhamento do Axé, diz:

— Eu sonho, meu sonho é ter minha casa de madeirite. Quero botar minha casa em cima de bloco. Dar colégio, pra meus filhos. Quero botar logo no colégio. Uma coisa que eu não tive mas... eu tive que trabalhar mesmo, me movimentar, porque minha mãe só, não ia sustentar a gente. Então, eu tinha que ir pra rua, pra ver o movimento lá e ajudar a família. Comprar um quilo de feijão, um quilo de arroz. Agora tinha vez que a gente ficava triste. Dia das Mães ficava muito triste — não tinha nada pra dar à minha mãe! Tinha vez que chorava e tudo. Chorava...

Esses fragmentos aqui expostos, essa expressão de esperança, esses planos, projetos de vida, crença em um futuro antes não vislumbrado, são conquistas construídas no cotidiano do trabalho educativo.

O AXÉ NA VIDA — UMA AVALIAÇÃO A PARTIR DOS EDUCANDOS

Qual o significado do Axé em sua vida? E se ele não existisse? Valeu a pena a sua inserção no Axé? Ajudou você em quê? O que aprendeu serve/serviu para alguma coisa?

Alguns depoimentos são representativos do conteúdo dos demais e são emblemáticos. Falam por si mesmos. Expressam o papel do Axé, fazendo um balanço das vidas de seus autores, articulando-as ao Axé. São mais do que uma avaliação técnica. Trata-se da experiência vivida. É a voz do protagonista, deste que o Axé define como sujeito de direito, de desejo e de conhecimento.

E. diz:

— Se o Axé não existisse, eu ia ficar na sinaleira, era o jeito, ou senão arrumar um emprego, ficar vendo alguma coisa na rua.

Quanto a se teve dificuldade em ir para o Axé e deixar a sinaleira, perdendo dinheiro:

— Não, porque eu já pensei em ganhar alguma coisa que ajudasse minha família, aí eu deixei de pensar na sinaleira e só pensava no Axé e na escola.

Quanto à reação de seus pais:

— Ficaram muito preocupados porque eu e meu irmão, quando a rua ficava boa, a gente ganhava dinheiro mesmo; aí, quando a gente deixou de freqüentar a sinaleira, ela [a mãe] ficava às vezes furiosa; aí, quando passou um tempo que a gente veio pra cá e que a gente ganhou dinheiro, a gente dava a ela, aí ficou melhor.

Em relação ao porquê dos pais aceitarem a ida para o Axé:

— Porque eles queriam o bem da gente, porque a sinaleira tava ruim. Porque dava muita briga lá.
O Axé mudou um monte de coisa em minha vida, porque, na rua mesmo, eu me comportava mal, ficava muito inquieto; agora eu me comporto melhor, respeito as pessoas que estão falando, querem o meu bem, eu senti isso... O Axé fez de mim um cidadão, né, tá me fazendo virar artista mesmo, tá ajudando a mim e a meus colegas. Tá ajudando muita gente. Tem menino mesmo que foi de rua e que tá trabalhando no Axé agora.

R. fala sobre sua experiência:

— A coisa mais importante que eu aprendi no Axé? A conversar, a me expressar como pessoa, que eu não sabia, ficava... Ficava gritando; aprendi até a me sentar, aprendi educação. Aprendi coisa no Axé que eu não imaginava aprender em casa. Falar baixo, me sentar e ter educação. Aprendi a almoçar. Ah, aprendi sobre drogas... Sobre sexo.
Eu acho que se não fosse o educador, eu não tava, eu não era como eu sou hoje em dia, né? Porque se eu ficasse na rua, hoje em dia eu já tava morta ou no Fórum, sendo presa.
Educação... Como tratar os outros. Que eu não sabia nem... a pessoa falava comigo assim, eu nem... fazia ignorância. Ir pra escola. Aprendi uma pro-

fissão, costurar também. Não sou profissional, mas alguma coisa eu sei. De primeiro eu ia logo na violência, né? Não queria saber de educador, nem de instrutor, nem de gerente, não queria saber de nada. Ia logo na ignorância. Agora, não, né? Parei e pensei: não vale a pena ir logo na ignorância. Chamava a pessoa pra conversar, né? O Axé? O Axé é uma coisa muito boa. A gente aprende muita coisa boa. O que eu aprendi no Axé, minha mãe não me ensinou, ninguém não me ensinou. E agora, deixando o Axé, eu fui pra uma escola profissionalizante. Tô pensando agora né, em fazer o meu futuro.

Eu me sinto uma pessoa realmente mudada. Uma criatura nova, porque pelo que eu era antes, eu mudei bastante. Eu é que não quero nada com drogas, com prostituição, porque eu vejo que não presta. A minha agora é outra, estudar, trabalhar, como eu tô nesse negócio aí, né? Pra passar... estagiária, passar um tempo lá, mas depois de um tempo... Eu sei que vai ser uma passagem pra mim, né? Depois de lá, eu também tenho que me virar. Não é me virar indo pra rua, mendigando, me prostituindo, não, que não dá certo. Eu tenho que arranjar o melhor prá fazer, né? O que as pessoas pensam de mim é... Um dia mesmo, no Campo Grande, eu ia passando... Aí um policial que já me pegou, ele, aí ele pegou e me olhou assim. Eu tava toda bonitinha. "B., eu vi você na televisão". Eu falei: "Foi?", e ele falou: "Você mudou". Eu falei: "Graças a Deus, pra você ver como esse mundo dá voltas". Ele: "Graças ao Axé, né?". Graças ao Axé mesmo.

Depois do Axé, mudei bastante, como eu falei. Se não tivesse passado pelo Axé, eu não ia ter hoje o que eu tenho. Não tinha educação, muita experiência, muitas coisas novas eu aprendi dentro do Axé. Eu aprendi bastante. O que eu aprendi no Axé nem meu pai, nem minha mãe me ensinou. Se eu tava na rua hoje, eu tava morta ou tava no CAM.

Eu sugiro, né, que cada um faça a sua parte. Antes do Axé eu não era essa santinha assim, eu aprontava bastante. Aprontava mesmo. Hoje em dia eu parei e pensei que isso não presta pra fazer, né? Se a pessoa quer conquistar, tem que lutar que um dia consegue.

Eu acho que o Axé não precisa mudar nada. Poderia ter mais instituição para ajudar, porque tá vendo que tem muita criança na rua e tão precisando do Axé.

E. fala de suas perdas e ganhos, e do Axé:

— Muitas coisas eu perdi, hoje eu recordo, e que eu não tenho mais vontade de ter, por exemplo: o que eu fui antes, o menino que tomava conta de carro; hoje eu não sinto mais vontade de ser, não, porque é uma coisa assim muito pequena, assim uma coisa muito pobre; eu não tenho mais vontade de ser aquele menino que tomava conta de carro, segurava sacola de compras dos outros. Hoje eu me reconheço; não quero mais ser aquele menino de sinaleira.

E sobre o que aprendeu no Axé:

— O que eu aprendi no Axé? Educação, respeito e muitas coisas boas. Aprendi a ser gente, a me vestir. A coisa pra mim mais importante no Projeto Axé, foi ter esquecido a rua. O que mais me agrada no Projeto Axé é a aprendizagem, é o ensino que o educador passa para os meninos. O que os instrutores passam para os meninos, isso me agrada muito, o que eu aprendi, o que eu sei, o que eu tô aprendendo. Mudou minha qualidade de vida pra melhor. Porque comecei a cuidar de mim, a me ver como um trabalhador, a me vestir, muita coisa mudou. Hoje eu vejo minha família orgulhosa de mim. Eu também, com minha família, porque ela também mudou comigo, me trata superbem, eu gosto deles ainda. Hoje eu transito na cidade sem medo nenhum, sem tristeza nenhuma, porque, pra mim, o que passou, passou. Então eu tô andando, olhando pra frente. Hoje a cidade não me rejeita, pra mim eu vejo isso como mudou; eu tenho liberdade de entrar no shopping, faço compras pra mim no supermercado, antes eu tinha medo porque eu era posto pra fora. Continuo freqüentando a escola. Não, eu não tenho medo da Polícia não, no passado eu tinha medo da Polícia. Hoje eu me previno em relação às doenças. Eu acho que se eu não tivesse conhecido o Projeto Axé... Eu nem consigo imaginar o que seria hoje se não fosse o Axé.

O que mudar no Axé

Com este item, objetivou-se colher sugestões dos educandos para o desenvolvimento do trabalho do Axé. Dentre os depoimentos realizados, dois foram identificados como representativos do espírito crítico desse grupo, na perspectiva do Axé e da questão das crianças excluídas.

Um, refere-se à incorporação da demanda espontânea no Axé, o que, como se viu, supõe o acolhimento de meninos que procuram o Projeto em lugar de serem procurados. Trata-se de meninos de comunidades pobres, que residem em suas casas com suas famílias, mas que, na sua condição de pobreza, correm os riscos sociais e pessoais que caracterizam esses estratos sociais. No depoimento em questão, são feitas sugestões ao Axé e criticam-se os poderes constituídos por não assumirem sua responsabilidade na questão das crianças. O outro é um libelo contra o descaso das autoridades e do Estado brasileiro em relação à questão das crianças, levantando uma questão já formulada em outro lugar do texto, em outra fala. Por que nossas crianças são tão desamparadas, se temos governo, empresários, neste país?

Eis os depoimentos:

E. fala:

— Essa demanda espontânea facilitaria até melhor o trabalho do Projeto Axé, porque o Projeto Axé apóia muito os meninos de rua e muito os meninos de comunidade. Aí, na rua, quando a gente passa no comércio, a gente percebe aquela aglomeração de... 500 meninos que passam um vaso de cola, coisa que há dois anos tinha menino de rua, mas não tanto como tem hoje.

Enquanto isso, esses meninos de comunidade, eles estão lá ocupando espaço, dando mais trabalho... O menino de comunidade, muitas vezes, eu tô dizendo que não são todos, tem uns que não precisam e vão pra lá porque ouvem dizer que o Projeto Axé encaminha meninos para o mercado de trabalho, já ouvi da boca de terceiros. Então faz de tudo para ser encaminhado. É aquela coisa, no início eu já presenciei os meninos irem com havaiana quebrada, com short rasgado, mas depois que se cadastra e começa a participar dos primeiros diálogos pedagógicos, começa a tomar suas primeiras refeições, recebe seu primeiro vale transporte, tem sua primeira "coisa". Então o que é que acontece, ele já começa a vir com Sea Way, aquela sandália havaiana, ele começa a vir com Kenner e o tênis agora é Olimpikus, então porque ele não mostrou o que é no início? Porque talvez o Axé não aceitasse... Agora mesmo, que a demanda deve dar prioridade, aí deveria conhecer a casa do menino, o custo de cada um dos pais, quanto eles recebem pra educar esses meninos, ajudar mesmo, a quantidade de número de irmão.

Essa proposta que eu tenho aqui no meu pensamento, por que não levar os meninos pros bairros? A única coisa que eu achei maravilhosa em Lídice, foi isso aí. Por que o Axé não trabalha assim também nos bairros? É uma proposta minha.

Eu continuo pedindo essa coisa de levar o Projeto Axé pros bairros; eu fiz uma entrevista com a repórter sueca, ela fez essa pergunta mesmo, eu respondi: "Eu não mudo não". É mudar o Axé pra melhor, o Axé não vai dar conta de todos os meninos. Mas o Projeto Axé tá fazendo a parte que é do Axé. Claro que é preciso que a prefeitura e o próprio governo venham fazer também, porque tá faltando, eles se preocupam mais em ganhar voto do que com os meninos, eles se preocupam mais com a imagem do que com os meninos.

E C., que faz 18 anos e completa seu ciclo no Axé:

— Rapaz, a única coisa que eu vejo pra melhorar aí, é ver uma pessoa pra poder ajudar o Axé, que o Axé tá em crise aí, tá mal, tá com dificuldade. Uma pessoa pra ajudar. O que eu olho, com minha experiência que eu tenho, "véio", não era pra italiano fazer isso não, era pra um brasileiro fazer isso pelo Brasil, cê vê, um italiano fazendo isso no Brasil, um italiano, é o quê? Uma pessoa de fora daqui ajudando o Brasil; era pra o governo do Brasil tá ajudando, dando o apoio, isso aí era pra ter o apoio do governo, empresário; era pra ter ajuda, sempre tá apoiando, porque foi uma coisa "véio". Muitos não tá no Axé porque não quer, porque quer viver aquela vida. Muitos morreu, faleceu... A pessoa ajudar o Axé, incentivando... Ali é um italiano que tá ajudando os meninos de rua; agora, César tá lá fora pedindo ajuda... Nada veio aqui do Brasil... Mas eles só querem ganhar, eles não pensam que se eles ajudam hoje, a pessoa vai ajudar ele amanhã ou depois; mas eles não pensam assim; querem só pra si...

O processo de ampliação de consciência dá-se a partir de "cuidados" no trabalho desenvolvido pelos educadores, na formação dos hábitos e na compreensão do sentido que isso tem para a vida, para o estabelecimento de relações positivas, para a conquista de si mesmo e para o entendimento do significado do respeito a si e aos outros.

Está claro que essa formação foi composta de detalhes, apoios, palavras, afetividade, intenção e ação. O Axé é, para esses meninos, o que, no cotidiano da educação de rua e das unidades, lhes passam os educadores.

A compreensão de cidadania que esses meninos hoje revelam, cada um à sua maneira, foi forjada por essas coisas do dia-a-dia, tais como aprender a sentar, a comer, a falar e a ouvir, a ter calma, a não gritar, a conversar, a negociar, que se aprendem por "osmose" no meio familiar e, por isso, se constituem como falta quando se está, como eles, fora da família, da escola e da comunidade.

Essas pequenas grandes coisas são capazes de estruturar uma pessoa sem o recurso à agressividade, com carinho e com muita alegria, como alguém que entra pela porta da frente, a quem se acolhe e a quem se diz sim.

Em algum momento, um educando disse:

> — Na escola aprendo a ler, escrever, matemática, essas coisas. No Axé eu aprendo a me comportar, a fazer desenhos, a fazer arte.

É disso tudo que as crianças precisam: acesso ao conhecimento e à estética, à cultura, ao respeito às suas origens, à sua identidade e aos espaços de expressão de sentimentos e pensamentos.

Contra tantas dores que aqui foram descritas, o Axé lhes oferece afeto, conhecimento e festa.

Afeto, no sentido do acolhimento incondicional.

Conhecimento, no sentido da busca e da descoberta pessoal e partilhada.

Festa, no sentido da revelação dos dons e das conquistas, da afirmação da auto-estima, da capacidade de expressar e de criar, da possibilidade de ocupar um lugar no mundo.

Nos múltiplos eventos internos e externos do Axé, é possível perceber que a festa, sendo culminância, é sempre recomeço. São momentos que iluminam a alma e aumentam a energia para superar os limites, baixar as armas e buscar os próprios direitos.

No centro de tudo o que acontece no Axé está a oposição entre a luz e a sombra, seja no plano individual ou no plano social, e a aposta... de que a Luz vencerá.

AXÉ EM FOTOS

Cenas da Educação de Rua

Foto: Mila Petrillo

Axébuzu

Canteiro dos Desejos

Foto: Mila Perrillo

Som e ritmo da cultura de origem, presenças marcantes no processo educativo

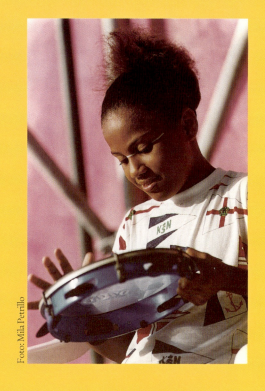

Foto: Mila Petrillo

Foto: Mila Petrillo

BandAxé

Foto: Mila Petrillo

Foto: Mila Petrillo

Capoeira

Foto: Mila Petrillo

Foto: Mila Petrillo

Modaxé

Foto: Arquivo Projeto Axé

Foto: Arquivo Projeto Axé

Iniciação Profissional na área de Estética Afro

Foto: Arquivo Projeto Axé

Professoras e alunos do Projeto Ilê Ori
Escola Barbosa Romeu

Foto: Arquivo Projeto Axé

Dança

Foto: Mila Petrillo

Foto: Mila Petrillo

Foto: Mila Petrillo

Foto: Mila Petrillo

Momentos do desfile Axé 1999

Foto: Mila Petrillo

Foto: Mila Petrillo

Foto: Mila Petrillo

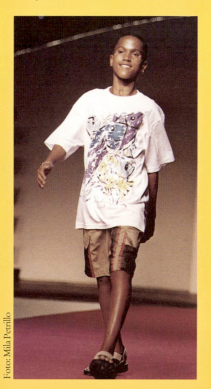

Foto: Mila Petrillo

Centro de Educação para a Saúde

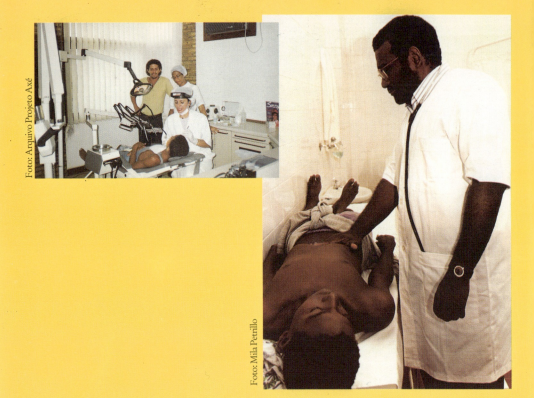

Centro de Formação

*Programa de Formação Básica em Direitos Humanos.
Convênio: Ministério da Justiça/SNDH*